现代金融支付

赵　亮　束姝妹◎编著

MODERN FINANCIAL PAYMENTS

中国金融出版社

责任编辑：王雪珂
责任校对：潘　洁
责任印制：程　颖

图书在版编目（CIP）数据

现代金融支付/赵亮，束姝姝编著．—北京：中国金融出版社，2023.6
ISBN 978-7-5220-2041-9

Ⅰ.①现…　Ⅱ.①赵…②束…　Ⅲ.①支付方式—研究　Ⅳ.①F830.73

中国国家版本馆 CIP 数据核字（2023）第 099444 号

现代金融支付
XIANDAI JINRONG ZHIFU
出版
发行　中国金融出版社
社址　北京市丰台区益泽路 2 号
市场开发部　(010)66024766，63805472，63439533（传真）
网 上 书 店　www.cfph.cn
(010)66024766，63372837（传真）
读者服务部　(010)66070833，62568380
邮编　100071
经销　新华书店
印刷　河北松源印刷有限公司
尺寸　169 毫米×239 毫米
印张　20.75
字数　290 千
版次　2023 年 6 月第 1 版
印次　2023 年 6 月第 1 次印刷
定价　69.00 元
ISBN 978-7-5220-2041-9

前　言

2021年，我进入安徽大学任教，担纲金融类课程的讲授工作，《现代金融支付》一书源于我为本科生讲授课程的讲义手稿。支付是货币的核心职能，支付结算是金融业务运转的基础。近十年来，现代金融支付体系已取得长足发展，支付工具、支付结算体系、支付渠道、支付市场、支付技术乃至货币形态都已发生变革，而目前鲜有课程或教材对此进行深入讲解。其结果是，金融教学不“接地气”，学生会算金融产品估值，熟背“两定义”“三特性”“五要点”，熟悉上古时代的金融业务流程，但却对活生生的、有血有肉的现实世界中最为常见的金融支付业务缺乏了解，对数字货币等热点前沿概念模糊。

本书以“现代金融支付”为主线，系统性介绍了金融支付与数字货币领域的行业与技术知识。本书可分为三大篇章：上篇金融支付理论、支付工具与支付行业，主要介绍货币的本质、金融支付的产生与演化、金融支付理论基础知识、我国金融支付体系构成、主要支付业务模式及行业发展现状。中篇金融支付技术方案，主要介绍远程支付、近场支付技术所依托的底层技术方案，以及大数据、云计算、加密技术在金融支付中的应用。下篇数字货币及其应用，深入介绍数字货币的一般技术原理、共识算法、网络、交易、钱包软件与挖矿、数字人民币的研发历程、发行框架、设计原则与发展现状。

对于这部著作，我是真心投入心血的。与同类教材相比，本书不浪费笔墨于“特点”“要点”的堆砌罗列，只讲干货，即“是什么”“为什么”；逐条考证政策文件、深入了解行业前沿，紧跟行业热点与动态，力求内容新颖、准确；超越泛泛而谈的简单科普，力求在专业性上有所突破，涵盖大量数字通信、密码学、数字签名与数字证书、区块链、大数据算法等领域的背景知识，并力求循序渐进、易于理解。

本书由我和束姝妹合作编著，我的学生邢昌宁、孔令琪、何冉、张晶、谷紫怡、赵艺桢参与了编校工作，安徽大学经济学院应用经济学高峰学科建设项目提供出版支持，中国金融出版社王雪珂对本书的审校出版给予大力帮助，在此一并表示感谢。

赵　亮

2022 年 12 月于安徽大学磬苑校区

目　　录

上篇　金融支付理论、支付工具与支付行业

中篇 金融支付技术方案

图 目 录

表 目 录

专题目录

上篇

金融支付理论、支付工具与支付行业

第1章　导论：支付的产生与演进

“既见君子，赐我百朋。”

——《诗经·小雅》

“因为他先购买商品，后对商品支付……卖者成为债权人，买者成为债务人……货币也就取得了另一种职能。货币成了支付手段。”

——《资本论（第一卷）》卡尔·马克思①

1.1　货币职能

“支付”是货币的核心职能之一。研究支付问题，需要首先了解货币的产生、演进及其基本职能。

在原始社会时期，人们通过“物物交换”方式进行交易：你有一只羊，我有两把刀，双方交换、各取所需。在这一过程中，“买”与“卖”同时发生、不可分离。随着交易物品种类的日益增加，以物易物面临诸多障碍：

（1）交易物品大多无法切分，交易难以准确计价和“等价”交换。

（2）若没有商品需求，则即使有富余物品也没有动机参加交易。

（3）各个国家（部族）文化各异，即使同一物品在不同国家（部族）也会有不同的价值评价。②

---

① 卡尔·马克思．资本论（第一卷）［M］．北京：人民出版社，2004.

② 例如，密克罗尼西亚群岛的雅浦岛使用一种巨大的石圆盘作为货币，而这些石圆盘在其他文明中则可能一文不值。

针对以上问题，为便利交易，我们希望能找到一类特殊的、标准化的“商品”，它能够：

（1）【价值尺度】作为交易的“价值尺度”参照基准，为其他物品厘定价值。

（2）【流通手段】作为“最小交易单元”参与流通，从而使不同价值的商品可以等价交换。

（3）【贮藏手段】使交易的“买”和“卖”过程相分离，即使当前没有需求也可以先将物品卖出、换得“一般等价物”，作为价值贮藏起来，待未来有需求时再以“一般等价物”换购自己所需的物品。

（4）【支付手段】它的价值被普遍接受，可以用来“抵债”，偿付债务。

（5）【世界货币】它的价值被世界各国普遍接受。

这种从商品交易中分离出来、固定充当一般等价物的特殊的商品，即是“货币”。上述特点即货币所具有的价值尺度、流通手段、贮藏手段、支付手段和世界货币五种职能。

需要说明的是，政治经济学中“支付手段”是专有名词，与日常口语中的“支付”含义并不完全相同。① 随着商品经济的发展，“让渡商品”和“商品价值实现”在时间上分离开来：有时商家会先交付商品，待一定时段之后才收到买家支付的对价（例如，淘宝购物会延迟数日付款）。在“先购买商品、后对商品付款”的交易模式下，卖家成为债权人，买家成为债务人，以货币清偿债权债务的过程即为政治经济学意义上的“支付”。此时货币承担“支付职能”，以区别于“一手交钱、一手交货”时的流通手段职能。而在日常口语表述中，“支付”的概念较为混杂模糊，并不对“清偿债务”和“购买”作出特别区分。我们将在第二章中对支付理论给出更为细致的讨论。

① 较为专业的分析参见马克思《资本论》（第一卷）（人民出版社 2004 年版）第 158 页“支付手段”章节。

1.2　货币演进史

深入讨论货币的支付职能，需要从货币演化历程谈起。与众多文明一样，贝壳是中国的第一代货币，如西汉《盐铁论·错币》记载，“弊（币）与世易，夏后以玄贝”。五贝或十贝为一串，两串为“朋”，如王国维《说珏朋》云：“古制贝玉皆五枚为一系，二系一朋。”此外，有记载在早年间其他稀有且瑰丽的兽器珍宝（如龟壳、玳瑁、珠玉）也曾充当货币。

图 1.1　古文字“贝”

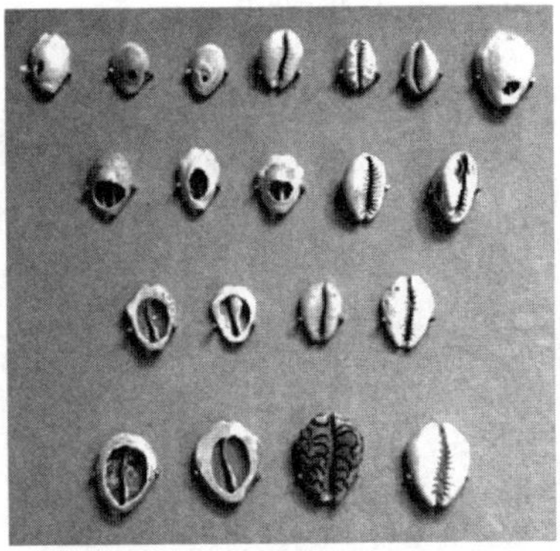

图 1.2　用作货币的天然贝壳

货币要稀有，才能富有价值，但不能过于稀有，否则无法满足日常交易所需。天然贝壳数量稀少，无法满足日益扩大的货币需求。为此，人们开始人工制造“贝壳”，使用陶土烧铸“陶仿贝”，石头雕刻“石仿贝”。这些仿贝产量极大，因而迅速贬值，人们转而使用较为稀有的材质铸造仿贝，如骨、铜、铅、金等。

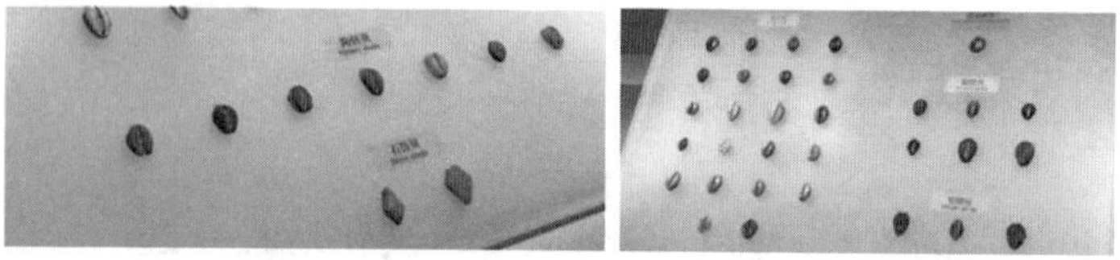

图 1.3　陶、石、骨、金、铜、铅仿贝

货币形成和演进的另一个逻辑是，使用日常耐用品作为“一般等价物”，久而久之演进为货币。在古代农耕社会，最为通用的器具就是刀和铲：刀用于切削木材枝杈，铲用于翻土点种，两类工具通用（家户皆需）、耐储存（铜金属制品）、标准化、价值适当，因而被自发地采用作为一般等价物，进而“符号化”成为货币。春秋时期，手工工具“削”演化为刀币，流通于齐、燕、赵地区；“铲”演化为布币，流通于三晋、两周、郑、卫地区。事实上，早期布币（原始空首布）尚保留空芯铲柄，“布”字金文形似人持铲锄地，意同“布撒”“布放”之“布”。

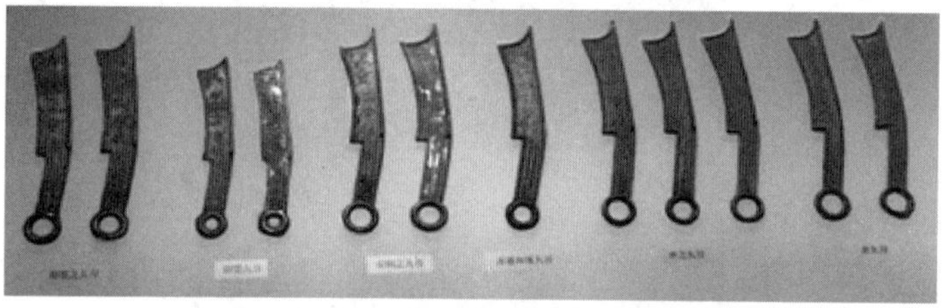

图 1.4　刀币

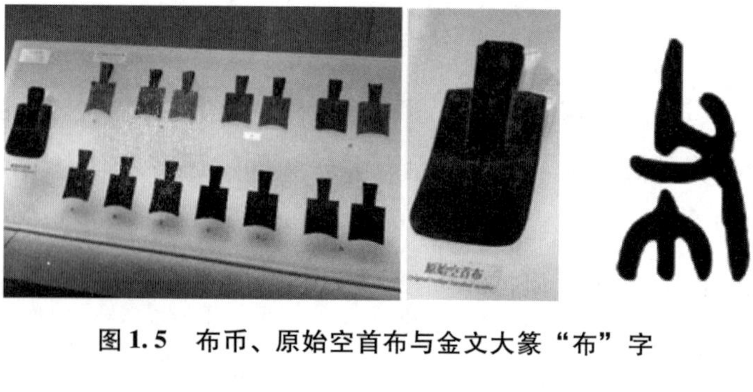

图 1.5　布币、原始空首布与金文大篆“布”字

在流通使用中，人们意识到作为交易媒介的货币没必要铸造“完整”：持有刀币并不是真的要用它切削，持有布币也不是要用它铲地。作为称量货币，只要足值（足够重、含铜量足），货币的形制并不重要。自此，货币造型越来越简单，追求易铸与便携。至秦统一六国，废各国旧币（布、刀、蚁鼻钱、圆钱），在战国秦半两基础上推行统一的方孔圆钱秦半两新币，结束了中国古代货币形状各异、重量杂乱的状态。汉武帝元狩五年（前 118 年），罢半两，行五铢钱，五铢钱成为中国古代史上最为成功、使用时间最长的钱币形制。

图 1.6　秦半两与五铢钱

铜钱沉重，大额交易怎么办？符合直觉的思路是使用贵金属，但明朝之前中国缺乏金属银[①]，金又太过稀少。为此，官方开始发行“代币”：王莽居摄二年（公元 7 年）发行“一刀平五千”，法定币值为 5000 枚五铢钱，两枚兑黄金一斤。在民间，则出现了票号和银票。北宋时期，川渝地区使用铁钱、沉重不便[②]，大商家在川渝各地联合设立“交子铺户”，存款人可将铁钱、银两兑换为“交子”[③]，发放时临时填写，“书填贯文，不限多少，收入

① 中国本土银矿较为稀缺。南美洲盛产银，15 世纪末西班牙人在南美建立殖民地，在秘鲁波托西（现属玻利维亚）找到了蕴藏丰富的银矿，其储量为当时世界第一，同期还发明出从矿砂中提炼白银的汞齐化法。大量白银随殖民贸易流向欧洲，后经“丝绸之路”流向中国。此时为中国明朝中后期。

② 宋太祖下令回收四川的黄金、白银和铜钱，运往中央，铸造铁钱代用，并禁止带铜钱入四川，铁钱成为四川的主要货币。但因为铁比铜廉价，铁钱价值较低，重量更高，铁钱 1000 文重约 25 斤，商人经常要用马车载运铁钱，使用不便。

③ 交子本意为“双面印刷的票据”。另外，后世中在票号寄存银两兑换“银票”，寄存钱币兑换“宝钞”。

人户见钱，便给交子”[①]。交子本质上是一种存款凭证，表明在票号寄存了铁钱，简便易携，极大地便利了交易。至北宋宋仁宗天圣元年（1023 年），政府官方发行银票，这成为人类历史上第一种由政府发行的纸币。

至此，货币完全符号化：货币“值钱”不再因为金属币材本身有价值，而是因为人们相信它值钱，相信可以用它交换到自己所需、自己寄存或法令规定的物品。这种“共同信念”赋予了货币价值。

与银票类似，银行券本质上是一种债权凭证，持有银行券就是持有对银行的债权。某些大型银行的银行券会被当地政府认定为法定货币。例如在英国，英格兰、威尔士、苏格兰和北爱尔兰 4 个王国及海外属地的多家发钞行各自独立发钞，互相保持 1∶1 的比价。在我国香港特区，也同时有汇丰银行、渣打银行和中国银行 3 家银行发钞。这些银行券形式上是一张银行本票，标明“见票即付”字样并附有董事长签名。

注：“一刀”二字为镶嵌金丝。交子纸张用成都本地水纹纸，正反面都印有图案，用红黑两色，加上铺户押字，各自以秘密记号和图样来达到防伪效果。

图 1.7　一刀平五千与北宋交子

银行券作为一张批量印刷的“欠条”，本身并无价值，人们对它的信心完全来自“共同信念”，而这以银行经营稳健、持续存续为前提。那么，发钞行

① 之后，交子铺户改印固定几种面值，先有五贯和十贯两种，后改为一贯和 500 钱。

图 1.8　汇丰银行、渣打银行与中国银行发行的港币

倒闭怎么办？且不论实际的损失，单是对“发钞行有可能倒闭”的担忧就会使民众不愿持有银行券，进而影响经济运行了。为此，各国均将发钞权收归政府、财政部或中央银行，以国家信用为纸币提供担保。此时，持有纸币表现为拥有对政府、财政部或中央银行的债权；相对应地，国家发行纸币计入政府、财政部或中央银行的负债端。以“布雷顿森林体系”瓦解前的美元为例，美元纸币上标明“联邦储备券”（Federal Reserve Note），有国库长和财政部长签名，表明以国家信用为依托，承诺 35 美元可兑换 1 盎司黄金。或者说，持有 1 美元纸币，就拥有了对政府的约 0.8887 克黄金债权。当然，同普通的银行券一样，政府发行的纸币同样没有内在价值：在 1971 年之后“布雷顿森林体系”瓦解，美国不再履行黄金兑换义务。现在各国纸币均为信用货币，背后没有贵金属作为价值支撑，被民众认可和接受完全取决于“共同信念”。

表 1.1　英国众多发钞机构

<table>
<tr><td colspan="6">联合王国</td></tr>
<tr><td colspan="2">英格兰和威尔士</td><td colspan="2">苏格兰</td><td colspan="2">北爱尔兰</td></tr>
<tr><td rowspan="4">英格兰银行</td><td rowspan="4">中央银行</td><td>苏格兰银行</td><td>零售银行</td><td>爱尔兰银行</td><td>零售银行</td></tr>
<tr><td>苏格兰皇家银行</td><td>零售银行</td><td>第一信托银行</td><td>零售银行</td></tr>
<tr><td>可莱兹戴尔银行</td><td>零售银行</td><td>丹斯克银行</td><td>零售银行</td></tr>
<tr><td></td><td></td><td>阿尔斯特银行</td><td>零售银行</td></tr>
<tr><td colspan="6">王权属地</td></tr>
<tr><td colspan="2">马恩岛</td><td colspan="2">泽西行政区</td><td colspan="2">根西行政区</td></tr>
<tr><td>马恩岛政府
（马恩岛镑）</td><td>政府/国库</td><td>泽西议会
（泽西镑）</td><td>政府/国库</td><td>根西议会
（根西镑）</td><td>政府/国库</td></tr>
</table>

续表

英国海外领土					
直布罗陀		圣赫勒拿		福克兰群岛	
直布罗陀政府（直布罗陀镑）	政府/国库	圣赫勒拿立法会（圣赫勒拿镑）	政府/国库	福克兰群岛政府（福克兰群岛镑）	政府/国库

当前，还出现了以密码学为基础的数字货币。一方面，其信用和稀缺性由算法保证，总量不受政府调控，这增强了人们对这种货币的“信念”。另一方面，“去中心化”数字货币的匿名特性使其难以监管，往往被用作洗钱和投机的工具，因而受到各国监管部门的抵制。货币总量既定导致天然通缩，投机炒作导致币值不稳，因而几乎不可能可靠地应用于现实经济中的定价和交易。但“数字货币”这种思想以及其所依托的区块链技术却大有可为，我国2014年开始探索法定数字货币（数字人民币）的研发工作，2019年率先开始在全球范围内试点，目前处于国际领先地位。可以预判，货币演进的未来将是没有实物依托的、纯粹的信用货币，我国数字人民币对此进行了前沿探索。

至此，我们梳理了货币的发展演进历程。简言之，货币发源于一种特殊的商品，即“一般等价物”，在漫长时期中从足值到不足值、最终演进为没有任何内在价值的货币符号——纸币。自货币出现后，交易不再是“物物交换”，而表现为“钱物交换”，这里的“钱”实质上是一种“索取权”，形式上则往往表示为一种债权——对票号、银行或政府的债权。在信用货币阶段，货币的物理形态（币材、形状、用料，甚至电子数据结构）并不重要，关键是人们对它的“共同信念”：人人都相信货币有价值，货币也便因此具有了价值，并可以承担其职能。[①]

通过以上梳理，我们能清晰地看到货币的本质：任何被广泛接受作为支

① 对此，一个非常经典的案例是“集中营中的香烟”。第二次世界大战中，集中营中的战俘即使不吸烟也愿意持有香烟，因为他相信别人会认为香烟有价值，因而可用香烟和别人交换物资。

付工具的物品[①]都可以是货币。从这一视角思考，并不是货币拥有支付职能，而是“支付”赋予了货币身份，正是因为一种物品能够完成支付，它才得以成为货币。

1.3　银行信用本位下的货币创造

接下来的问题是，现代信用本位条件下，货币从何而来？纸币如何进入流通？

实物本位下，货币来自金矿银矿、青铜铸币厂；而到信用本位条件下，想讲明白货币创造问题并不容易。在“支付工具即货币”“支付赋予货币身份”框架下，我们来思考现代银行信用本位下的货币创造问题。

对于现代银行体系，人们普遍存在一种误解：银行从储户那里吸收资金，然后把这些资金贷给借款人。经济专业的学生会有略深，但同样错误的理解：央行发行基础货币，通过部分准备金制度产生的“乘数效应”派生出存款货币，并通过调控存款准备金率来控制货币供应量。

这种分析逻辑有其历史根源：在中世纪的金铺，客户将金块寄存在金铺中、金匠开具收条；很快，金匠就意识到并不需要时刻保持满仓的黄金，可以将其中大部分贷放出去、只留下一小部分作为“准备金”用于满足提取需求即可。很快，部分金匠演变为最早的金融中介，从事汇兑和放贷业务。但在当下现实中，这一分析存在一个逻辑悖论：第一笔存款从何而来？金块可以从金矿中开采出来，而信用本位下的纸币不可能凭空出现，“先贷后存”或“存款创造贷款”的逻辑下，无法解释第一笔存款的来源。

事实上，与金本位（或其他实物本位）下不同，信用本位下银行并不需要等客户把钱存入后才拥有放贷能力，银行自身就可以“创造”可贷资金，在发放贷款的同时即在借款人的账户上创造一笔新的存款，亦即“货币”。

① 尤其是被政府用作缴付税项的物品。

对此，你可以想象自己去银行办理一笔信用贷款的过程：银行向你发放一笔贷款，资金下发到了你的账户、成为你的存款；在银行的资产负债表上，这表现为同时增加一笔资产（对你的贷款）和负债（你的存款余额）。此即“贷款创造存款”理论，银行通过扩张资产负债表来发放贷款，同时创生出信用货币。如英格兰银行前副行长 Paul Tucker 所言：“只要公众对银行的稳健经营有信心，银行就可以通过简单地增加借款客户的活期账户金额发放贷款……也就是说，银行通过创造货币来发放贷款。”

商业银行创造的货币数量很大程度上取决于银行在各个具体时期的信心。当银行信心十足时，就会通过发放贷款（同时创生存款）的方式创造新的货币；当银行审慎时，就会控制信贷规模，从而限制新的货币创造；更进一步，当银行恐惧时，发放的贷款少于偿还的贷款，货币供应将会收缩。整个国家的货币供应量，主要取决于银行的信心和动力！

中央银行如何调控货币供应量？依然需要借助于存款准备金制度，但却是以一种和“货币乘数”不同的方式来实现。监管要求银行基于存款的一定比例上缴存款准备金，这会给银行带来流动性缺口。我们仍然以前述信用贷款的例子来讲解：你去建设银行申请了一笔 100 万元信用贷款，资金打到了你在建行开立的账户上，成为 100 万元的存款。若存准率为 10%，则建设银行实际上只有 90 万元的可动用资金（流动性），另外 10 万元需上缴至央行作为法定准备金。当你需要完全支用这笔资金时，银行需要设法补足流动性，这通过揽储[①]、再贷款、再贴现、MLF 等方式实现，而央行可以通过控制这些货币政策工具的投放规模和利率来引导金融市场上的货币供应量。

理解上述金融逻辑之后，也就可以回答“纸币”从何而来了。银行通过

---

① 揽储的情况比较特殊。对于单个银行，揽储可以解决流动性问题；但对于银行体系整体，揽储是“零和博弈”，一家银行存款多就意味着另一家银行存款少（所谓“存款搬家”）。对于银行体系整体而言，解决流动性需要依靠央行的再贷款、再贴现、MLF 等货币政策工具。

资产负债表扩张创造“货币”，并印刷银行券来代表这些信用货币①；在客户提取现金时，就从客户账户中减记金额、交付银行券。中央银行制度出现后，商业银行不能自行印制银行券了，就需要将自己创造的货币转账到中央银行（准备金账户），换取中央银行统一印制的纸币，随后在客户提取现金时交付给客户。

1.4　支付的产生与演进逻辑

如前所述，政治经济学意义上的“支付”与日常口语中的“支付”含义并不完全相同。

在政治经济学语境下，“支付”特指以货币清偿债权债务的行为。货币的支付职能伴随商品经济的产生而出现、发展起来。早期，货币与商品的交换同时进行，价值运动是双向的：买方在得到使用价值的同时让渡价值，卖方在得到价值的同时出让使用价值，即所谓“一手交钱、一手交货”。随着商品经济特别是信用经济的发展，经济中出现“赊销”交易，使用价值（商品）和价值（货币）的让渡在时间上相分离：卖家先交付商品，买家一段时间以后再付款。在这种情形下，买家与卖家之间形成了债权债务关系，买家的付款行为实质上是在偿付欠款。此时，货币执行“支付手段”职能，相应的付款行为即为支付。

本套教材并不是政治经济学教材，关注的重点更多在于日常生活中的“支付”，即一般情形下的货币转移行为，而并不特指偿付债务。支付工具从最早的铸币、纸币支付，演进到票据、转账汇款，继而网络支付和移动支付，乃至当前探索中的法定数字货币支付。支付工具的创新促进了支付效率的提高，同时也对货币的内涵和外延进行了拓展。

最原始的支付工具是实物货币，主要为称量货币和铸币。由于纯净单

① 这也是早期银行券上有银行行长签名的原因。

一、便携和高价值，贵金属金银在人类历史上的较长时期内充当货币角色，我国古代还曾长期使用铜币作为货币。随着经济规模的扩大，实物货币的缺点日益显现：贵金属矿产不足，无法满足经济体中的交易需求，因而有通缩倾向；贱金属币值低下，交易携带不便。在支付需求的推动下，逐渐出现了票号、银行等信用中介并发行票据、银行券，继而演进为有政府信用支撑的纸币。信用中介的出现使得纸币和票据脱离实物，以信用的方式表达财富的转移过程，经济社会的支付活动进入了信用支付时代。在这一时期，虽然物流和资金流可以分离，但往往程度有限，交易以“一手交钱（币、票、钞）、一手交货”为主，可称为实物支付时代。

依托通信技术的发展，为解决交易双方时空不一致问题，电子支付应运而生。现代支付的核心是资金流和信息流，电子支付技术加快了信息流的传递和处理速度，同时也使资金流和信息流的传输分离（信息传到即可确认支付完成，资金稍后清算），由此极大地提升了支付效率。在这一时期，传统银行体系推出银行卡、网上银行等业务，第三方支付也蓬勃发展，并利用自己的比较优势深耕特定的支付业态和领域。更进一步地，移动通信网络和近场通信技术的发展使电子支付得以摆脱固定位置设备的束缚，真正实现了随时随地便捷支付。

总而言之，支付工具无论形态如何、技术基础如何，其目的都在于便利支付，并不断朝着这一目标演进。

第2章　支付理论基础

2.1　支付及其相关概念

支付指社会经济活动所引起的、由付款人向收款人转移可接受的货币或债权，并以此清偿二人之间债权债务的行为。支付的工具可以是“对象”（object）或“索取权”（claim）：① 前者即实实在在的货币，例如纸币和硬币②；后者的典型代表是存在银行的存款，可通过转移存款索取权的方式清偿双方之间的债务，通俗地讲即“银行原来欠我钱，回来让银行还给你”。

“可接受”的货币或债权，指收付款人协商一致、共同认可的货币或债权。在国内交易中，人民币的地位由法律强制力来保障：《中华人民共和国中国人民银行法》规定，“中华人民共和国的法定货币是人民币。以人民币支付中华人民共和国境内的一切公共的和私人的债务，任何单位和个人不得拒收”。法律强制力保障了支付的顺畅进行：你认可人民币，你确信交易对象也必然认可和接受人民币，由此可以默认地以人民币进行支付，而不必在每次交易中逐个协商。人民币的载体包括纸币、硬币以及加密字串，目前央行发行的数字人民币与传统纸币、硬币具有相同的法律地位和金融功能。在

---

① 更多讨论可以参见国际货币基金组织货币与资本市场部主任 Tobias Adrian 的论文。The Rise of Digital Money [J]. Annual Review of Financial Economics, 2021, 13 (1): 55 - 57.

② 需要说明的是，“对象”并不一定是实物，如数字货币的承载体为加密字串。

跨国贸易中，支付双方可能拥有不同的本币，此时需事先协商一致，选择双方共同接受的币种和付款方式完成支付。在国际贸易中，币值稳定、信誉坚实的货币更易被认可。

需要说明的是，支付中被认可的货币不一定是法定货币。近年来产生的一系列数字货币并不由政府信用或法律强制力提供保证，但因其以密码学和开源算法为基础、总量既定，在实践中得到了部分交易者的认可。① 目前较为知名的去中心化数字货币包括数字货币 BTC、以太坊 ETH 等。与之相对地，法定货币也并不必然被认可，例如津巴布韦币因政府超发货币而失去信用，纸币面值最高达到100 万亿元，在2016 年6 月政府废除旧币时官方比价低至 3.5×10^{16}津元兑 1 美元②，实际市场币值更低。至本教材编写时（2022 年），津巴布韦日常交易中使用美元、人民币等货币。一般而言，若一国政局不稳③、币值不稳或使用范围有限，则该国货币通常认可度较低，在国际贸易中不被其他国家所接受。

注：左图为面值 100 万亿元津巴布韦币；右图为使用一推车津巴布韦币购买商品的场景。

图 2.1　津巴布韦币及其交易场景

① 与此同时，部分数字货币也异化为投机的工具，或为洗钱和经济犯罪提供便利。本书在第 15 章详细讨论这些问题。

② 津巴布韦中央银行获得了 2009 年搞笑诺贝尔数学奖，因为它“为人们提供了一种简单、日常的方法来处理大额数字”。

③ 若政府更迭，新政府可能会发行新货币并宣布旧币作废，使持有旧币的人遭受损失。另外如印度，2016 年 11 月 8 日总理莫迪宣布 500 卢比和 1000 卢比纸币当日午夜即行废止，境外持有纸币的人因此将承担兑换成本损失，甚至难以全额兑换。

按支付工具划分，支付可分为现金支付和非现金支付。现金支付是指在商品所有权转移的同时，以货币现金的形式全额支付对价，即所谓“一手交钱、一手交货”。① 现金支付过程的参与者只包含收付款两方，不附带任何契约、不提供任何信用，是日常生活中最直观的支付行为，通常适用于小额交易。但这种支付方式存在诸多弊端：对于使用者而言，现金难以鉴别真伪、存在丢失风险、大额支付不便；对于金融监管部门而言，现金因为不记名而难以追溯流向，增加了反洗钱监管的难度。对于个人用户而言，伴随支付工具特别是移动支付服务的发展，当前日常生活中现金的使用已越来越少，除了少数特殊业务场景外，日常支付均可通过更便捷的电子支付方式完成。对于单位用户而言，反洗钱监管政策要求单位对外收付必须通过银行转账方式实现，仅有条目规定的少量业务允许现金支付。② 为保证人民币的法币地位，《中国人民银行法》规定任何单位和个人不得拒收现金。

非现金支付泛指不使用现金进行的支付。早期，在电子信息技术不发达的条件下，非现金支付主要依靠票据作为载体，包括支票、本票（含银行本票和商业本票）、汇票（含银行汇票和商业汇票）等，支付表现为票据的传递和交换。银行开展非现金支付业务，如转账汇款、委托收款、托收承付及跨国贸易中的信用证业务等。③ 随着银行电子化转型，银行发行银行卡作为客户的身份凭证，并可凭此自助办理转账汇款、刷卡支付等非现金支付业务。

伴随电子信息技术的发展，电子支付产生并成为支付工具的主流。电子支付是指单位或个人直接或授权他人通过电子终端发出支付指令，实现货币支付与资金转移的行为。通俗地说，电子支付是银行或第三方金融机构依托

---

① 需要说明的是，现金支付通常指在获取商品的“同时”支付现金，否则“先货后款”实际上是一笔信用交易：以个人信用赊购，买家获得商品、卖家获得债权（应收账款）。

② 详见第 3.1 节。

③ 诸多教材将“银行卡业务”视为非现金支付业务。本书认为，银行卡只是身份凭证的电子化，并不能算是一种金融业务类型；使用银行卡办理的金融业务可归于现金存取、汇款、收单等具体支付业务中。

电子通信设备（而非人工柜台、实物票据）完成的支付行为。常见的电子支付包括网银支付、POS 机刷卡支付、移动支付（手机 APP）、账号小额支付（基于短信验证码）、快捷支付（基于第三方机构鉴权）等。相比于传统支付方式，电子支付具有方便快捷、通信保密、灵活适用、高效低价等突出优势。

按不同的划分口径，电子支付可分为互联网支付和专网支付、固定支付和移动支付、银行支付和第三方支付。各种口径分类互相交迭重合，例如使用支付宝 APP 付款同时属于互联网支付、移动支付、第三方支付的范畴。

互联网支付是指，收款人或付款人通过计算机、移动终端等电子设备，依托公共网络信息系统远程发起支付指令，且付款人电子设备不与收款人特定专属设备交互，由支付机构为收付款人提供货币资金转移服务的活动。① "互联网"支付区别于"专网"支付的要点在于：前者依托公共互联网，后者依托金融专网；前者使用通用设备（如手机、电脑），后者使用专用设备（如银行定制收付款设备、ATM）。

移动支付是指使用移动设备进行付款的服务，区别于使用固定设备（如 ATM、台式电脑）进行的支付。需要说明的是，移动支付既包括使用移动设备进行的线上支付（如移动 APP 支付），也包括线下支付（如 NFC 近场支付）；既包括银行支付（如使用银行 APP 支付），也包括第三方支付（如使用支付宝支付）。

第三方支付指的是由第三方业者居中于买卖家之间进行信息传输和收付款作业的交易方式，区别于直接由银行办理的支付业务。② 更严谨地说，第三方支付机构的学名是"非银行支付机构"，指"依法取得《支付业务许可证》，获准办理互联网支付、移动电话支付、固定电话支付、数字电视支付

① 根据《非银行支付机构网络支付业务管理办法》界定。

② 在这一过程中，第一方指收款人和付款人，第二方指银行，第三方指三方机构（如支付宝）。

等网络支付业务的非银行机构”。[①] 支付的“第三方”可分为支付代行者和支付服务提供商两种类型：支付宝的“担保交易”业务是“支付代行者”的典型业务模式，旨在解决买卖方双间的信任问题；中国银联的线下收单业务，或支付宝、微信支付广泛开展的扫码支付业务是“支付服务提供商”的典型业务模式。第三方支付机构无法脱离银行而独立开展业务，因为通过第三方平台流通的资金最终来源和归宿都仍是银行体系。

依付款发起方不同，支付可分为“借记支付”和“贷记支付”。这个概念来源于美国《商法典》。借记支付指由收款方发起的支付，又称“被动支付”，典型场景如话费自动充值、水电费自动代扣、贷款自动还款等，这类支付不需要用户主动操作，系统会自动扣款支付。贷记支付是指由付款方发起的支付，又称“主动支付”，典型场景如日常购物时的刷卡支付。需要特别说明的是，这和使用的银行卡是借记卡或贷记卡无关，而只取决于支付行为的发起方。

近年来，我国电子支付业务取得了长足发展。据中国人民银行《中国普惠金融指标分析报告（2020）》数据，至 2020 年：

（1）我国使用电子支付的成年人比例为 89. 2% 。

（2）全年全国银行业金融机构共办理非现金支付业务 3547 亿笔，金额为 4013 万亿元。

（3）银行业金融机构共处理网上支付业务 879. 3 亿笔，金额为 2174. 5 万亿元。

（4）移动支付业务 1232. 2 亿笔，金额为 432. 16 万亿元。

（5）非银行支付机构处理网络支付业务 8272. 9 亿笔，金额为 294. 6 万亿元。

---

① 根据《非银行支付机构网络支付业务管理办法》界定。

2.2 支付工具属性特征

在了解这些基本概念之后，我们搭建一个分析框架来比较这些支付方式。支付工具的特征可以抽象为四个属性：类型、价值、担保（backstops）和技术。按这四类属性，可以画出“支付工具分类树”。

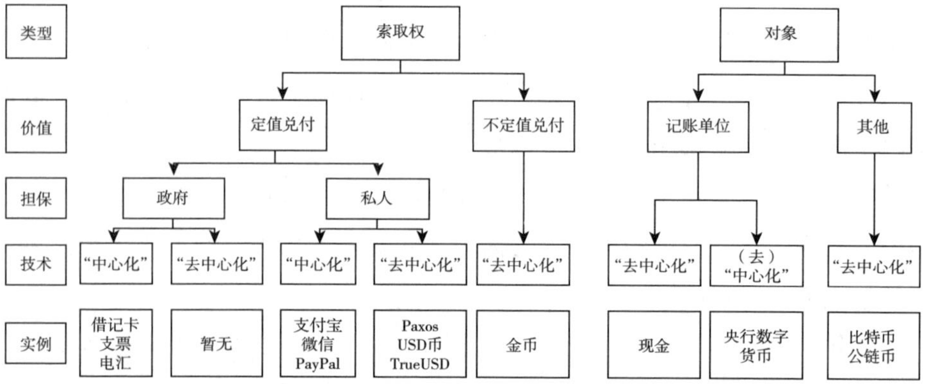

注：分类思想引用自 Tobias Adrian 的论文 The Rise of Digital Money，笔者翻译绘图。

图 2.2 支付工具分类树

在最广义层面，定义一种支付工具的首要属性是类型，即它属于“索取权”（Claim）还是“对象”（Object）。“对象”是价值的最终承担者，只要各方都认可“对象”是有效的（如双方都接纳人民币），即可实时完成交易，不需要进行额外的信息交换。另一种方式是基于“索取权”的交易，例如刷银行卡付款购物，实际上是转移你对银行的索取权（存款债权）实现支付，这可以大大提高支付效率，但通常需要一套复杂的金融基础设施。

支付工具的第二个属性是价值，相应的问题是对索取权的兑付是“定值”还是“不定值”。定值意味着索取权所能兑付的币值既定，例如 100 元的银行存单可以确定性地兑换为 100 元现金。不定值意味着索取权所能兑付的实际金额并不确定，实践中通常与某些资产（如原油、铁矿等大宗商品）挂钩。可以形象地将不定值的索取权类比为加油站发行的“50 升加油券”，若油价上涨，则这种支付工具以现金计量的价值也将上涨。

支付工具的第三个属性是担保，即支付保证是由政府提供还是私人机构提供。这一属性只适用于定值兑付的索取权类支付工具。由政府提供的支付保证通常更为可靠，实践中政府通常会向银行等金融机构提供担保，以稳定金融市场、增强储户信心，例如我国存款保险制度规定在银行破产时对个人储户不超过 50 万元的存款予以赔付。私人机构提供的支付保证则依赖于发行方的法律责任或商誉，通常会面临较高的风险，例如由理发店发行的储值卡常因店铺倒闭而无法得到兑付。

支付工具的第四个属性是技术，主要指结算是“中心化”还是“去中心化”的。采用中心化技术的交易需要依托自有的中心服务器；采用“去中心化”技术的交易则主要使用分布式账本（DLT）技术或区块链技术，使用一系列公开的服务器、在开放网络上进行，不要求存在中心节点、不强制使用可信网络（如金融专网）。

2.3　交易、结算与清算

2.3.1　交易

完整的支付过程包含交易、结算和清算三个步骤。我们先从一个具体的案例中给出直观感受。设想你持有一张中国农业银行的银行卡，在中国建设银行的 ATM 上取款 100 元钱。在这笔跨行交易过程中，到底发生了什么？

（1）你插入银行卡，在 ATM 上操作，提交取款需求。

（2）建设银行向农业银行提问：有人要取款 100 元，给不给？

（3）农业银行向建设银行回答：他账户余额充足，你先帮我垫上。

（4）建设银行记账，ATM 吐钞，告知农业银行，取款业务结束。

至此，个人业务结束了，但产生了银行间的债权债务关系：建设银行的ATM替农业银行垫付了100元。对于银行来说，待这100元欠款得到清讫，业务才真正办理完结。由此，上述业务背后还有第五步：

（5）农业银行向建设银行偿还垫付的100元。

类似的“垫付”行为在各银行间广泛存在，形成错综复杂的债务网，在每天夜间清偿。

对于这个案例，我们将整个过程抽象为三个步骤：交易、结算和清算。

交易（Deal）：你在ATM上操作、提交取款需求的过程。

结算（Settlement）：银行系统记账、ATM吐钞的过程。

清算（Clearing）：银行之间每晚结清彼此间债权债务的过程。

更一般地说，交易指建立契约的过程，即通过“记账”产生待结算债权债务的过程。在这一过程中，需要：

（1）交易双方互相确认对方的身份和权限；

（2）交易双方协商支付工具、支付方式和币种；

（3）金融机构查证支付能力；

（4）金融机构确认转账授权；

（5）金融机构处理交易。

在交易过程中，易被忽视但却至关重要的是步骤中的第一条，即双方身份和权限的确认，忽视这点可能会遭受伪造身份的欺诈。[①]

2.3.2 结算

交易的过程只是建立了契约，产生了待结算债权债务，但并不一定立刻执行。例如，常见的情形是卖出股票或理财产品后资金次日到账（每日夜间

① 例如，2019年在腾讯公司“逗鹅冤”事件中，不法分子冒充老干妈公司工作人员提出合作申请，在老干妈公司不知情的情况下与QQ飞车游戏展开业务合作，骗取腾讯公司的虚拟产品兑换码（可兑换QQ飞车辣椒酱涂装皮肤）并出售变现。此外，关于伪造身份欺诈和社会工程学攻击的更多内容，可阅读凯文·米特尼克的著作《欺骗的艺术》。

执行)，又如某些网银转账两小时内到账（每两小时批量执行）；即便是立即提现的跨行取款业务，也是银行先行垫付给你、待夜间统一处理时经办行才真正收到资金。货币资金最终转移交割的过程，称为“结算”。严谨地定义，结算是将交易过程产生的待结算债权债务在收款人和付款人之间进行相应的账簿记录、处理，完成货币资金最终转移并通知各方的过程。结算过程实质性地实现了资金控制权的转移，可形象地将其理解为：把钱从A家钱库搬到B家钱库的过程，或把钱从A的银行账户划转到B银行账户的过程。结算过程中同时传递“信息流”和“资金流”。

银行之间通过互相开立“同业结算账户”、存入“备付金”的方式实现双边结算。历史上，最早银行间并没有实现通存通兑，在某家银行的存款只能去该银行兑取。银行间通存通兑会面临信用难题：A行的客户从B行取款，B行垫付后若A行不承认或者没钱结账怎么办？为解决这一问题，罗斯柴尔德银行最先提出，几家银行互相分别在其他每家银行开立“同业结算账户”，存入一些钱作为“备付金”，当其他银行的客户来我行取款后，使用备付金结清为他行兑付（垫付）的款项。这些存在他行的资金余额，被称为“同业头寸”（Position）。因各行互有往来，因而只需对比账本、结算净额即可。这种方式打通了不同银行间通存通兑的障碍，并极大地降低了资金结算的工作量。

现在，同一国家内各银行的结算由中央银行进行，我们在下一小节对此展开详细介绍。在不同国家之间，银行间的结算仍采用开立同业结算账户的方式进行，没有互相开立同业结算账户的银行间无法实现直接转账。[①]

一般而言，结算的流程是：

（1）待结算债权的收集和完整性检查；

---

① 严谨地说，这并不绝对，例如，银行可采用第三方汇款业务（如西联汇款）实现跨境汇款。一般而言，银行间的直接跨境汇款需要互相开立结算账户，否则就需要有“中间行”作为“二传手”联结各方。例如，从某个农村商业银行无法直接向花旗银行纽约分行汇款，但可以通过农村商业银行—中国银行某省分行—中国银行纽约分行—花旗银行纽约分行的路径，经两次转手最终实现跨境汇款。

（2）确保待结算资金的可用性；

（3）转移资金、结算双方间债权债务；

（4）记录结果并向各方通告。

在结算过程中，特别需要注意第二条，即确保待结算资金的“可用性”。某些情境下，我们有“钱”但暂时不可用，例如定期存款下月到期，但合同约定明天付款，即此时存在财务管理中所谓的资金“流动性风险”。如果不能及时筹集“可用”资金，则即使拥有大量资产，也可能因无法按期结算而产生违约。

专题1　结算方式的演进

结算是货币资金最终转移交割的过程。在我国历史上，除双方直接现金交割结算之外，最早的结算渠道是镖局和票号。镖局起源于明朝正德年间，主要运输现银，用于满足票号和富商巨贾的货币交割需求，同时也承接贵重物品的运输。镖局组织形式多为股份合伙企业，与现在的会计师事务所相似，学徒三年出师后成为镖师，在镖局有身股。票号产生于明朝中期，主要办理凭票汇兑业务，至清初才增加存款服务。客户至票号交银、开票，将银票交付对方，对方凭票至票号提取现银，以此完成结算交割过程。需要说明的是，早期票号和银号（钱庄）并不相同，票号提供存款、汇兑服务，可以开展结算业务；而银号（钱庄）提供贷款服务，通常并不进行结算业务。票号的出现便利了异地支付和结算，以清道光年间（1823 年）在山西平遥达蒲村开办的日昇昌为例，客户交银开票后可在异地兑回现银，日昇昌各分号先内部记账，每6 年（后期改为4 年）各分号与总号“结大账”。至光绪十七年（1891 年），日昇昌年汇兑白银三千万两；光绪廿六年（1900 年）八国联军进北京，慈禧太后出逃，沿途花费均由日昇昌汇兑。至1948 年，日昇昌结业。

到近代，银行业兴起，结算主要依靠银行联行系统和邮电所进行。在同一家银行内，总行与分行被称为“联行系统”，联行内的资金结算由总行划

图 2.3　山西票号门面、招牌及内景

拨处理。为应对跨行结算，不同银行之间互相开立账户，存入若干现金作为备付金。逢客户跨行取款产生跨行结算需求时，各银行每晚轧差得到净额后通过在对方开立的备付金账户进行结算。在手工联行时期，各银行每天写“联行信件”，通过邮电局寄送交易信息，这是当时邮电系统的主要业务之一。

到现代，邮电系统让位于现代化金融通信网络，银行间互相开立备付金账户也转变为各银行共同在中央银行（中国人民银行）开立备付金（存款准备金）账户。1989 年底，我国着手建立全国电子联行清算系统（EIS），次年中国人民银行清算中心建成投用，该中心包括国家金融清算总中心（National Process Center，NPC）和城市处理中心（City Clearing Processing Center，CCPC）两部分。各银行将交易信息汇总到城市处理中心，由城市处理中心通过金融卫星通信网传递给目标节点；资金的结算由清算总中心进行，在对跨行交易轧差得到净额后通过划转各行在央行存款准备金的方式实现。

2.3.3　清算

多边结算过程中会面临困难，银行之间两两结算工作量巨大。在前一节所讲的银行双边结算模式中，需要银行两两间开立结算账户、互相清讫资金。由排列组合知识可知，N 家银行之间两两结算需要 C_N^2 笔交易，这个数

量是 $N \times (N-1)/2$。至 2021 年 3 月，中国有 3823 家银行①，两两结算需要 7301931 笔交易。730 多万笔资金划拨交易耗时费力、成本高昂，而且需要较长的夜间“天窗时段”②，对业务运行影响较大。此外，银行之间互有收付往来，资金双向重复转账效率低下。

对此，可以通过两种操作加以改善。第一，引入中心节点，居间作为所有银行的交易对手方，如图 2.4 所示。在现代银行体系中，通常由中央银行（在我国为中国人民银行）承担中央对手方职能，原本每家银行需要和其他 3821 家银行逐一结算，在引入中央银行作为中心节点后，各银行只需和中央银行一家结算即可，这就大大减少了工作量。第二，央行对各银行间所有往来交易轧差，收支冲抵后得到每家银行的净头寸，和银行只清讫这个净差额，每家银行只需要通过在央行开设的存款准备金账户结算一笔资金交易，而不是数亿笔零散交易。除央行外，银联等支付平台③、VISA 等卡组织、支付宝等第三方支付机构也会采用类似手段降低最终结算的工作量。这种清讫多边债权债务的过程和方法，称为“清算”。

具体来说，清算分为三个步骤：（1）多边数据的收集汇总；（2）对债权债务轧差，计算出净差额；（3）各银行通过在中央银行开立的准备金账户结算这个净差额。

还需要说明，清算是数据计算过程和资金交收过程的总和，同时传递信息流和资金流。轧差计算过程降低了结算过程的工作量，在计算流程完成后，也还需要执行结算流程，完成资金的最终交收。

发挥清算职能的金融组织主要有以下几大类。

---

① 包括 4 家政策性银行、5 家大型商业银行、1 家邮政储蓄银行、12 家股份制商业银行、133 家城市商业银行、5 家民营银行、859 家农村商业银行、71 家农村合作银行、1373 家农村信用社、1 家中德住房储蓄银行、1311 家村镇银行、48 家农村资金互助社，总计 3823 家。

② 指金融系统盘点、暂停交易的时段。早期金融系统承载能力不高时，每日午夜 0 时至 0:30 时银行暂停 ATM 取款及转账等交易，用于盘账清算。

③ 以银联的清算工作为例，2021 年国庆节期间，银联平台平均每天承载 6.9 亿笔交易，每一次刷卡都是一笔跨行交易请求。在夜间，银联执行清算流程，算出各银行间往来净差额，将支付指令上报央行执行，最终只需 3823 笔交易就能完成各银行间往来资金结算。

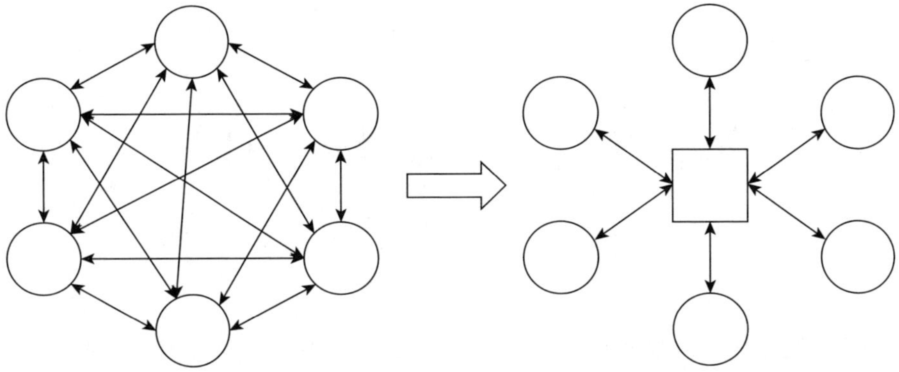

图 2.4　银行双边结算（左）与中央银行统一结算（右）

（1）银行卡组织

例如中国银联（人民币）、VISA（维萨卡、美元）、MasterCard（万事达卡、美元）、AmericanExpress（美国运通卡、美元）、JCB（无中文译名，日元）等。

（2）第三方支付平台

例如支付宝、财付通（微信支付）、中国银联、美国 PayPal 等。

（3）各国中央银行与国际组织

例如中国人民银行及其第二代中国现代化支付清算系统（CNAPS2）、美联储及其联邦储备通信系统（Fedwire）、国际清算银行（BIS）等。

（4）独立清算机构

例如上海清算所（债券，银行间业务）、纽约清算所银行业支付系统（银行间业务，美元）等。

（5）跨境支付通信系统

例如环球银行金融电讯协会（SWIFT）、人民币跨境清算系统（CIPS）、俄罗斯金融信息传输系统（SPFS）等。

第3章　支付的基础：账户

所有非现金支付基于账户实现，账户是一切现代支付的基础，是资金支付结算的起点和终点。这里的账户是广义概念，既包括银行账户，也包括在第三方支付机构、软件APP甚至硬件钱包中的账户。账户是管理资金的基本单元，支付活动表现为资金在账户之间的划转。

本节主要介绍三类账户：银行为客户开立的结算账户、中央银行为商业银行开立的清算账户、第三方金融机构开立的虚拟账户。

3.1　银行结算账户

银行结算账户是商业银行为存款人开立的、用于办理资金收付结算业务的人民币活期存款账户。这里所指"存款人"可以是自然人，也可以是非自然人。所谓自然人，即活生生的人类个体，可凭身份证件（身份证、护照、军官证等）开立银行结算账户；所谓非自然人，是组织机构的人格化，例如公司、学校或社区居委会等。

银行结算账户具有以下特点：

（1）分为个人银行结算账户和单位银行结算账户；

（2）只办理人民币业务；

（3）办理资金收付结算业务，以区别于储蓄账户（Saving Account）。

储蓄账户不办理资金收付、转账结算业务，只用于存取本金和利息，例如定期存款账户、理财账户等。

（4）活期账户。

结算账户是活期存款账户，定期存款账户不具有结算功能。

专题 2 非自然人、法人、非法人企业、公司等概念辨析

办理金融业务的主体可以分为自然人和非自然人。自然人即活生生的人，在此不再赘述。

非自然人是组织机构的人格化，包括企业法人、非法人企业、机关事业单位、军队（团及以上）、武警部队、社会团体、民办非企业组织、组织的异地常设机构、外国驻华机构、个体工商户、居委会、村委会、社委会、单独设立的独立核算的附属机构等。

非自然人可分为法人单位和非法人单位。法人单位指具有民事权利能力和民事行为能力，依法独立享有民事权利和承担民事义务的组织，它是社会组织在法律上的人格化。创设这一法律概念的目的在于，“组织机构”作为一个抽象概念，无法拥有自己的财产、无法行使民事权利，而在法律上将其人格化、视为法律意义上的人，组织机构就可以像人一样拥有独立财产、行使民事权利了。法人可分为企业法人、机关法人、事业单位法人和社会团体法人。法人拥有自身独立的财产权利，这有助于实现资金、财产和风险的隔离。法人作为一个组织机构，无法“说”出自己的想法，无法签字表明自己的立场，这就要求有一个活生生的人来替它表达意志、签订合约。这个有权力代表法人的人，称为法人代表。

公司是依照《公司法》在中国境内设立的、以营利为目的的企业法人。公司必然是企业法人，而企业法人不一定是公司。企业法人包括公司法人、国有企业法人、集体企业法人等类型。公司依股东数量可分为有限责任公司（股东数 <50）和股份有限公司（发起人 <200，股东总数无上限）。法人企业实现了公司财产和股东个人财产的分离，在破产时股东以出资额为限承担有限责任。非法人企业包括合伙企业、个人独资公司、企业的分支机构等，它们不是法律意义上的独立实体，财产也和合伙人（或一人股东、上级单

位）的财产混同，因而对债务承担无限连带责任。

3.1.1 个人结算账户

按照《人民币银行结算账户管理办法》的界定，个人结算账户是指“个人凭有效身份证件、以自然人名称开立的，用于办理资金收付结算的人民币活期存款账户”。例如，基于借记卡的活期账户都属于个人结算账户。

个人结算账户的金融功能主要包括：（1）活期储蓄；（2）转账结算，如汇款、签发支票、工资收款等；（3）理财与信贷业务结算，如理财账户提现、信用卡还款等；（4）对外支付结算，如生活缴费、购物支付等。

与结算账户不同，个人储蓄账户仅限于办理现金存取业务，而不能办理结算业务。储蓄账户中的资金需要先转账到结算账户中后，才能进行对外支付。[①] 早年间，个人储蓄账户通常基于定期存单、存折等实物载体，而现在储蓄账户大多已实现虚拟化、电子化，通常作为挂靠于结算账户下的一个子账户，如图 3.1 所示。需要说明的是，部分银行将储蓄账户“黑箱化”，不再在 APP 中向客户展示储蓄账户的信息（只显示定期存款，不再抽象出储蓄账户概念、不显示账号），但两类账户类型的区分仍然存在。

3.1.2 个人结算账户分类监管

为防范账户盗刷、金融诈骗和洗钱犯罪，我国对银行账户实行分类分级管理。2015 年 12 月，央行印发《关于改进个人账户服务、加强账户管理的通知》，将银行账户划分为Ⅰ类、Ⅱ类、Ⅲ类三种级别，分别提出不同的安全要求，并具有不同的功能权限和支付限额。每人在每家银行只能开立 1 个Ⅰ类账户[②]，在每家银行开立Ⅱ、Ⅲ类账户分别不得超过 5 个。

---

① 例如，你无法直接使用一笔定期存款的资金进行支付，需要先将其转账到活期结算账户后，才能用于转账等结算业务。

② 在实务中，具有金融功能的社会保障卡也是Ⅰ类账户，且不占用Ⅰ类账户名额，因而在社保卡发卡行实际上可以开立两个Ⅰ类账户。这是特例，谨作说明。

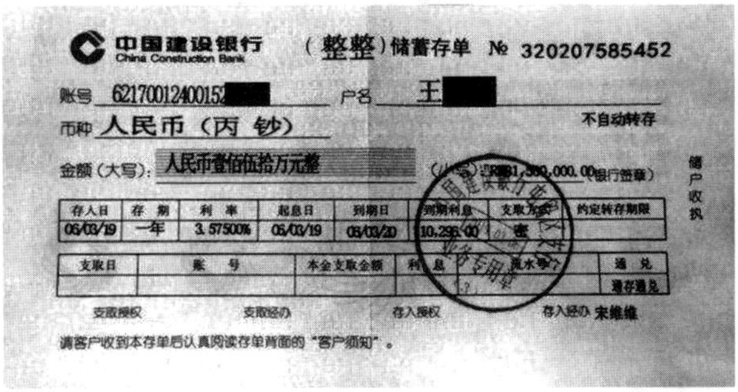

注：左图为中国银行 APP 截图，图中“长城电子借记卡（Ⅰ类账户）”为结算账户，即借记卡的活期账户。在此账户下挂靠储蓄账户（线框内账号为 2533××××××的账户），用于记录逐笔的定期存款。

图 3.1　挂靠于结算账户下的虚拟储蓄账户（左）与定期存单（右）

表 3.1　Ⅰ类、Ⅱ类、Ⅲ类账户对比

账户类型	功能与适用场景	额度
Ⅰ类	全功能结算账户，可办理所有业务 安全等级最高	政策不限 银行自定限额
Ⅱ类	理财 + 支付	对外支付：单日 1 万元 理财：不限
Ⅲ类	小额消费、生活缴费	<2000 元

Ⅰ类账户是全功能账户，可办理所有业务。相应地，其开户鉴权级别也最高，需要本人到银行网点柜台核验、开户，这保证了Ⅰ类户户主身份的真实性。通过电子渠道（网上银行、手机 APP 等）不能开立Ⅰ类户，只能开立Ⅱ类户或Ⅲ类户。Ⅰ类账户是个人资金进出的总闸门，是央行反洗钱监管的重要抓手。监管政策本身并不对Ⅰ类账户设置对外支付限额，各银行可依

据自身业务实际，自行设定对外支付限额。

Ⅱ类账户可线上开户，可配发实体银行卡。可办理存款、购买投资理财产品、限额消费（<1万元）、限额向非绑定账户转出资金（<1万元）。经银行柜面、自助设备加银行工作人员现场确认身份的，Ⅱ类户还可以办理存取现金、非绑定账户资金转入业务。在限额上，非绑定账户转入资金、存入现金日累计限额合计为1万元、年累计限额合计为20万元；消费和缴费、向非绑定账户转出资金、取出现金日累计限额合计为1万元、年累计限额为20万元。银行可以向Ⅱ类户发放本银行贷款并通过Ⅱ类户还款，发放贷款和贷款还款均不受转账限额规定。需要特别说明，以上限额均针对“非绑定账户”，对于绑定账户（本人Ⅰ类账户）没有转账限额。Ⅱ类账户典型的使用场景为：银行卡副卡、在线支付、贷款结算、资金理财等。

Ⅲ类账户可线上开户，不配发实体银行卡，用于限额消费（<2000元）[①]、限额向非绑定账户转出资金（<2000元）。经绑定账户转入资金验证身份的，可以接收非绑定账户转入资金。在限额上，Ⅲ账户余额不得超过2000元；非绑定账户资金转入日累计限额为2000元、年累计限额为5万元；消费支付、向非绑定账户转出资金日累计限额为2000元、年累计限额为5万元。Ⅲ类账户的典型使用场景为：银行卡闪付（QuickPass）、手机NFC模拟银行卡支付、智能手环刷卡支付、ETC支付等。

需要特别说明，诸多教材和著作将Ⅰ、Ⅱ、Ⅲ类账户分别比作“钱箱”“钱包”“零钱袋”，这是对账户分级分类初衷的误读。三类账户并不是为了区分交易金额大小而设立，特别是Ⅱ类账户作为理财用账户、贷款结算账户，资金规模动辄数十万、上百万元，远不是支付用“钱包”可比拟的。不同的支付限额只是三类账户差异的表象，深入理解其实质应基于“身份认证等级”而非“支付限额”。

① 需要说明的是，部分教材和网络搜索结果给出Ⅲ类账户余额上限与支付限额为1000元，这是错误的。2018年央行发文对Ⅲ类账户限额进行了调整，截至2022年6月，Ⅲ类账户余额上限和支付限额为2000元。

Ⅰ类账户是核心账户、拥有全功能，故只能（也只需）开立一个，需要最严格的银行柜台现场开户认证，通过人脸识别、身份证等方式鉴权，确保是本人开立。

Ⅱ类账户可不经现场开户认证，客户可以在网银或APP等电子渠道开户。由别人代为办理（如学校代办的校园银行卡、单位代办工资卡）的账户也为Ⅱ类账户，需要由本人到银行柜台鉴权认证，才能升为Ⅰ类账户。Ⅱ类账户在安全和便捷之间折衷平衡，我们以理财业务为例介绍Ⅱ类账户的设计理念。金融机构为吸引异地客户购买理财产品，会提供线上开户服务①，但线上开户难以可靠地识别客户身份，存在洗钱风险。为此，银行为客户开立Ⅱ类账户，要求与客户本人已有的Ⅰ类账户绑定（验证四项信息，姓名、身份证号、手机号和绑定账户卡号），所有资金只能从绑定的Ⅰ类账户中转入。绑定的Ⅰ、Ⅱ类账户属同一人所有，因而互相转账不限额度。Ⅰ类账户经柜面见证开户，保证了资金来源可追溯，且解决了Ⅱ类账户客户身份认证问题；Ⅱ类账户未经现场认证，出于审慎和反洗钱考虑设置了1万元的对外支付限额。绑定的Ⅰ类账户可为任意银行账户，客户可在本地A银行开Ⅰ类户、存入现金，绑定异地B银行Ⅱ类户用于理财。

Ⅲ类账户的认证级别最低、安全性要求也相对较低，允许免密交易，不配发实体银行卡。Ⅲ类账户适用于高频次、低额度的小额消费场景，主要用于嵌入式设备、虚拟卡和移动支付业务等，现允许小额取现。

2018年，中国人民银行印发《关于改进个人银行账户分类管理有关事项的通知》（以下简称《通知》），对Ⅱ、Ⅲ类账户的开户和使用作出调整。主要内容包括：

（1）开放Ⅱ、Ⅲ类账户小额取现

以前Ⅲ类账户不允许取现，《通知》提出“Ⅱ、Ⅲ类户可以通过基于主

① 例如，新疆伊犁农商银行发行理财产品，但其在安徽合肥没有营业网点，合肥的理财客户不可能开车4100千米专程去新疆伊犁办理业务。允许在线开户后，金融机构可通过线上渠道拓客，服务全国客户。

机卡模拟（HCE）、手机安全单元（SE）、支付标记化（Tokenization）等技术的移动支付工具进行小额取现”。

（2）放宽Ⅲ类账户余额与支付金额限制

以前Ⅲ类账户余额上限1000元、每日对外支付上限1000元，《通知》将金额限制放宽至2000元，但将年度总额由10万元下调至5万元，这更符合Ⅲ类账户的功能定位。

（3）允许向Ⅲ类账户发放小额贷款

银行可以向Ⅲ类账户发放本行小额消费贷款，并通过Ⅲ类户还款。Ⅲ类户不得透支。

3.1.3 单位结算账户

单位银行结算账户按用途分类，可分为基本存款账户、一般存款账户、专用存款账户、临时存款账户。

（1）基本存款账户

基本存款账户是存款人办理日常转账结算和现金收付的账户。企业日常的现金收支，如工资、奖金支取，必须通过基本存款账户办理。企业只能开立一个基本存款账户：《中华人民共和国商业银行法》第四十八条规定：“企事业单位可以自主选择一家商业银行的营业场所开立一个办理日常转账结算和现金收付的基本账户，不得开立两个以上基本账户。”企业的其他结算账户必须以基本存款账户的开立为前提。

需要特别说明，个体工商户没有独立的法人地位、通常被视为自然人、对债务承担无限清偿责任，但仍需要开立基本存款账户，纳入单位银行结算账户管理。实务中个体工商户的经营资产和个人资产混同①，但严格来说，个体工商户不允许用个人账户结算货款，而必须用个体工商户名义开立基本

① 例如，个体工商户常见的情形是“前店后家”模式，门面房用于经营，楼上或后屋用于居住；又如，小摊贩通常使用摊主的个人收款码（而不是商户收款码）收取货款。

存款账户，使用基本存款账户进行货款结算。有字号的，开户名称使用营业执照字号，例如“赵记烧鸡铺”；无字号的，开户名称使用“个体户 + 经营者姓名”，例如“个体户赵某”。

早年间，新创设企业开立基本存款账户需要向中国人民银行申办“基本存款账户开户许可证”，如图 3.2 所示。2018 年 5 月，中国人民银行发布《关于试点取消企业银行账户开户许可证核发的通知》；2019 年 2 月，中国人民银行发布《关于取消企业银行账户许可的通知》，不再核发“开户许可证”，该制度全面取消。①

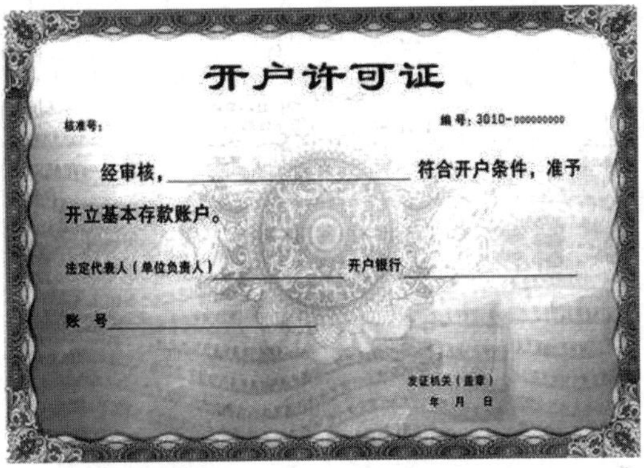

图 3.2　基本存款账户开户许可证（现已作废）

（2）一般存款账户

一般存款账户是存款人因借款或其他结算需要，在基本存款账户开户银行以外的银行营业机构开立的银行结算账户。② 一般存款账户不能支取现金，其余功能与基本存款账户相同。一般存款账户不能在存款人基本存款账户的开户行开立。企业一般存款账户并没有数量限制，但在每家银行只能开立一

① 截至本书写作时（2022 年 6 月），网上关于开立基本存款账户所需材料的指引多有错误，包括百度百科“基本存款账户”词条、众多会计考试辅导机构公众号、众多知乎公众号，甚至部分银行官方账号在“百度知道”中的回答均有错误。需要强调的是，中国人民银行现在已经不再核发基本存款账户开户许可证。

② 定义来自《人民币银行结算账户管理办法》第十二条。

个一般账户。一般存款账户常用于以下场景：（1）申请他行贷款，例如企业的基本存款账户开在工商银行，但建设银行给出了更为优惠的贷款条件，则可以在建行开立一般存款账户，用于申办贷款及还款结算；（2）为公司项目部、附属机构、外地分支机构开立账户，例如某公司可为自己在外地的办事处开立一般存款账户，独立建账管理，便于财务核算。

（3）临时存款账户

临时存款账户是企业因临时经营活动需要而开立的账户，主要用于企业临时经营活动发生的资金收付。该账户按需开立，数量不限，存续最长不得超过2年，可以支取现金。例如某建筑公司承揽一施工项目，则可以为该项目部开设临时存款账户，用于建筑施工期间的资金结算、工人工资（现金）支付，进行相对独立的财务核算。

（4）专用存款账户

专用存款账户是企业对特定用途的资金所开立的账户，如企业的社保基金账户、住房公积金账户等。对此不多介绍。

3.1.4 单位结算账户转账监管

中国人民银行制定《人民币银行结算账户管理办法》（以下简称《办法》），对于单位结算账户向个人结算账户的转账作出了严格的限制，只有特定用途的资金才允许从单位账户转账至个人账户。这种限制的目的在于：（1）防止挪用公款，公司资金外来通常有会计账目，而转到个人账户后难以监管、无法区分公用还是私用；（2）防范偷税漏税；（3）反洗钱。

具体而言，《办法》第三十九条规定，只有在下列情形中，单位结算账户资金可以转入个人结算账户：

第三十九条：个人银行结算账户用于办理个人转账收付和现金存取。下列款项可以转入个人银行结算账户：

（1）工资、奖金收入；

（2）稿费、演出费等劳务收入；

（3）债券、期货、信托等投资的本金和收益；

（4）个人债权或产权转让收益；

（5）个人贷款转存；

（6）证券交易结算资金和期货交易保证金；

（7）继承、赠与款项；

（8）保险理赔、保费退还等款项；

（9）纳税退还；

（10）农、副、矿产品销售收入；

（11）其他合法款项。

此外，《办法》第四十条规定，从单位结算账户向个人结算账户转账，需要向银行提供必要的资金证明：

第四十条：单位从其银行结算账户支付给个人银行结算账户的款项，每笔超过5万元的，应向其开户银行提供下列付款依据：

（1）代发工资协议和收款人清单；

（2）奖励证明；

（3）新闻出版、演出主办等单位与收款人签订的劳务合同或支付给个人款项的证明；

（4）证券公司、期货公司、信托投资公司、奖券发行或承销部门支付或退还给自然人款项的证明；

（5）债权或产权转让协议；

（6）借款合同；

（7）保险公司的证明；

（8）税收征管部门的证明；

（9）农、副、矿产品购销合同；

（10）其他合法款项的证明。

从单位银行结算账户支付给个人银行结算账户的款项应纳税的，税收代扣单位付款时应向其开户银行提供完税证明。

如果收款人是企业的实际控制人，则只有三种情况允许转账：分红、工资和暂借款。这一限制旨在避免实控人掏空公司资产，例如在转移公司资产后申请公司破产，由此侵害其他小股东权益。此外，如果公司倒闭后发现公私账目混乱，实控人要承担无限连带责任。

3.1.5 大额交易与可疑交易监管

2016 年 12 月，央行印发修订后的《金融机构大额交易和可疑交易报告管理办法》，自 2017 年 7 月 1 日施行，要求银行上报其经办的大额交易，包括：

（1）现金操作：单笔/累计 5 万元以上、外币等值 1 万美元以上；

（2）公司转账：单笔/累计 200 万元以上、外币等值 20 万美元以上；

（3）境内转账：自然人单笔/累计 50 万元以上、外币等值 10 万美元以上；

（4）跨境转账：自然人单笔/累计 20 万元以上、外币等值 1 万美元以上。

同时，金融机构发现或者有合理理由怀疑客户、客户的资金或者其他资产、客户的交易或者试图进行的交易与洗钱、恐怖融资等犯罪活动相关的，不论所涉资金金额或者资产价值大小，应当提交可疑交易报告。既属于大额交易又属于可疑交易的交易，金融机构应当分别提交大额交易报告和可疑交易报告。

3.2 银行清算账户

银行清算账户是中央银行为商业银行开立的、用于银行间支付结算和清算的账户。我国商业银行的每一级分支行都像一家独立的实体一样，以半自治方式独立运作，每一级商业银行分支行都在同级中国人民银行分支行开立清算账户。各商业银行之间不再互相开立结算账户，同一商业银行内各分行间也不再互相开立结算账户，资金清算结算均通过央行的系统进行（在第 4

章中具体介绍）。商业银行总行只作为银行系统的行政管理中心发挥作用。

商业银行在央行开立三类账户：准备金账户、备付金账户、贷款账户。

（1）准备金账户

用于存放存款准备金。这些资金不允许用于资金结算，不做任何实际用途。央行通过调整存款准备金率来控制货币乘数，调控经济社会中流通的货币规模。

（2）备付金账户

用于存放备付金。这些资金用于银行日常经营与资金清算结算。备付金规模通常为银行吸收存款规模的5%～7%。

（3）贷款账户

用于承接中国人民银行发放的再贷款。

由于商业银行各分支机构独立在人民银行开立清算账户，故跨行支付结算实际上是跨分支行间的支付结算，在分支行层面完成资金结算。

3.3　支付账户（虚拟账户）

众多教材、著作中大多包含"虚拟账户"概念，但业界和学界对于虚拟账户并没有统一的概念界定。①在不同的范畴下，"虚拟账户"具有不同的含义：（1）在共同的底层资金基础上开立的二级账户、分类资金账户，例如学校中每个学院没有独立的法人资格、不能在银行开立账户，为方便资金管理，财务处会为每个学院开立虚拟账户，记录学院的资金收支结余；②（2）用于模拟交易的账户，例如模拟炒股的资金账户；（3）存放虚拟财产的账户，例如商户积分账户或游戏中的金币账户；（4）第三方支付机构为客

① 需要强调，账户是抽象概念，并不依赖记载账户编码的介质。不能说有塑料银行卡的是"实体"账户，没有卡片的是"虚拟"账户。基于实物介质（如银行卡、纸质存单）和数字介质的账户并没有任何区别，实质都是一簇数据库中的用户信息记录。

② 全校只有一个账户，学院层面的资金收付实际上都是基于全校唯一的结算账户对外支付的。

户开立的支付账户，等等。“虚拟账户”概念界定混杂，原因在于这个概念本身就毫无意义，因为账户必然是虚拟的，并不存在与之相对的实体账户概念，各家学者也就从不同角度望文生义，给出五花八门的内涵界定。此外，在政策监管层面，没有任何政府机构、在任何官方的政策文件中使用“虚拟账户”提法。① 本教材删繁就简、正本清源，不再纠结于“虚拟账户”这个概念，而关注于“支付账户”。

支付账户一般指非银行支付机构②为客户开立的账户。按照中国人民银行《非银行支付机构网络支付业务管理办法》的界定，非银行支付机构开立的支付账户是指“获得互联网支付业务许可的支付机构，根据客户的真实意愿为其开立的，用于记录预付交易资金余额、客户凭以发起支付指令、反映交易明细信息的电子簿记”。这既包括在线形式的账户，也包括基于储值卡或硬件设备的离线账户（如智能手环 NFC 支付账户）。非银支付机构为交易双方开立账户、建立支付网关，通过自身的业务系统处理支付指令，并与银行进行最终的资金清算。在这一过程中，支付账户并不对接某个特定的银行账户，而是充当众多银行账户的“集合器”，发挥资金统一出口的功能。具有代表性的支付账户包括支付宝账户、微信支付（财付通）账户、预付费储值卡账户等。

非银支付账户的优势在于：

（1）便利双边交易

客户与商家的开户银行可能不同，例如，客户持有安徽庐江农村商业银行的借记卡，但电商平台（如京东）通常不会为这些小型金融机构逐一建立支付网关。此时，可由专业的非银支付机构建立支付网关，客户使用非银支付账户付款，这避免了电商平台和小型金融机构逐一对接的麻烦，也使小型金融机构的客户可以进行在线支付业务。

---

① 截至本教材写作的 2022 年 6 月。

② 依照中国人民银行《非银支付条例》的定义，非银行支付机构指在中华人民共和国境内依法设立并取得支付业务许可证，从事部分或者全部支付业务的有限责任公司或者股份有限公司。

（2）个性灵活

非银支付机构通常有自身的安全策略，在账户鉴权、资金运用与管理上更具灵活性。

（3）使用费率较低

同一支付机构的非银支付账户间转账不需要支付手续费（如微信好友间互发红包），只在非银支付账户余额提现至银行卡时收费，费率通常为 1‰。

在具体业务实践中，非银支付机构在央行开设备付金账户[①]，所有非银支付账户的资金余额均在央行备付金账户中托管，这保证非银支付机构无法盗用、挪用客户资金。客户通过非银支付机构网关对外付款或提现至银行卡时，资金由央行备付金账户划转至收款人银行结算账户。此处也可看出，非银支付账户是在共同的底层资金（托管于央行的备付金）基础上开立的二级账户。

2018 年 6 月，央行印发《关于非银支付机构开展大额交易报告工作有关要求的通知》，要求非银支付渠道经办的大额交易须向央行上报，包括：

（1）现金操作：单笔/累计 5 万元以上、外币等值 1 万美元以上；

（2）公司转账：单笔/累计 200 万元以上、外币等值 20 万美元以上；

（3）境内转账：自然人单笔/累计 50 万元以上、外币等值 10 万美元以上；

（4）跨境转账：自然人单笔/累计 20 万元以上、外币等值 1 万美元以上。

① 需要澄清，非银支付机构的备付金账户开立在中央银行而非商业银行，以活期利率计付利息。坊间传闻非银支付机构在商业银行开立资金托管账户、靠沉淀资金利息盈利均为谣传。

第 4 章　现代支付清算体系

4.1　中国联行清算系统：1949—2005 年

4.1.1　全国手工联行系统：1949—1996 年

为了全面反映中国支付清算系统的演进脉络，我们首先简要回顾传统的手工联行清算模式。

在同一家银行内，总行与分行称为“联行系统”。在电子通信基础设施和金融支付基础设施建设完善前，我国银行间支付清算采用“全国手工联行”系统（Paper - based Non - local Funds Transfer Systems，PNFTS）。当时的四大国有银行（工农中建）都有自己的全国手工联行系统，用于全国的跨行异地汇款资金结算。对于同行业务，只需本银行自行记账、划拨资金即可，不再赘述。对于跨行业务，客户发起跨行汇款申请后，汇出行先进行行内清算，随后通过本行联行系统出具联行信件，通过邮电局寄递至汇入行联行系统，汇入行联行系统进行相应的账务处理，下发至汇入行，并反向回馈处理结果。整个汇款过程耗时超过一个星期。各银行负责自己行内清算，银行间通过总行互相开立同业账户、存入备付金的方式结算。在整个过程中，中国人民银行只负责监管，并不参与信息传递与资金清算。

联行系统分为全国、省辖与县辖三级。同城跨行业务直接由县级联行系统处理即可；同省异地跨行汇款业务，由省级联行系统处理；跨省跨行汇款业务，由全国联行系统处理。举例而言，从工商银行合肥分行汇款至建设银行南京分行，首先由工商银行合肥分行冻结待汇出资金，将汇款信息写信寄送到工商银行全国联行系统；工商银行全国联行系统统计当日所有汇出到建设银行的跨省业务，进行汇总后一并写联行信件寄递到建设银行全国联行系统；建设银行全国联行系统根据联行信件的信息，写信至建行南京分行；建行南京分行写信确认经办完成，沿原路反向回馈。若办理成功，汇款人冻结的资金由工商银行合肥分行划转至总行，通过总行在建行总行开立的同业账户结算至建行总行，再由建设银行总行划转至南京分行；若办理失败，则汇款人资金解除冻结。在这一过程中，联行系统传递信息流，各银行总行间互相开立同业账户传递资金流。1984 年，中国人民银行开始专门行使中央银行职能，同时确立法定存款准备金制度，并正式建立银行备付金系统，各银行自此开始逐步取消互相开立的同业账户，使用在中国人民银行集中缴存的备付金进行总行间结算。

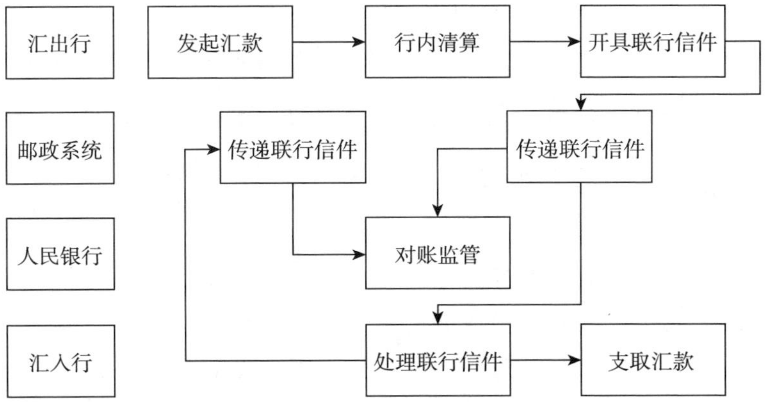

图 4.1　全国手工联行系统处理机制

此外，中国人民银行也有自己的联行系统，用于人民银行各分支行间的资金划拨以及国库款项的上缴、下拨和划转。1991 年之前，商业银行没有自己的核心网络，商业银行内部大额资金划转也通过人民银行的联行系统办理。

可想而知，手工联行系统办理业务缓慢（同城 2 ~ 3 天，异地 1 周），承载能力低下，随着金融业务规模的持续扩大，已越发不能满足实际需求。

4.1.2 全国电子联行系统（EIS）：1989—2005 年

随着社会经济与金融业务的不断发展，银行跨行业务笔数与规模显著增多，手工联行系统承载力有限，已无法及时处理如此巨量的跨行交易。各银行间债权债务关系异常复杂，由银行自行轧差清算变得非常困难。

为改变我国支付系统落后现状，提供高效、可靠的支付清算服务，人民银行开始谋划依靠现代通信技术和建设金融基础设施来改进支付清算服务。1989 年 5 月，国务院批复人民银行建设中国金融卫星数据通信网和电子联行系统（Electronic Inter－bank System，EIS）的构想；1989 年 12 月，人民银行发布《关于改革联行清算制度的通知》。

1990 年，“中国人民银行清算中心”正式设立，专门为金融机构提供支付清算服务。清算中心包括国家金融清算中心（National Process Center，NPC）和城市处理中心（City Clearing Processing Center，CCPC）。前者是全国清算的总中心，设立于人民银行总行；后者是各地区的清算中心，设立于人民银行各主要地市分行，拥有卫星通信能力。1991 年 4 月 1 日，基于金融卫星通信网的电子联行系统 EIS 开始试运行。EIS 专门用于处理异地（包括跨行和行内）资金清算和资金划拨，联系起了商业银行、央行、城市处理中心 CCPC 和国家金融清算中心 NPC。

在 EIS 系统下，跨行异地业务流程如下：

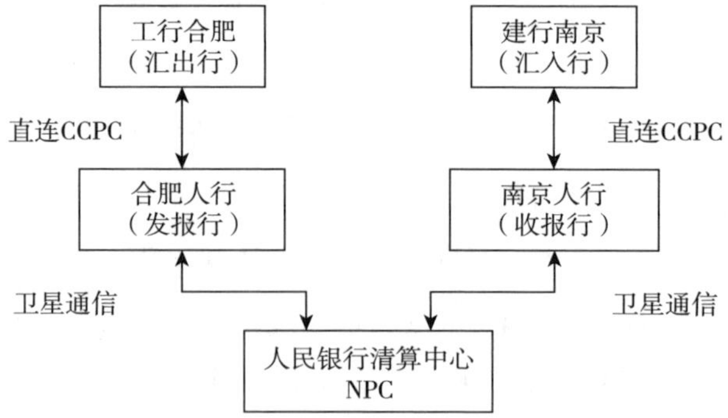

图 4.2 全国电子联行系统处理机制

（1）商业银行（汇出行）接收客户汇款请求后，向人民银行当地分行（发报行）提交支付指令，支付指令可以是纸质凭证或联机电子报文。

（2）人民银行当地分行（发报行）将支付信息分类、打包，通过城市处理中心 CCPC 的卫星地面站即时发往清算总中心 NPC。

（3）清算总中心 NPC 收到支付指令，经记账并按人民银行收报支行将支付指令清分后，通过卫星链路即时发送到相应的人民银行当地分行（收报行）。

（4）人民银行当地分行（收报行）记账并通知商业银行（汇入行）。

（5）商业银行（汇入行）做账务处理后，以来账的反方向，向汇出行发送确认的答复信息。

（6）每日 NPC 和 CCPC 核对账目，确认无误后轧平当日电子联行账务。

至此，一笔跨行异地汇款过程完整完成。在 EIS 系统中，由金融卫星通讯网连接的 NPC 和 CCPC 处理信息流，由各银行在央行开立的准备金账户处理资金流。

另需补充，在 1991 年 EIS 系统投用的同期，各家商业银行内部的核心网也先后建成投用，银行内部资金划转可以通过自身核心网系统实现，而不必依赖 EIS 了，故 EIS 实际只用于异地跨行交易。

4.2　中国现代化支付系统 CNAPS：2002 年至今

4.2.1　第一代中国现代化支付系统（CNAPS）

1991 年 10 月，即 EIS 试运行刚刚半年时，我国已开始着手建设中国国家金融通信网（China National Financial Network，CNFN）和中国现代化支付系统（China National Automatic Payment System，CNAPS）。这一项目由世界银行提供贷款，由英国 PA 咨询集团承担设计咨询工作。此外，特别是进入 21 世纪，网络通信和计算机技术取得了长足发展，这为 CNPAS 系统的诞生奠定了技术基础。

第一代 CNAPS 主要包括两套支付清算系统，即大额实时支付系统（HVPS）和小额批量支付系统（BEPS）。

大额实时支付系统 HVPS 于 2002 年上线，承担跨行大额（>5 万元）支付业务，工作时段为 8:30～17:00，实时完成支付。

小额批量支付系统 BEPS 于 2005 年上线，承担跨行小额（<5 万元）支付业务，全时段工作，但并非实时处理，而是收集若干笔交易后打包统一处理。正因如此，早期小额跨行转账通常为“两小时内到账”。BEPS 系统侧重吞吐量，系统容量大，除银行转账外还主要用于小额支付、零售消费等场景。

CNAPS 系统的数据通过国家金融通信网（俗称金融专网）传输，与一般互联网相隔离，这保证了信息安全性。CNAPS 建立后，人民银行承担了支付中的大多数工作，负责清算、结算和金融监管。人民银行实现了对国内资金流动的完全监控，能够更好地遂行反洗钱和反金融犯罪职能。

4.2.2 第二代中国现代化支付系统（CNAPS2）

（1）CNAPS 一代系统的局限性

中国经济社会的快速发展、金融市场的日益完善以及支付方式的不断创新，对中央银行现代化支付系统提出了更高要求，特别是在网上支付业务爆发式增长后，CNAPS 一代系统已不能满足金融业务需求。

除了系统容量外，CNAPS 一代还主要存在以下几方面缺陷：

①不能满足银行灵活接入需求。有些银行希望通过总行单点接入支付系统，并通过一个账户进行资金清算；另一些银行希望单点接入支付系统，但仍保留多个清算账户（如不同业务、不同地域分别使用单独的清算账户）进行资金清算。CNAPS 一代基于分散接入方式设计，不能满足这种多样化需求。

②资金统一管理有待完善。各商业银行分支机构在人民银行当地分支行开立清算账户，账户信息分散在人民银行 341 个中央银行会计核算系统

（ABS）中，导致商业银行不能实时通盘监控账户流动性情况，资金使用效率较低。

③业务功能有待拓展。CNAPS 一代基于传统银行支付业务设计。随着我国互联网及电子商务的发展，网上银行、移动支付等新型支付业务占比大幅提升，第三方支付机构成为支付市场的重要参与者。CNAPS 一代系统不适合承载这些新型支付业务，也无法实现对第三方支付资金流的监管。

（2）CNAPS2 系统简介

2009 年底，人民银行要求清算总中心启动第二代中国现代化支付系统（CNAPS2）建设工作。CNAPS2 的建设总体目标是：立足第一代支付系统的成功经验，引入先进的支付清算管理理念和技术；进一步丰富系统功能，提高清算效率，拓宽服务范围，加强运行监控，完善灾备系统，建设适应新兴电子支付发展的、面向参与者管理需要的、功能更完善、架构更合理、技术更先进、管理更简便的新一代支付系统。

网上支付跨行清算系统（俗称超级网银系统）作为 CNAPS2 首先投产的业务系统，于 2010 年 8 月上线运行，这是 CNAPS2 中最具代表性的业务子系统。超级网银系统可实时处理单笔小于 5 万元的汇款交易，作为原有大额实时支付系统和小额批量支付系统的补充，专门用于网上银行的支付结算，与原有大小额支付系统平行运作。超级网银上线后，第三方支付机构也被要求中断对银行的直连，必须通过超级网银系统完成支付业务，例如第三方支付的提现至银行卡、转账至银行卡功能均由超级网银系统处理（以前由第三方支付机构直接与银行对接处理）。通过这种方式，第三方支付机构的资金流动也被纳入人行监管范围。

超级网银系统上线后至 2013 年 10 月，网上银行跨行转账会有两种转账途径，客户可选择“普通跨行转账”或“加急跨行转账”，分别通过原有小额批量清算系统和超级网银系统处理，并向储户收取不等的转账费用。当然，随着 CNAPS2 的完全投用（主要指自动清分平台投用）和网银转账费用取消，目前银行已不再需要客户选择支付清算所依托的系统，CNAPS2 的清分平台会自动选择满足条件的最快渠道，客户不必关心背后的技术细节。

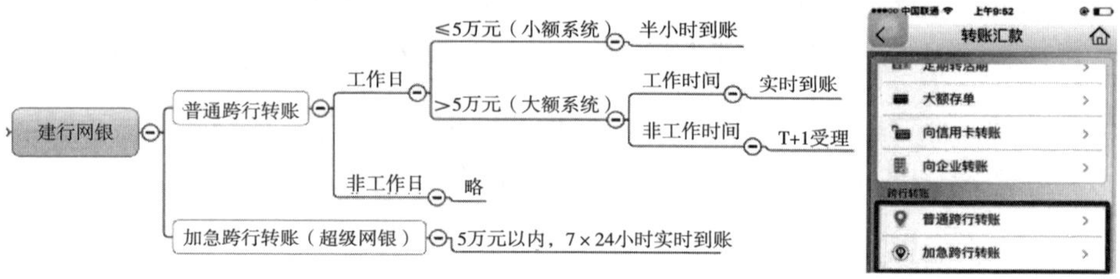

图 4.3　早期不同清算系统转账时效及建设银行 APP 截图

2013 年 10 月，第二代大额实时支付系统、第二代小额批量支付系统投入运行。第二代大额支付系统处理单笔金额在 5 万元以上的大额支付业务和紧急的小额支付业务，支付指令实时发送，逐笔、全额清算资金。第二代小额批量支付系统通常用于批量工资付款、社保公积金入账、水电费扣缴等业务，也用于柜台 5 万元以下转账汇款业务。

CNAPS2 不是孤立的一个系统，而是一整套相互联系、互为依托的系统组成的整体，是一整套业务矩阵，现已成为我国最重要的金融基础设施。除前述网上支付跨行清算系统、大额实时支付系统、小额批量支付系统外，CNAPS2 的主要业务模块还包括支票影像交换系统、境内外币支付系统、电子商业汇票系统、行名行号管理系统、业务监控系统、统计分析系统、清算账户管理系统、轧差服务系统等。CNAPS2 将原来条块分割的金融基础设施整合起来，形成一个整体，极大提高了金融系统的运行效率。

（3）CNAPS2 系统的进步之处

总体来说，第二代 CNAPS 较之于第一代 CNAPS 的进步主要体现在以下三方面。

①统一平台，架构升级。CNAPS2 统一了一代系统中分散的接入渠道。在一代系统中，银行需要将业务分门别类提交到大额、小额、网银三套接入系统，经由三套传输系统，到达三套业务系统。在二代系统中，所有机构接

入统一的公共信息传输平台，业务由平台进行清分，自动识别归类并转发到大额、小额、网银三个应用系统处理。在业务实践中，以前转账需要银行柜员（柜台业务）或用户（网银 APP 端）选择转账渠道，而现在不必再人工做出选择，清分平台会依据业务金额等特征自动清分、推送到对应业务系统。

CNAPS2 调整了国家处理中心 NPC 和城市处理中心 CCPC 定位。第一代系统采用分布式处理，城市节点进行数据轧差、管理等工作，并在当地存储数据。这使数据分散、难以归集。在第二代系统中，CCPC 的城市节点只是物理接入节点，所有轧差、存储、管理均集中到国家处理中心 NPC。这实现了数据的统一管理、统一存储和高效利用。

②适应电子支付，业务系统解耦。CNAPS2 解除了大额实时支付系统和清算账户的绑定关系。在 CNAPS 一代中，清算账户隶属大额实时支付系统下，其他系统无法访问和操作；在二代系统中，清算账户独立出来，可以接入大额实时、小额批量、网银三套系统。

CNAPS2 解除了小额批量系统和轧差服务的绑定关系。在 CNAPS 一代中，轧差服务内嵌于小额批量支付系统，只为小额批量系统提供服务；在二代系统中，轧差服务独立出来，可以同时支持小额和网银系统。通过业务系统解耦，大额实时、小额批量和网银三套系统相互独立，可分别运行。

③引入新业务新服务新功能。CNAPS2 引入多边轧差净额结算功能，能为第三方支付机构提交的一揽子、涉及多家银行的交易提供轧差清算、净额结算服务。引入外汇款款对付功能，通过大额实时支付系统、外汇交易清算系统、结算银行三方协同，实现本外币同步进行交收、互为交收条件，避免外汇交易结算风险。[①] 另有其他众多新功能，从略。

---

① 本外币转账同步进行，可理解为一笔交易、两笔转账，系统确认后同步执行。这避免了我方付出本币后收不到对方外币的问题，避免了外汇交易中的结算风险。

4.3 跨境支付清算系统：SWIFT 与 CHIPS

支付的核心在于传递“资金流”和“信息流”，与之相对应，清算组织的职能也在于两方面，即资金清算结算和信息传输。在上一节所讲的国内清算系统中，中国人民银行主导的 CNAPS 系统同时承担了信息传输和资金结算的功能，信息传输由金融卫星网或金融专网承载，资金结算由各银行在央行开立的清算账户办理。但在国际支付清算中，由于各国货币不同、跨境结算困难，清算机构的两项职能往往是分离的：部分清算机构只承载信息流，负责金融机构跨境通信；另有部分清算机构只承载资金流，负责资金的清算结算。本小节各举一例简要介绍。

4.3.1 跨境支付信息流与 SWIFT 系统

环球银行金融电讯协会（Society for Worldwide Interbank Financial Telecommunications，SWIFT）是银行间跨境转账所依托的通讯机构，负责在银行间传输跨境支付信息。SWIFT 注册在比利时，以股份公司形式运营，由众多国际银行持股，提供安全、可靠、快捷、标准化、自动化的通信业务。

在介绍 SWIFT 之前，首先思考，完成一笔跨境转账，都需要哪些信息？

（1）我们需要知道收款信息：收款人的国家、城市、开户行、分行和账户号码等。

（2）我们需要知道付款信息：付款人的国家、城市、开户行、分行和账户号码等。

（3）我们需要知道汇款信息：币种、金额、附言等。

这些信息需要从汇出行传递到汇入行，这一过程中面临一系列问题：

（1）各国语言不同，使用何种语言来传达支付信息？

全球众多的银行要使用相同的“语言”，才能顺利处理跨境转账业务。例如从印度（印地语）汇款到越南（越南语），假如汇款使用一方惯用语言书写，那么另一方银行人员可能因语言不通而读不懂汇款单。

（2）如何从全球数万家银行中找到收款行？

这要求全球银行有统一的编码，可以快速方便地识别出某家银行。

（3）如何让计算机系统自动化处理支付信息？

这要求跨境支付信息以格式化的计算机报文形式传递，方便系统自动处理。

（4）如何确保通信安全？

这要求金融支付信息通过安全可靠的专用网络系统传输，确保不被截取或篡改。

SWIFT 即旨在解决上述问题，其主要业务是为银行编码、制定标准化报文格式、在银行间传递报文。

（1）编制银行识别码

SWIFT 为每家银行赋予唯一的代码，称为“银行识别码”（Bank Identification Code，BIC），业界也称为 SWIFT Code。银行识别码 BIC 就是银行的“身份证号”，可以唯一地确定收款行信息。在跨境汇款中，通常需要提供收款行的 BIC 代码，该码可以在 SWIFT 官方网站 www. swift. com 查询，各银行也会公布自身的 BIC 代码。

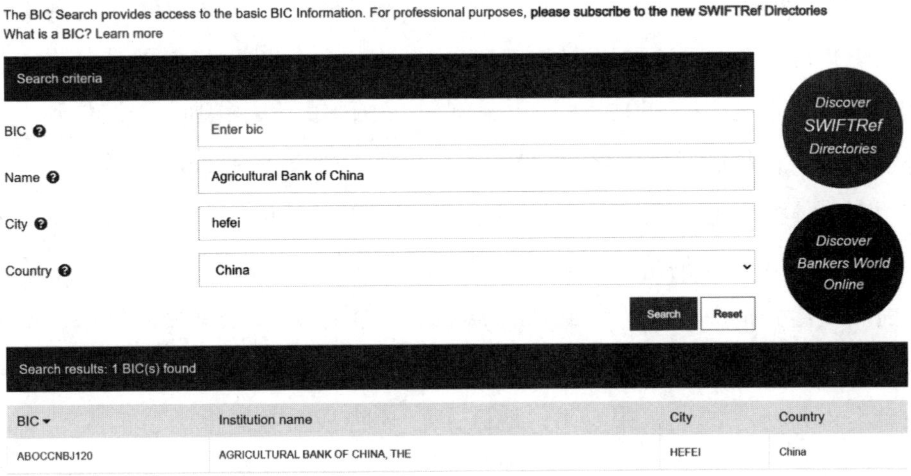

图 4.4　通过 SWIFT 官网查询银行的 BIC 代码

BIC 代码由 11 位字符组成，1 ~ 4 位为收款银行缩写，5 ~ 6 位为国家或地区，7 ~ 8 位为总部所在地[①]，9 ~ 11 位为地区识别码。例如 BKCHCN-BJ400，BKCH 代表中国银行（Bank of China），CN 代表中国（CHINA），BJ 代表北京，400 代表广东省。BKCHCNBJ400 就是中国银行广东省分行的 BIC 代码。类似的，SPDBCNSH580 为浦发银行（SPDB）中国（CN）总部在上海（SH）的合肥分行（580）。另外，中国香港特区的代码是 HK，并非 CN。

（2）制定标准化报文格式

SWIFT 制定了标准化的报文格式。SWIFT 报文分为 10 种类型：（1）客户汇款与支票（Customer Payments & Checks）；（2）金融机构间转账（Financial Institution Transfers）；（3）资金市场交易（Treasury Markets – FX，MM，Derivatives）；（4）托收与光票（Collections & Cash Letters）；（5）证券（Securities Markets）；（6）贵金属（Treasury Market – Precious Metals）；（7）跟单信用证和保函（Documentary Credits and Guarantees）；（8）旅行支票（Traveler's Checks）；（9）现金管理与账务（Cash Management & Customer Status）；（10）SWIFT 系统电报。

（3）传递报文

SWIFT 通过自身的通信系统在银行间传递报文，并向银行收取通信费。客户在跨境转账时，除转账手续费外还需额外支付一笔通信费（或称电报费、电信服务费），即为支付给 SWIFT 的通信费用。我国银行对外跨境支付的通信费通常在 50 ~ 150 元人民币，例如，中国银行从中国大陆汇款到中国港澳台地区，收取通信费 80 元/笔，汇至国外收取通信费 150 元/笔。

在具体操作上，汇出行 A 通过接入 SWIFT 网络的客户端登录系统，将报文发送给 A 所在的地区中心 A（Regional Processor）；地区中心 A 校验报文，转发给分报中心 A（Slice Processor）；分报中心 A 根据校验结果，反馈接受（ACK）报文或拒绝（NAK）报文。若接受，则分报中心 A 将报文转发到汇入行所在的地区中心 B；地区中心 B 将报文数据推送至汇入行 B 的

① 这是为了满足同一银行多个大区行分别收款、结算的情形。

SWIFT 客户端，完成跨境支付通信。若分报中心 A 不接受报文，则返回原汇出行 A 继续修改信息或取消汇款。

最后还需强调，SWIFT 作为一个通信系统，并不持有资金、开立账户或执行资金结算，最终还需依靠银行同业账户或资金清算机构执行资金结算过程。除了 SWIFT 外，还存在其他的通信系统、有各自的银行标识码。例如，美国的收款银行还会使用 Fedwire 号，汇款至加拿大须提供 C. C. 号，汇款至欧盟须提供 IBAN 号，汇款至英国须提供 SORT Code，汇款至澳大利亚提供 BSB/AU 清算号等。

专题 3　SWIFT 与金融制裁

SWIFT 系统承担国际金融监管职责，遂行反洗钱、反恐怖融资监管。但在实务中，某些霸权主义国家通过操控 SWIFT 系统，将金融监管异化为对不合作国家的制裁和打压。例如，某国主导在 2012 年和 2018 年两次将伊朗主要银行剔除 SWIFT 系统；主导在 2012 年将我国昆仑银行剔除 SWIFT 系统；主导在 2017 年将朝鲜剔除 SWIFT 系统；主导在 2022 年将俄罗斯主要银行剔除 SWIFT 系统。这些行径与 SWIFT 金融监管的初衷相悖，危害了 SWIFT 作为国际金融基础设施的独立性、安全性与稳健性，扰乱了全球金融秩序。

以俄罗斯为例，2022 年 2 月 26 日晚，美国、法国、加拿大、意大利、英国、德国和欧盟委员联合决定，已经遭到西方国家制裁的俄罗斯银行均将被剔除 SWIFT 系统。欧盟委员会主席冯德莱恩称，“我们承诺确保一定数量的俄罗斯银行从 SWIFT 系统中移除”“盟友将阻止俄罗斯动用其基金，使其中央银行资产瘫痪，并冻结其交易，从而使俄罗斯央行无法清算其资产”“最后，我们将努力禁止俄罗斯寡头在我们的市场上使用它们的金融资产”。受制裁的为俄罗斯最大的 10 家金融机构，其资产占俄银行业总资产的 80%。德国发言人表示，“如果有必要，制裁还可以扩展到其他俄罗斯银行”。

基于 SWIFT 的金融制裁对俄罗斯和全球经济都产生严重影响。对于俄罗斯而言，切断SWIFT后俄无法正常进行贸易结算，也无法偿还外债，这导致俄罗斯国际贸易受阻和主权债务危机，资本大量外逃、抛售本币，卢布短期内大幅贬值。俄罗斯是全球重要的能源、矿产、化肥和食品出口国，制裁推高了全球大宗商品价格，进一步提升全球通胀水平并引起能源、食品和供应链危机。

俄罗斯采取了“一揽子”应对措施：超常规加息1050个基点，基准利率由9.5%一次性提高至20%，当天卢布开盘拉升25%；实施外汇管制，强制结售汇，企业80%的外汇收入必须出售给俄央行；释放7330亿卢布缓冲资金；暂停外国投资者交易俄有价证券，减缓资本外逃，同时避免外资趁极低价格抄底买入、洗劫俄国财富；恢复在国内贵金属市场购买黄金，作为信用“压舱石”。特别是，俄国宣布石油天然气等能源出口以本币卢布结算，而欧盟的天然气50%来自俄罗斯，德国天然气55%来自俄罗斯。欧盟成员国通过本国银行在俄国银行开立的同业账户以卢布结算天然气，绕过了欧盟的金融制裁。此后，卢布币值止跌回升，最后甚至高于制裁前水平，成为2022年全球最为坚挺的货币之一。

注：图为美元兑俄罗斯卢布汇率，以直接标价法（1美元能兑换多少卢布）计价，数值越大表明卢布币值越低。

图4.5　美元兑俄罗斯卢布汇率（2021年12月至2022年6月）

另补充，除通过信息流（SWIFT）渠道实施制裁外，美国还通过资金流渠道对俄国展开金融制裁，冻结俄罗斯主要银行在美资产及限制其融资交易。例如：（1）切断俄罗斯第一大金融机构俄罗斯联邦储蓄银行与美国金融系统的联系，从而限制其使用美元进行交易；（2）全面封锁俄罗斯第二大金融机构及其他三个主要俄罗斯金融机构，冻结这些机构在美国金融体系的任何资产并禁止美国人与其进行交易；（3）限制 13 家最重要的俄罗斯企业在美国市场融资，含 5 家“银行及若干能源”、电信、铁路企业；（4）对俄罗斯直接投资基金进行全面制裁。

4. 3. 2　跨境支付资金流与 CHIPS 系统

如前所述，以 SWIFT 为代表的通信系统本身只承载信息流、不承载资金流，跨境汇款形成的资金流动还需要通过其他方式结算。

最常用的方式是，两家银行间互相开立同业结算账户，存入一定备付金用于结算。如果两家银行事先未互相开立结算账户，则还需要由和两家银行都开立结算账户的第三家银行充当“中间商”进行资金中转。在此模式下，资金流形如：汇出行→中介行 A→中介行 B→……中介行 Z→汇入行。每一次中转，中介行都要求收取手续费，如果汇款失败，退回时还需逐次再收一遍手续费。这一过程周期长、费用高，但对于金融基础设施不完善的小国家、小银行间的汇款业务较为实用。

在主要大型经济体中，都有专门机构执行清算职能，如美国的美元清算由纽约清算所银行同业支付系统 CHIPS 完成。CHIPS 建立于 1970 年，采用会员行制，有 19 家会员行在 CHIPS 开有预付金余额账户（Prefunded Balance Account），即备付金账户，能直接使用 CHIPS 系统实现资金清算；非会员银行不能直接参与 CHIPS 交易，须通过某个会员行作为代理人进行清算，和代理人之间通过互相开立同业结算账户实现结算。非会员行包括纽约的商业银行，以及外国银行在纽约的分支机构，例如中国银行纽约分行。[①]

① 中国银行纽约分行于 1981 年设立，现为中国银行的美国业务总部。中行纽约分行可以通过会员行作为代理人参与 CHIPS 清算。

举例而言，将一笔款项从中国—合肥—中国银行汇款至美国—纽约—花旗银行，由于中国银行合肥分行和花旗银行纽约分行之间没有互相开立结算账户，故资金无法直接划拨。资金流将通过以下方式结算：

（1）客户交付人民币、中国银行合肥分行兑换成美元。

另外，中国银行在中国外汇交易中心完成本外币兑换。①

（2）中国银行合肥分行将美元转给中国银行纽约分行，这经由同行资金划拨结算。

（3）中国银行纽约分行将美元存入其 CHIPS 代理行账户，这由同业结算账户结算。

（3）中国银行纽约分行的 CHIPS 代理行将美元转给花旗银行纽约分行，这经由 CHIPS 系统结算。

（4）花旗银行纽约分行将美元兑付给收款人。

至此，一笔跨境支付的资金完成全部流转过程。

4.4 人民币跨境清算系统 CIPS

为维护国家金融安全、便利人民币跨境支付结算，我国建设了人民币跨境清算系统（Cross – border Interbank Payment System，CIPS），作为金融基础设施面向全球提供公共服务，近年来取得了长足发展。与纯报文系统 SWIFT 和清算机构 CHIPS 不同，CIPS 兼具清算系统和报文系统的功能，依托境内大额实时支付系统 HVPS 完成资金清算，自建报文系统②并和 CNAPS2、SWIFT 兼容。

① 人民币外汇报价可参见中国外汇交易中心网站，https：//www. chinamoney. com. cn/chinese/mkdatapfx/。

② CIPS 自建报文系统采用 ISO 20022 国际标准，支持中英文传输，更有利于人民币业务自动处理，设计时考虑了和 SWIFT 报文的转换需求。

4.4.1　CIPS 的建设与发展

2012 年，中国人民银行启动 CIPS 一期建设，整合原有人民币跨境支付结算渠道，提高跨境清算效率，满足各主要时区人民币业务发展需要。

2015 年 10 月，CIPS 一期系统上线运行，采用实时全额结算方式。初期有 19 家直接参与者，均为国内商业银行；176 家间接参与者，包括 38 家亚洲、欧洲、大洋洲、非洲等地区银行的境内分行及 138 家境外银行。至 2022 年 6 月，直接参与者规模已增至 76 家①，其中包括大量外资银行的境内分行。

2017 年，CIPS 二期部分功能模块陆续上线：时年 7 月，“债券通”上线，香港至内地“北向通”资金支付通过 CIPS 办理；10 月，双边业务功能上线，支持“债券通”北向通业务 DvP 结算，有效降低了跨境债券交易资金结算风险。

2018 年 3 月 26 日，CIPS 二期正式试运行。二期系统在一期基础上进行了诸多升级：

（1）丰富结算模式

在一期实时全额结算基础上，增加定时净额结算模式，可节约流动性、提高结算效率。

（2）新增业务功能

支持付款交割（DvP）结算、人民币对外币同步交收（PvP）、中央对手集中清算等。

（3）延长系统服务时间

由原有每周服务 5 天 ×12 小时扩展至 5 天 ×24 小时 +4 小时（跨时区）。

（4）拓展直接参与者类型

新增金融市场基础设施类直接参与者。

---

①　直接参与者名单可参见 CIPS 官方网站，https：//www. cips. com. cn/cips/gywm/cipsxt/zj-cyzmd/index. html。

（5）完善报文设计

增加报文类型和可扩展性，优化报文字段定义。

4.4.2 CIPS 的运作方式

CIPS 的参与者分为直接参与者（类似 CHIPS 系统中的会员行）和间接参与者，间接参与者通过直接参与者作为代理行而获得 CIPS 的服务。

直接参与者在人民币跨境清算系统 CIPS 和央行大额实时清算系统 HVPS 分别开立账户：CIPS 账户为记账账户，记录跨境资金往来信息，解决信息流问题；HVPS 账户为资金账户，用于资金清算结算，解决资金流问题。境内的直接参与者，通过 CIPS 系统接收交易报文，借助央行大额实时清算系统 HVPS 完成资金结算；境外直接参与者还可通过 SWIFT 网络传输交易报文，通过境内资金托管行完成资金结算；间接参与者在直接参与者处开立同业结算账户，委托直接参与者参与 CIPS 结算。具体如表 4.1 所示。

表 4.1　CIPS 各类参与者对比

参与者类型	境内直接参与者	境外直接参与者	间接参与者
CIPS 行号	有	有	有
接入方式	金融专网	SWIFT 网络金融专网	通过直接参与者接入
账户开立	在 CIPS 开立记账账户	在 CIPS 开立记账账户	不开立 CIPS 账户，在代理行开立同业账户
大额实时支付系统	参与	可参与、可不参与	可参与、可不参与
注资及调增	通过 HVPS 发起	通过境内资金托管行发起	不需要
支付业务发起	直接发起	直接发起	通过代理行发起

需要特别说明，CIPS 的报文系统兼容 SWIFT 系统。CIPS 与 SWIFT 深度合作，2021 年 1 月由中国人民银行清算总中心（占股 34%）、SWIFT 香港子公司（占股 55%）、CIPS 公司（占股 5%）等机构合资成立金融网关信息服务有限公司，建立网络接入点与 SWIFT 主干网相连，使 CIPS 系统能够可靠地对接 SWIFT 系统，实现数据互通。

第 5 章　传统银行支付业务

支付操作依托于一定的金融工具或金融服务。本章中，我们介绍银行传统支付工具，主要包括三大类票据，即支票、本票和汇票；国际贸易中使用的支付工具，即信用证和托收承付业务；基于银行卡的支付业务，主要为中国银联的银行卡业务。

5.1　票据支付业务：支票、本票与汇票

在介绍票据业务之前，我们首先思考一下，票据类业务为什么会产生和存在。

现金是最古老也最为通用的支付工具，匿名、简单、直观、便捷，但这一工具的缺点也显而易见，诸如容易磨损灭失、被盗、伪造，大额交易携带不便且不安全等。特别是使用现金时交易时空不可分离、买卖必须同时发生，这已不适应现代社会广泛存在的信用交易场景。现代商业中常见的情形是，在交易完成后延迟一段时间（称为“账期”）再实际支付款项；又或是企业财务管理中财务人员要对外支付款项，但为避免内控风险而不便于接触现金。为了实现大额支付、延时支付等功能，我们创设了支票、本票、汇票等支付工具。

5.1.1　支票

支票（Check）是由出票人（公司或个人）签发的、委托银行或其他金

融机构在见票时无条件支付确定的金额给收款人或持票人的票据。或者更通俗地说，支票是由出票人开具的付款命令书，命令银行在见票时无条件向持票人或持票人指定的收款人支付一定金额的款项。

虽然网银转账等方式更为简便快捷，但当前支票业务仍没有被淘汰，主要因为它不必知道收款人的银行账号，甚至不要求收款人开具银行账户，在某些场景下非常实用。当前常见的适用场景，例如，建筑施工单位向临时工发放工资，部分工人只打短工、不到一个月就离职，没必要办理工资卡，而保留大量现金用于支付工资又不安全、难以清点，故短期工资可以以支票方式发放，工人自行到银行兑取；又如，法院执行庭通常以支票形式向原告支付执行款，支票只需填写姓名、不必填录银行账号，现场填写反而更为快捷、不易出错。

早年间，支票存在“现金支票”和“转账支票”的区分，在票面上以对应字样标记。现金支票可以提取现金，不可用于转账，不能背书转让。对于单位，只有基本存款账户和临时存款账户可以签发现金支票，用途限于支付工资、差旅费和备用金。现金支票的典型应用场景为单位雇佣的短期临时工结算工资，由会计签发现金支票给员工。转账支票只能转账、不能取现，可以背书转让，典型应用场景为单位之间结算货款。

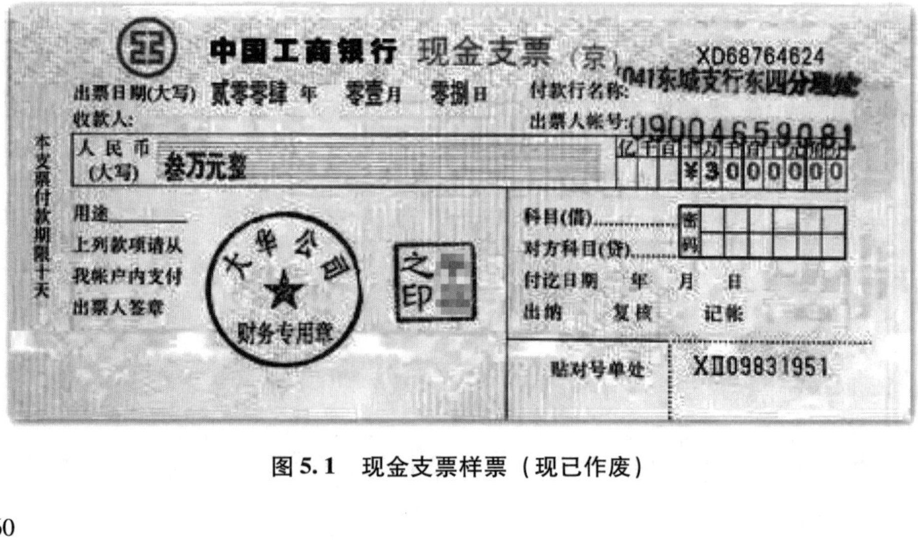

图 5.1 现金支票样票（现已作废）

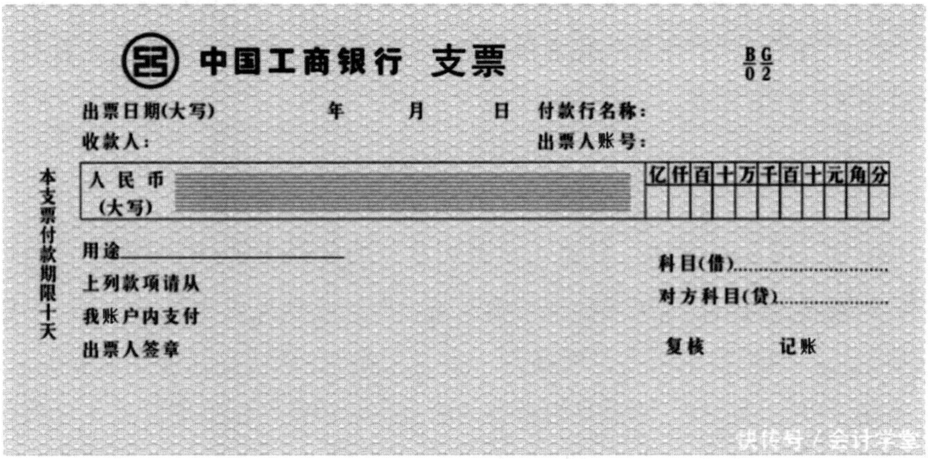

中国工商银行 支票

BG 02

出票日期(大写)　　年　　月　　日　付款行名称:

收款人:　　出票人账号:

本支票付款期限十天

人民币(大写)

亿	仟	百	十	万	千	百	十	元	角	分

用途

上列款项请从

我账户内支付

出票人签章

科目(借)

对方科目(贷)

复核　　记账

图 5.2　空白普通支票

现在，实务中已不再使用现金支票和转账支票，只使用统一样式的普通支票。普通支票不再标明现金支票或转账支票字样，既可取现，也可转账。在普通支票左上角斜划两道平行线即成为划线支票，划线后只能转账、不可取现。

关于支票，还需要了解以下几点：

（1）我国只能使用记名支票

记名支票在收款人一栏写明收款人姓名，取款时须由收款人签章，方可支取。中国人民银行《支付结算办法》第 119 条规定："支票的金额、收款人名称，可以由出票人授权补记。未补记前不得背书转让和提示付款。"

（2）不能签发空头支票

支票签发金额不得超过出票人银行存款余额（例如，账户有 100 元余额，但签发了 200 元的支票），否则即为空头支票（Bad Check）。签发空头支票滥用银行信用、扰乱金融秩序，属违法行为，出票人将被处以票面金额 5% 且不低于 1000 元的罚款，持票人可要求出票人赔偿票面金额 2% 的赔偿金。故意签发空头支票骗取财物还会触及《刑法》第一百九十四条的票据诈骗罪，对单位判处罚金、对直接负责主管人员判处五年以下有期徒刑，数额巨大或情节严重最高可判无期徒刑。

2007 年，我国建成全国支票影像交换系统，用于支票的传递；现在，该系统已成为第二代中国现代化支付系统 CNAPS2 的一个功能模块，支票影像传递由 CNAPS2 完成。

5.1.2 本票

本票（Promissory Note）是由出票人签发的付款承诺，保证在约定的日期或见票时，由出票人无条件支付确定的金额给收款人或其指定的人。本票实质上是一种付款承诺书，可视为一张“欠条”，承认存在债券债务关系，并承诺予以兑付清偿。本票是银行券的前身，金铸币本位下本票是“见票即付黄金”，这也是本票最早的来源和经济逻辑。

在我国，只允许银行签发本票。银行根据客户的申请签发本票，出票时以已将款项交存银行为前提，以银行信用为付款保证。客户需先将现金存入银行，后提交《银行本票申请书》，银行随后签发本票。在同一票据交换区域内，代理付款行对本票见票即付。银行本票可分为现金银行本票和转账银行本票。

现在，实务中银行本票几乎已不再使用，业务中与银行汇票也不再作出区分，统一为“汇（本）票”：汇至本行的即为本票，汇至他行的即为汇票。

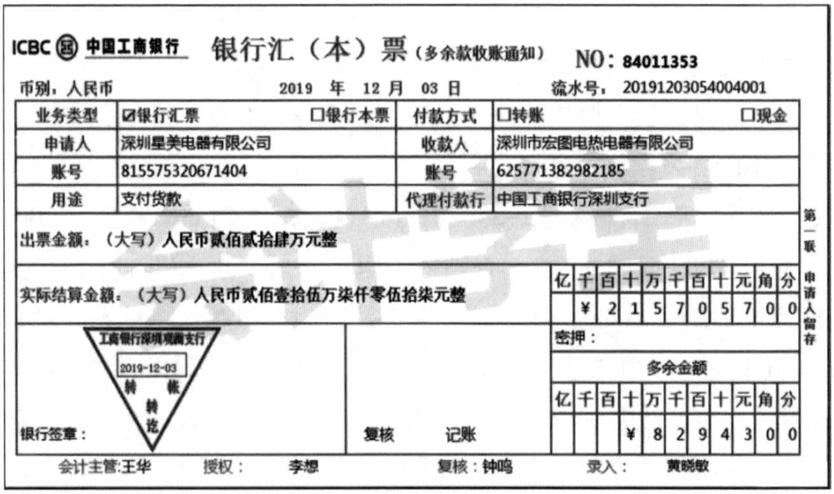

ICBC 中国工商银行 银行汇（本）票（多余款收账通知） NO：84011353

币别：人民币　　2019 年 12 月 03 日　　流水号：20191203054004001

业务类型	☑银行汇票 □银行本票	付款方式	□转账 □现金
申请人	深圳星美电器有限公司	收款人	深圳市宏图电热电器有限公司
账号	815575320671404	账号	625771382982185
用途	支付货款	代理付款行	中国工商银行深圳支行

出票金额：（大写）人民币贰佰贰拾肆万元整

实际结算金额：（大写）人民币贰佰壹拾伍万柒仟零伍拾柒元整

亿	千	百	十	万	千	百	十	元	角	分
	¥	2	1	5	7	0	5	7	0	0

密押：

多余金额

亿	千	百	十	万	千	百	十	元	角	分
			¥	8	2	9	4	3	0	0

银行签章：（工商银行深圳观澜支行 2019-12-03 转帐 转讫）　　复核　记账

会计主管:王华　授权：李想　复核：钟鸣　录入：黄晓敏

第一联 申请人留存

图 5.3　银行汇（本）票样票

5.1.3 汇票

汇票（Money Order）是由出票人签发的，委托付款人在见票时，或者在指定日期无条件支付确定的金额给收款人或者持票人的票据。汇票是商业结算中使用最广泛的一种支付工具，它是一种委付证券，涉及出票人、受票人和收款人三类主体。

按签发主体划分，汇票可分为银行汇票和商业汇票。银行汇票由银行签发，用于银行汇款。开立银行汇票需要先在银行缴存全款，开票时即时扣款，持票可立即兑现。

商业汇票是由企业开立的汇票，按承兑人可进一步划分为商业承兑汇票和银行承兑汇票。商业承兑汇票（也简称“商票”）由企业签发、企业承兑。商业承兑汇票既是支付工具，也是信用工具，通常用于延期付款，例如大型企业通常会给供应商开具 45 天后付款的商业承兑汇票，这实质上是凭借自己的商业信用和优势地位无偿占用了 45 天供应商货款资金，等价于从供应商处获得一笔无息贷款。商业承兑汇票依赖于企业自身的资信和现金流，如果到期时企业没有足够的资金用于兑付，则可能产生违约。为规避这一问题，收款人倾向于要求企业开立银行承兑汇票。

银行承兑汇票由企业开立、银行承兑。开立银行承兑汇票时，企业只需向银行交付开票额一定比例的保证金（通常为 30%）或提供抵押，而不必全额存入资金，这实质上是由银行向企业提供了授信。开立银行承兑汇票，银行要求收取手续费（通常为 5‱）和额度管理费（授信额的 0 ~ 2.5%，通常为 1.5%）。例如开立 100 万元银行承兑汇票、企业支付 30% 保证金，则授信额为 70 万元，银行按 70 万元的 1.5% 收取 1.05 万元汇票额度管理费。企业交付的汇票保证金视为存款，计付利息。银行承兑汇票由银行保证兑付，兑付存在付款时限，无法提前兑付；持票人如急需用钱，可将银行承兑汇票背书转让或向银行贴现。

汇票办理的基本流程为：

（1）出票（Issue）

签发汇票。出票后即承担保证汇票得到承兑和付款的责任，如遭银行拒付，持票人可向出票人追索汇票金额、利息和相关费用。

（2）提示（Presentation）

持票人将汇票提交给付款人，要求付款或承兑。相应地，提示分为付款提示和承兑提示。

付款提示：要求付款人付款。

承兑提示：要求付款人承诺付款（但并不要求立刻支付）。

（3）承兑（Acceptance）

承兑指付款人认可汇票、承诺在汇票到期时予以兑付。承兑人在汇票上签章，标明承兑（Acceptance）字样。承兑后，债务人法律地位出现转换，由出票人转移至承兑人，承兑人成为主债务人，承担汇票到期时付款的法律责任。

（4）付款（Payment）

汇票到期日，付款人向持票人付款；业务至此终止，债权债务关系终结。

汇票可能会被付款人拒绝付款，这称为“拒付”（Dishonour）。此外，付款人破产或死亡的情况也视为拒付。此时，持票人有权“追索”（Recourse），即向其前手（出票人或上一任背书人）主张付款权力。

汇票可以作为支付工具流通，这称为“背书”（Endorsement）转让。汇票的收款人以记名背书的方式转让汇票权利，在汇票背面签上自己的名字，记载被背书人（受让人）的名称，此时被背书人成为新的持票人暨债权人。汇票可以多次背书转让，这要求背书必须连贯。

特别地，背书转让给银行以换取现金，被称为“贴现”。贴现指银行承兑汇票的持票人在汇票到期日前，为了取得资金，贴付一定的利息（贴现率）将票据权利转让给银行，这是持票人向银行融通资金的一种方式。类似的，银行可以将自己持有的尚未到期的票据再次背书转让给其他银行，这称为“转贴现”。最后，商业银行将汇票向中央银行贴现、获得央行的融资，称为“再贴现”。再贴现额度是央行重要的结构化货币政策工具，通常只面向“三农”、中小微企业和普惠金融业务产生的汇票票据。

5.2　国际贸易中的支付工具：信用证与托收

5.2.1　信用证

跨境汇款是国际支付中最常用的支付工具，但将其用于国际贸易支付时会面临信用困境：究竟是卖家先发货还是买家先汇款？买家汇款后对方不发货怎么办？为解决这些问题，金融机构开发了国际贸易中常用的支付工具“信用证”。

信用证（Letter of Credit，L/C）是一种有条件的付款承诺，是银行依照申请人的要求，承诺在符合信用证条款的条件下，凭规定单据向收款人或其指定人开出汇票或付款的书面文件。前述“规定单据”通常指卖家的发货运单或提货单。

使用信用证进行国际贸易支付的一般流程是：

（1）买家购货，支付押金给银行，由银行开立信用证。

（2）银行或买家将信用证交付给卖家。

（3）卖家发货，取得运单。

（4）卖家凭信用证和运单向银行提示付款、拿到汇票，运单交给银行。

（5）买家补齐余款，从银行赎回运单，凭运单提货。

这套流程解决了跨境贸易中的信用问题，由银行作为信用中介，确保卖家发货后才能拿到货款、买家付款后才能拿到运单（货物）。

需要说明，信用证是自足性文件，不依附于买卖合同：信用证与基础贸易相分离，无论整体合同履行情况如何，只要达到信用证上载明的条件，即可凭信用证开出汇票付款。信用证是纯单据业务，不以货物为准，而以单据为准，只要有运单，开证行就需按约开出汇票（而不论货物是否顺利运达）。信用证的兑付信用来自银行，是银行的担保文件，由开证行对支付负首要责任。买家（付款方）在开证时只支付了一定比例的押金，实质上是由银行提供了授信，若买家破产，银行仍需承担兑付责任。

5.2.2 托收

托收（collection）是指在进出口贸易中，出口方（卖家）开具以进口方为付款人的汇票，委托银行通过其境外分行或代理行向进口方（买家）收取货款的一种结算方式。或者简单地说，托收就是卖家委托银行代收货款：卖家开具一张以自己为收款人的汇票，委托银行拿着这张汇票和提货运单一起找到买家，在买家签署汇票付款后再向其交付提货运单。

托收属于商业信用而非银行信用，能否收到货款完全取决于买家的资信、声誉和付款能力。在托收业务中，银行只是凭借自身全球网点众多的优势提供劳务，而不提供银行信用担保。此外，银行只代收付款票据，并不对单据的真实性、拒付、货物保管等问题承担责任。

托收可分为光票托收（Clean Collection）和跟单托收（Documentary Collection）。光票托收不附任何货运单据①，通常用于结算贸易从属费用、尾款或者样品费等。跟单托收附有运货单据，在对方支付款项或者承诺支付款项后将运单交与对方。付款后交付运单称为“付款交单”（D/P），是业界主流的做法。对方承诺会付款即交付运单称为“承兑交单”（D/A），业界运用较少，通常只适用于远期跟单汇票托收。

与信用证业务相对比，信用证业务属于银行信用，卖家不必担心买家拒绝付款带来的损失，此时会由开证行承担兑付责任。托收属于商业信用，风险较高，但优势在于费用更低。

① 但通常允许顺便附带非货运单据，例如发票、问候函等。这是银行提供的便利服务，不属业务本身。

5.3　银行卡与中国银联

银行卡是指由商业银行向社会发行的具有消费信用、转账结算、存取现金等全部或部分功能的信用支付工具。按是否向持有人授信，银行卡可分为借记卡（Debit Card）和贷记卡（Credit Card）。借记卡不能透支，余额按活期计付利息，消费时直接从储蓄账户划出；贷记卡又称信用卡，由银行授予一定信用额度，在额度内先消费、后还款，超额还款资金不计付利息。早年间银行卡使用磁条方式记录账户信息，现在发行的银行卡均为芯片卡，POS 设备的磁条支付功能也已关闭，原有磁条卡已不能继续使用。

我国的银行卡由银行发行、中国银联提供清算服务。中国银联负责建设和运营全国统一的银行卡跨行信息交换网络（China UnionPay System，CUPS），提供银行卡跨行信息交换服务，包括跨行清算（银行卡跨行支付的清算）和收单清算（POS 机刷卡支付的清算）。形象地说，中国银联就像一个外包的记账公司，记录使用银行卡进行的跨行支付和刷卡消费信息。每天夜间，银联对当天记录的所有跨行支付信息清算轧差，将支付净额信息提交给 CNAPS2 系统，跨行清算由央行大额实时支付系统结算，收单清算由央行小额批量支付系统结算。

中国银联、银联商务和银联在线并不相同：中国银联是卡组织，负责提供支持银行卡跨行信息交换的金融基础设施、提供清算服务；银联商务是中国银联的子公司，从事线下收单（如 POS 机刷卡）业务；银联在线也是中国银联的子公司，从事第三方线上支付业务，主要品牌云闪付（ChinaPay）功能类似于支付宝。

2015 年，我国银行卡支付结算市场全面对外开放，VISA、MasterCard、JCB 等境外卡组织再一次进入中国市场。初期，境外卡组织通常选择与中国银联联合发行“双标卡”，例如银行卡同时有 VISA 和中国银联标志，在境内支付使用银联渠道，在境外使用 VISA 渠道。但由于境外卡组织和中国银联对于芯片卡选择了不同的技术路线①，二者不能兼容，故在2017年普遍换用芯片卡后双标卡不再发行。现在境外支付机构通常在我国发行全币种单标卡，境外支付时将当地货币兑换成美元，再兑换成人民币，以人民币计入账单，出账后以人民币还款；在境内，单标卡只能在对应卡组织的POS机上刷卡，不能在银联机具上刷卡，目前使用场景较少。

近年来，我国银行卡市场取得长足发展。据中国人民银行数据，截至2021年底，我国共发行借记卡84.47亿张；2021年银行卡共支付4290亿笔，金额1002万亿元，银行卡卡均消费约14700元。

图5.4 VISA全币种单标银行卡样本

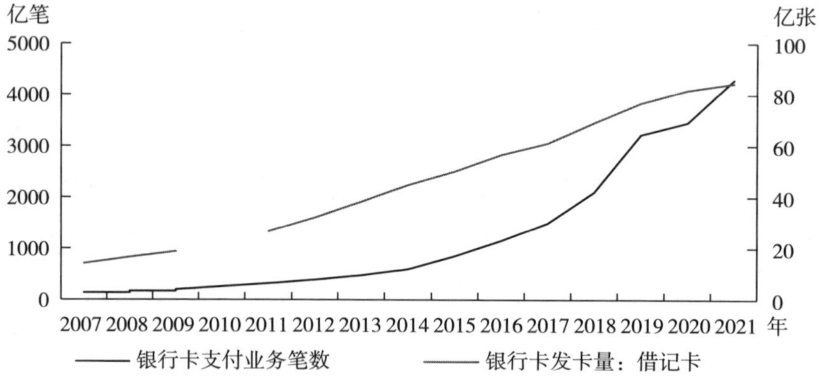

注：银行借记卡发卡量缺失2010年数据。

图5.5 银行卡支付业务笔数与发卡量

① 中国银联的芯片卡技术为PBOC，而VISA、MasterCard等选择EMV芯片技术，两种技术不兼容。

第 6 章　电子银行支付业务

6.1　电子银行概述

按照（原）中国银监会《电子银行业务管理办法》的界定，“电子银行业务是指商业银行等银行业金融机构利用面向社会公众开放的通讯通道或开放型公众网络，以及银行为特定自助服务设施或客户建立的专用网络，向客户提供的银行服务”，主要包括以下类型。

（1）网上银行：利用计算机和互联网开展的银行业务。

（2）电话银行：利用电话等声讯设备和电信网络开展的银行业务。

（3）手机银行：利用移动电话和无线网络开展的银行业务。

（4）其他：利用电子服务设备和网络，由客户通过自助服务方式完成金融交易的银行业务。主要包括 ATM 自助银行、电视银行等业务。

伴随技术的进步，电视银行已基本淘汰。出于资金安全考虑，电话银行通常用于余额查询、客服咨询等信息服务，较少用于办理涉及资金对外收支的业务。ATM 现已由现金存取款机转型为半自助式的综合性金融业务终端，在银行大厅内由工作人员协助操作、提供经办授权，以提升业务效率。目前，网上银行和手机银行是客户最常用的电子银行渠道，网上银行多用于大额转账，可结合 U 盾获得更高的支付限额。手机银行更为便捷，是用户办理储蓄、转账、理财等银行业务的最常用渠道。

本章着重介绍网上银行和手机银行业务，对电话银行从简着墨，对已然淘汰的传统 ATM 业务、电视银行业务从略。

6.2 网上银行

网上银行是由商业银行等金融机构通过计算机和互联网向其客户提供的线上银行服务，涵盖查询、储蓄、转账、理财、国债申购等各类银行服务。在拥有适当鉴权凭证的前提下（如使用 U 盾），网上银行的业务覆盖范围与线下网点基本相同。网上银行现已较为普及，其概念界定、发展历程与现状、特点等内容均不再赘述。

值得一提的是，应区分“网上银行”与“互联网银行”：网上银行指利用计算机和互联网开展的银行业务，是银行开展业务的一种形式；互联网银行是不具有线下网点、所有业务均通过线上办理的银行，是一类银行，如我国的微众银行等。

网上银行主要分为个人网银和企业网银两大类，两类业务各有侧重。对于个人网银，常用的操作主要有两类：（1）通过支付网关完成在线支付；（2）登录网上银行，进行账务查询、转账、购买理财等操作。我们以此为重点展开介绍。

6.2.1 网上银行相关背景知识

网上银行操作本身并不繁杂，但对电脑系统环境要求苛刻，对操作系统版本、浏览器内核、U 盾驱动等均有要求，这也是网银不可用的最常见原因。因此，在介绍网上银行操作之前，需先行介绍若干相关计算机背景知识。

（1）操作系统

操作系统（Operating System，OS）是一套管理计算机硬件和软件资源、提供底层服务的计算机程序。电脑硬件资源有限，同时运行的众多资源都需要访问硬件资源，如分配内存、CPU 内核或在硬盘上存储文件，因而需要有一个更为基础、更为底层的软件来管控和分配这些资源，这个“底层软件”就是操作系统。操作系统介于软件和硬件之间，能够根据软件的需求去调用硬件资源、满足用户需求。此外，操作系统相当于一个“中间层”，为软件和硬件提供接口，屏蔽了不同型号硬件之间的差异，达到统一标准的作用。

主流的操作系统包括微软的 Windows 系列操作系统和类 Unix 操作系统。基于 Unix 内核，衍生出了 macOS、Linux 等操作系统；众多厂商在 Linux 基础上进行二次开发，诞生出 Ubuntu、RedHat、CentOS、深度 Deepin、银河麒麟、安卓（Android，用于移动设备）等众多发行版本。

多数银行均主要面向 Windows 操作系统开发网上银行系统，而没有开发适配类 Unix 操作系统的控件和 U 盾驱动。例如，中国农业银行网上银行不支持苹果的 macOS 系统，使用 MacBook 等苹果电脑登录农行网上银行业务时，页面会弹出提示，“您的操作系统内核为（MacIntel），我行网上银行暂不支持此操作系统”[①]，如图 6.1 所示。

图 6.1　使用 macOS 系统登录中国农业银行网银时的错误提示

① 事实上，大多数银行的网银业务均面向 Windows 系统开发，不适用于其他操作系统。

（2）浏览器

网上银行登录页面输入密码时，需要安装使用“密码控件”，使用U盾时需要安装U盾驱动，控件和驱动均依赖于特定的浏览器内核版本。

对于一般网页，你在栏中输入的密码（即使以星号显示）会暂留于计算机内存中，恶意软件可能通过“内存钩子”非法访问浏览器的内存空间，从而截获你的密码。为防范这一风险，银行开发了网上银行登录用的“密码控件”，这类似于浏览器的插件，输入密码时是在“控件”而非网页本身中输入，所有输入内容均经过加密后再存储到内存中，因而可抵御恶意软件攻击。提交密码时，密码由控件（而非浏览器）直接发送到银行后端服务器，避免链路劫持。由于控件是浏览器的插件，因而必须基于特定的浏览器内核进行开发。此外，使用U盾鉴权时需要U盾和网页之间进行互动、网页将支付信息传输到U盾中进行处理，若浏览器内核版本不匹配，则通信无法正常进行，U盾也就无法正常工作。

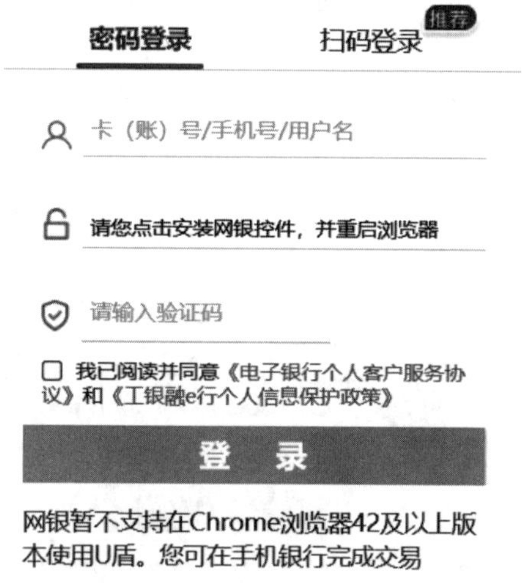

注：图为中国工商银行网银登录界面的密码输入窗。密码栏处无法输入，提示要安装网银控件，且提示暂不支持在Chrome浏览器42版本及以上使用U盾。

图6.2　中国工商银行网银登录界面

当我们谈论“网银需要使用 Chrome 或 IE 浏览器”时，这里的“Chrome”“IE”究竟指代的是什么？事实上，这里指的是浏览器“内核”，而不是具体的浏览器品牌。类似于前面讲述的 Linux 与 Ubuntu、银河麒麟、安卓的关系，众多厂商会基于同一个内核开发不同的浏览器，例如 360 浏览器（极速模式）和 Chrome 使用的是相同的内核。此外，同一个浏览器品牌在不同的版本中也会换用不同的内核，例如 IE6、IE8、IE9、IE10 都采用不同的内核，互相不完全兼容。不同的内核支持的语言、函数具有细微的差别，大多数时候，这种差异较为轻微，通常表现为排版差异，例如同一个网站在不同内核浏览器上的显示效果不一致。而在网页内容复杂，特别是包含外部程序调用、加密、网页程序时，则可能因兼容性问题而无法正常工作。

对于 Chrome 类浏览器，从历史沿革看，2003 年苹果公司开发了开源的 webkit 内核，用于 Safari 浏览器；2008 年，谷歌设立 Chromium 开源项目，在 webkit 基础上进行二次开发，产生了 webkit 的一个分支（fork），用于自家的 Chrome 浏览器，业界统称其为 Chromium 内核；2013 年，谷歌和欧朋（Opera）联合研发 Blink 内核，Chrome 浏览器也相应切换到 Blink 内核。由此，Chrome 浏览器先后使用了 Chromium（基于 webkit）内核和 Blink 内核，这也是部分网银只支持旧版 Chrome 浏览器、不支持新版的原因。

对于 IE 浏览器，IE6 使用 Trident 引擎，微软在开发这一引擎时为整个互联网行业挖了个“大坑”：微软利用自身在操作系统领域的垄断地位，为系统自带的 IE6 浏览器引进了不标准的“方言”，这使标准的网页语言反倒在 IE6 上显示异常。网站只能被迫接纳这种“方言”，以求在大多数电脑上正常显示，而这又使“正常”浏览器无法正确显示网页，通过这种方式，IE6 成功挤垮了竞争对手 Netscape。这一时期恰是网上银行大规模发展时期，大量银行的网银控件最初均基于 IE6、IE7 版本研发，此后尽管 IE 浏览器逐步没落，但这些早期代码遗留了下来，为兼容这些代码和控件，登录网上银行也要求必须采用早期版本的 IE 浏览器。IE8 和 IE9 的内核在 Trdent 引擎上进行了小修小补，IE10 换用了新内核 EdgeHTML，这是对 Trident 内核的大修改版，删除了过时的旧技术、旧代码，提供了对新技术的支持。之后，微软随 Windows 10 系统推出 Edge 浏览器，可看作 IE10 的“换皮”浏览器；2019 年，Edge 放弃了自家的 EdgeHTML 内核，替换为谷歌的 Blink 内核。目前，真正意义上的 IE 浏览器已经完全不复存在，最后一个版本 IE11 在 2022 年 6 月 15 日停用。其继任者 Edge 前期使用 EdgeHTML 内核，后期使用谷歌 Blink 内核。在网银登录的语境中，“使用 IE 浏览器登录”通常指的是使用 IE8 版本的 Trdent 内核浏览器。

早期，部分网银对系统环境和浏览器版本要求严苛。例如，某银行网银只支持 Windows 系统、不支持其他操作系统；只支持 IE 浏览器、不支持其他浏览器；在 IE 中，推荐 IE8 浏览器，不支持 IE10 和 Edge 浏览器。这种繁杂严苛的系统环境要求导致网银的使用体验不佳，也客观上为第三方支付留下了发展空间。近年来，各银行注重网银服务建设，对系统环境和浏览器的兼容性已大大改善，目前已普遍支持 Chrome 内核浏览器。

6.2.2 网上银行操作实践：网银网关在线支付

在电商网站进行付款时，通常有“网银支付”“快捷支付”“第三方支付”等多种支付渠道可选，其中网银支付即银行自行提供的支付网关。如图 6.3 所示，在电商购物网站选择支付银行后，会跳转到对应网银的支付网关①，如图 6.4 所示。购物网站会将金额等支付信息传递给支付网关，客户在支付网关中输入卡（账）号、密码登录网银，通过身份认证鉴权后即可完成支付。支付额度取决于身份认证鉴权级别：鉴权手段主要包括短信验证码、动态密码器、U 盾等，鉴权级别不同、相应的支付额度也存在差异。一般而言，短信验证码适用于 5000 元以下的支付，动态密码器适用于 20 万以下的支付，U 盾可进行 100 万以下的支付。当然，客户可以自行设定各种认证级别的支付限额，但不能超过银行规定的额度上限。

---

① 关于支付网关的更多技术性内容，留待第 7 章 7.3.2 节进行介绍。

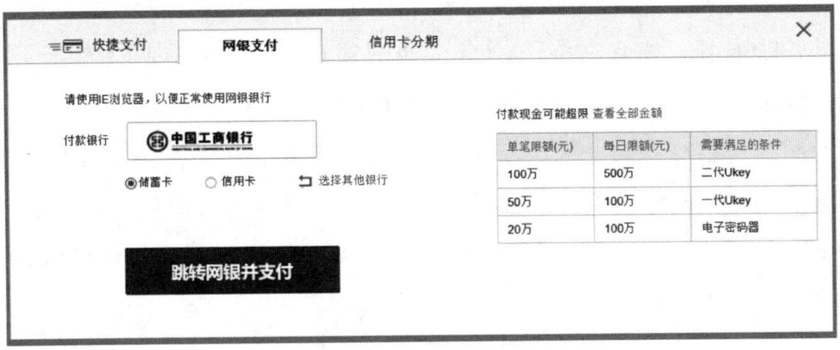

图 6.3　电商网站选择支付渠道

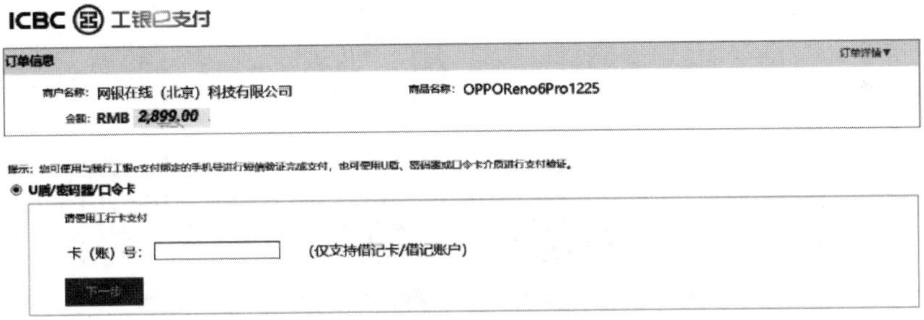

图 6.4　中国工商银行支付网关

网银支付的优势在于，较之于快捷支付或第三方支付渠道，网银支付可以进行大额支付，且可以使用U盾获得更佳的安全性。快捷支付单笔付款限额5000元、每日付款限额2万元，而使用网银和高安全级别的U盾鉴权，可以实现单笔100万元、每日500万元的大额支付。但“安全”与“便捷”难以兼得，网银支付选择了“安全”就牺牲了便捷性，应用中鉴权过程较为繁琐，需要安装控件、数字证书驱动等软件，对用户不够友好。

6.2.3　网上银行操作实践：网银登录与转账

我们以中国农业银行网上银行为例，介绍网上银行登录、转账等基本操作，其他银行的操作过程与其大同小异。使用网上银行之前，需要先到银行线下网点鉴权认证、开通网上银行功能，预设对外付款限额。也可同时在线下网点办理 U 盾，用于网上银行办理业务时校验身份，以拥有更高业务权限和对外转账限额。如未在线下网点开通网银功能，也可在网上银行自助开通，但权限较低，只能查询余额，无法对外转账。

使用未安装控件的电脑访问网银登录页面时，登录窗口无法输入密码，提示需首先安装网银控件，按提示下载安装控件程序后即可输入密码，如图 6.5 所示。在新设备上首次登录时，会要求使用预留手机号接收验证码进行二次校验，如图 6.6 所示。

注：左、右图分别为安装登录控件前后的登录窗口，安装后可正常输入密码。

图 6.5　中国农业银行网银登录窗口

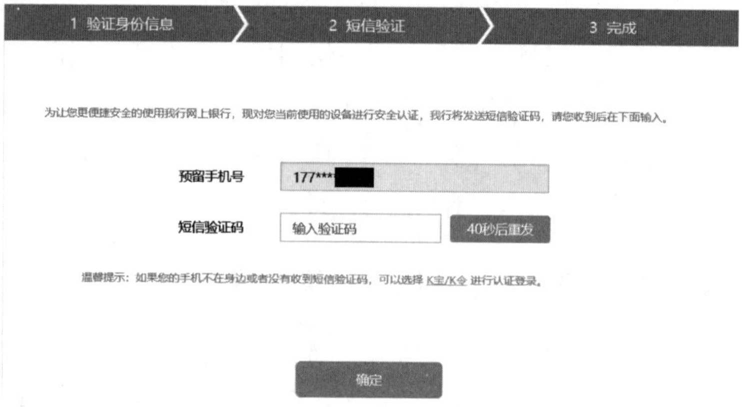

图 6.6　中国农业银行网银新设备登录短信校验界面

需要说明的是，网银控件存在多个版本，分别匹配对应的浏览器内核，需正确安装对应版本的网银控件。例如，在安装基于 IE 内核的网银控件后，重新使用 Chrome 内核浏览器打开网银登录页面，仍然会给出未安装控件的提示，要求重新下载安装网银控件。

登录后，网银首页界面如图 6.7 所示，通常会显示客户名称①、账户余额等信息，并列出若干最常用功能。进入“转账—单笔转账”功能，页面如图 6.8 所示，选择自己的付款账户、填写金额、收款人信息，点击“下一步”即可进入支付鉴权界面。

图 6.7　中国农业银行网银主界面

在支付鉴权界面中，如图 6.9 左图所示，会列出最终的收/付款账号、支付金额、手续费等信息，并要求输入密码，此处的密码栏同样为“控件”窗口，需正确安装启用控件才可输入。如果设定了使用 U 盾鉴权，点击提交后会弹出窗口，要求插入 U 盾，输入 U 盾密码（与网银密码不同，用于访

① 部分银行还会显示由客户自定义的预留字段，以便客户识别仿冒钓鱼网站。

图 6.8　中国农业银行网银转账界面

问 U 盾）。若 U 盾密码正确，支付信息会由网页传输给 U 盾，并在 U 盾的显示屏上显示出来。核验无误后，点击 U 盾上的确认按键，支付指令会使用 U 盾中存储的数字证书加密并进行数字签名，传输到银行后端系统，至此完成付款。

注：左图为支付鉴权界面，右图为没有安装 U 盾驱动时弹出的提示，上写“请更新您的 K 宝驱动后重新操作（点击此处更新）”。

图 6.9　中国农业银行网银转账鉴权界面

如果没有安装 U 盾驱动，或驱动型号与版本不正确，则会弹出提示，要求更新或安装正确型号的 U 盾驱动并重新操作。以农业银行为例，其共发行有 7 种不同品牌型号的 U 盾，也相应有 7 种对应驱动程序，可通过 U 盾序列号识别型号，选定驱动程序并下载安装，如图 6.11 所示。

需要补充的是，无论网银页面显示如何，最终支付指令都以 U 盾显示信息为准。若网页与 U 盾显示信息不一致，你可能遭遇了钓鱼网站欺诈或网络劫持攻击，但只要不在 U 盾上操作确认，就不会有资金损失风险。

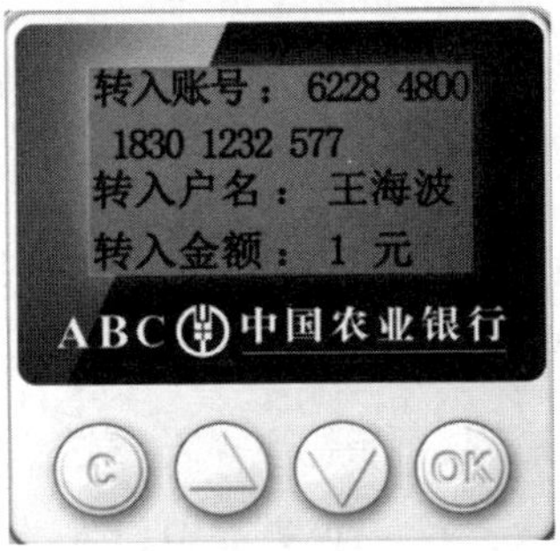

注：图为中国农业银行 U 盾显示支付信息示意图。

图 6.10　中国农业银行 U 盾界面

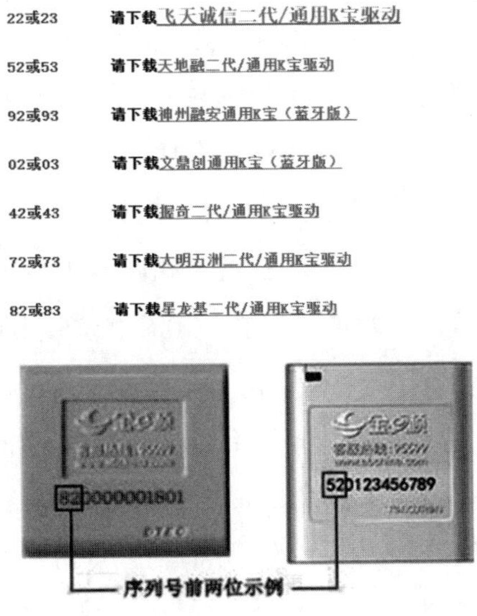

图 6.11　中国农业银行 U 盾驱动下载界面

6.3 手机银行

按照（原）中国银监会的界定，手机银行是“利用移动电话和无线网络开展的银行业务”。（原）中国银监会的这一界定以设备载体作为划分标准，使手机银行的概念容易产生混淆，故需先行作出区分：在广义口径上，短信银行、基于手机浏览器的Wap银行、APP手机银行均可归于手机银行的范畴；在狭义口径上，手机银行通常专指基于手机APP的银行业务，这也是在银行柜台开通“手机银行”业务时所指代的内容；使用手机拨打银行服务热线办理业务，属于电话银行业务，不属于手机银行业务。

短信银行是指，通过给银行的服务号码发送包含特定代码的短信来办理银行业务。出于安全性考虑，这一业务渠道已基本淘汰，或仅保留信息咨询等功能。Wap网页银行可认为是适配于手机浏览器的精简版网上银行，由于涉及较多技术细节，我们留待第8章（移动远程支付技术方案）中展开详细介绍。此外，APP手机银行的技术性介绍也留待第8章展开。

APP手机银行是目前最为主流的手机银行业务渠道，可提供诸如余额查询、交易记录查询、储蓄存款（定活互转）、小额贷款、金融理财、购买国债等金融服务。中国建设银行APP是具有代表性的手机银行类APP，我们以此为例介绍APP手机银行的基本操作，其他银行APP操作与之大同小异。

打开中国建设银行APP，进入首页，如图6.12左图所示；在主页上点击任意功能，会提示输入密码或核验指纹登录账户，随后进入该功能。以转账功能为例，点击最上侧“转账汇款”标志后，进入转账功能页面，如图6.12中图所示。在转账界面中，界面上侧会列出近期常用的收款人，点击可直接套用收款人信息。界面下侧列出常用的收付款功能，如二维码转账、批量转账、AA收款、外币转账等。在本界面中，点击“我要转账”，即可进入转账信息录入界面，如图6.12右图所示。在该界面上，选择付款账户（一个网银账号可能对应多个存款账户，在此可选择从自己的哪张卡中支付钱款)，填写收款户名和收款账号，系统会自动识别出收款银行，最后输入转账金额，点击下一步，即进入鉴权界面。

图 6.12　中国建设银行 APP 主要功能界面

依据转账金额、账户安全设定不同，银行会通过动态短信验证码、动态数字支付盾、蓝牙数字证书等方式辅助鉴权。以短信验证码为例，鉴权界面如图 6.13 左图所示，在对应输入框中输入短信收到的验证码，即可通过辅助鉴权，完成对外转账。转账成功后，APP 会弹出界面给出成功提示，如图 6.13 右图所示。

又如，以购买理财产品为例，点击“理财产品”按钮进入理财界面，如图 6.14 左所示。“理财产品”界面中推介了若干主推的精选理财产品，也可点击“热门产品”进入产品列表自行查选，或点击“建信理财”查看银行自营的理财产品。① 点击“我的理财”按钮，可以进入个人理财信息页面，

① 网银 APP 中的理财产品并不一定都由本银行发行，其中也包含代理销售的其他金融机构理财产品。

图 6.13　中国建设银行 APP 验证码鉴权与支付成功界面

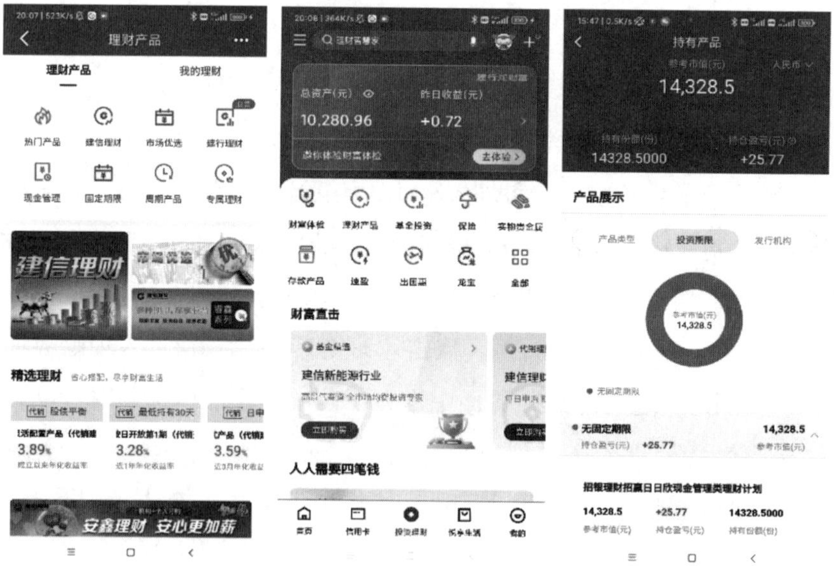

图 6.14　中国建设银行 APP 理财产品与个人理财账户界面

如图6.14中图所示，该页面展示了个人理财资产额、当日盈亏等主要信息，并列出其他金融投资产品的链接。继续点击上部理财信息处，可进入下级页面，如图6.14右图所示，该页面展示了具体的理财产品分类结构、持仓、累计盈亏等信息，点选具体的理财产品即可进行追加购买、赎回等操作。

6.4　电话银行

按照（原）中国银监会的定义，“电话银行是利用电话等声讯设备和电信网络开展的银行业务”。客户拨打银行客服号码，按照语音提示输入账号、密码进行认证，即可进行余额查询、挂失、同名账户资金互转、投资理财、国债买卖等操作。出于安全性考虑，实务中电话银行的业务以信息查询和业务咨询为主，通常不支持对外转账类业务，支付业务也仅面向特定收款人（如水、电、煤气、电信公司的收款专户），适用于日常生活缴费等场景。

伴随技术的进步，目前电话银行大多已不再使用按键菜单形式进行导航，而是依靠语音识别技术，由用户直接说出需要办理的业务类型，如说出“查余额”“找人工客服”，系统会自动给出答复或转接至人工服务台。

专题4　第三方电话支付业务

对于电商购物等面向不特定收款人的支付场景，由于金融风险较高、客服工作量较大，银行不适合直接提供电话支付服务。这为第三方机构提供电话支付留下了市场空白。拉卡拉、银联商务、网银在线等第三方支付机构均曾开展过这项业务。

例如，中国银联和中国电信合作，推出刷卡电话支付业务。刷卡电话支付业务基于固定电话网络，特制的带有银行卡刷卡功能的固定电话将POS机终端和固定电话合二为一，可以提供电话支付、自助缴费、信用卡还款、余额查询等功能。在操作流程上，客户拨打第三方支付服务商的400/800声讯服务号码，按照语音提示输入订单号信息，依照语音提示按电话机上“刷卡”键，刷银行卡，随后输入密码即可完成对该订单的支付。在业务后端，第三方支付机构将支付数据通过资金清算机构（中国银联）传送至银行，完成款项的最终划拨和结算。

显而易见的是，很少有个人家庭购买和使用刷卡电话。第三方支付商通常会将设备布设在便利店、超市等场景，类似于公用电话，客户通过电商网站或邮册目录选购商品后，到便利店使用刷卡电话完成支付。由于刷卡时银行卡磁条使用 PCM 算法加密，因而较之于完全通过按键输入卡号密码而言相对更加安全。

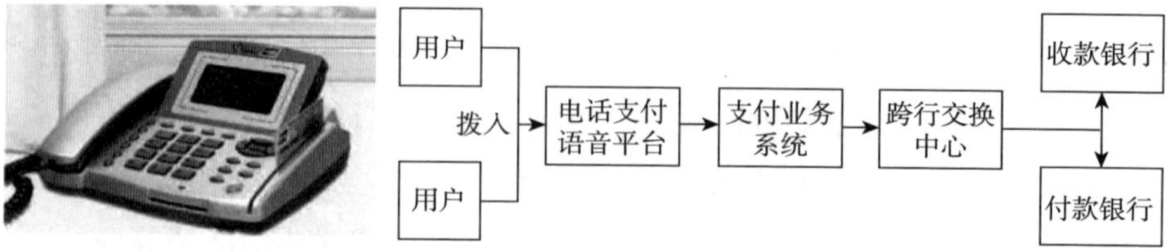

注：左图为中国银联和中国电信联合推出的刷卡电话业务，右图为第三方电话支付业务逻辑。

图 6.15　第三方电话支付设备与业务逻辑

第7章　第三方支付

7.1　第三方支付概述

根据中国人民银行《非金融机构支付服务管理办法》的界定，第三方支付指“非金融机构作为收、付款人的支付中介所提供的网络支付、预付卡发行与受理、银行卡收单以及中国人民银行确定的其他支付服务”。更通俗地说，第三方支付就是由非金融机构在商户网点布设机具（POS机、扫码机）、发行预付卡或搭建网上支付平台，依托中国银联或非银行支付机构网络支付清算平台（以下简称网联平台），在银行、商家和顾客之间建立链接，提供支付信息传输、资金清算等服务。特别强调，第三方支付机构是“非金融机构”。

之所以称“第三方”，是因为这些机构既不是资金的收付款方，也不是银行，只是居间起到信息传输的作用。例如，顾客A去商户B处消费，资金由A的银行账户划转至B的银行账户。在这一过程中，支付机构的职能是生成数据报文、传输支付指令，居间为支付业务提供支持服务，因而是收付款方和银行之外的第三方。第三方支付机构在支付业务中甚至可以完全不接触资金，作为纯粹的支付通信服务商而存在，典型代表为各类“快捷支付”服务。①

在我国，从事第三方支付业务必须向央行申请相应的金融牌照，即“支付业务许可证”。

---

① 在“快捷支付”业务中，支付机构只向银行传递支付指令，资金的收付由银行之间完成。

中华人民共和国
支付业务许可证
（副　本）　许可证编号：Z2000133000019
公司名称：支付宝（中国）网络技术有限公司
法定代表人(负责人)：[redacted]
住所(营业场所)：中国（上海）自由贸易试验区银城中路501号17层1701-1708室
业务类型：互联网支付、移动电话支付、预付卡发行与受理（仅限于线上实名支付账户充值）、银行卡收单
业务覆盖范围：全国
有效期至：二〇二一年五月二日
发证机关
2018　日

图7.1　支付宝公司的支付业务许可证

支付业务许可证中会载明支付机构名称、法人代表、准许开办的支付业务类型、业务覆盖范围和许可有效期等信息。支付业务许可证载明准许第三方支付机构办理哪种业务类型，即称该机构持有这类业务的支付牌照。牌照既可以是全国牌照，业务覆盖范围为全国，也可以是区域牌照，业务覆盖范围为若干个省份。

第三方支付的业务类型包括如下几项：

（1）固定电话支付

使用固定电话进行的支付业务。原来主要应用于电视购物、电话购物和电子商务领域，现已过时淘汰，基本不再使用。固定电话支付的费用计入电话费，每月随固话账单结算。

（2）数字电视支付

使用数字电视进行的支付业务，主要用于数字电视增值业务，例如开通付费频道、点播影视剧等，现已过时淘汰，基本不再使用。数字电视支付的费用计入电视费，每月随电视费账单结算。需特别说明，现代在智能电视上以二维码扫码方式支付（如开通视频网站会员），不属于数字电视支付，而属于互联网支付。

(3) 移动电话支付

使用移动电话进行的支付业务，使用主要包括手机短信支付和NFC模拟卡支付。手机短信支付的金额计入手机话费，NFC模拟卡支付通过模拟银行卡方式实现支付，支付金额从银行账户中划拨。需要特别说明，使用手机APP进行的扫码支付不属于移动电话支付，而属于互联网支付；只有不依靠互联网但需依靠手机硬件的支付方式才属于移动电话支付。

(4) 预付卡发行和受理和预付卡受理

预付卡是指发卡机构以特定载体和形式发行的、可在发卡机构之外购买商品或服务的预付价值。[①] 例如南京市市民卡有限公司持有“预付卡发行和受理（江苏省）”牌照，发行“智汇”南京市民卡，充值后可以在地铁、出租车、便利店等场景刷卡支付。需要说明的是，预付卡要求“可在发卡机构之外购买商品或服务”，理发店、餐馆等商户发行的仅限本店使用的储值卡不属于预付卡范畴。预付卡相关牌照分为“预付卡发行和受理”和“预付卡受理”，后者只能受理预付卡，不能发行预付卡。

(5) 银行卡收单

银行卡收单是指收单机构与特约商户签订银行卡受理协议，在特约商户按约定受理银行卡并与持卡人达成交易后，为特约商户提供交易资金结算服务的行为。[②]

严格来说，条码支付并不满足上述“银行卡收单”的概念界定（《银行卡收单业务管理办法》在2013年颁布，彼时二维码扫码支付还未广泛普及)，但后续监管政策要求条码支付服务商须持有“银行卡收单”业务牌照。基于监管一致性，可将线下条码支付归于银行卡收单业务中。

(6) 互联网支付

互联网支付又称网络支付，是指收款人或付款人通过计算机、移动终端等电子设备，依托公共网络信息系统远程发起支付指令，且付款人电子设备

① 转引自中国人民银行《支付机构预付卡业务管理办法》。

② 转引自中国人民银行《银行卡收单业务管理办法》。

不与收款人特定专属设备交互，由支付机构为收付款人提供货币资金转移服务的活动。①

互联网支付是伴随电子商务兴起的支付方式，包括如今基于手机和移动通信网络的移动支付业务。所有基于互联网的支付都属于这一类型，这是大众最常使用的支付方式。

为什么需要第三方机构参与支付业务？术业有专攻，分工专业化可以提升业务效率。

（1）渠道优势

对于线下渠道，搭建支付网络需要逐一和商户沟通、签约、布设 POS 机具，这需要庞大的地推团队，银行没有相应的人力进行推广和机具维护，而以银联商务（POS 机刷卡）、拉卡拉（收钱吧扫码）、美团支付（美团点餐设备扫码）为代表的专业第三方机构具有人力、资源和渠道优势。

对于线上渠道，商户通常依附于电商平台，银行无法直接和商户接触，而支付宝（与淘宝同属阿里巴巴集团）、财付通（腾讯集团旗下、腾讯持有京东股份）在对接商户方面具有比较优势。

（2）业务灵活

第三方机构可以凭借自身业务灵活的优势，提供各类特色服务。例如，支付宝依托淘宝平台提供“担保交易”服务，解决了买卖双方间的信任问题，又如财付通（微信支付）依托微信提供社交红包服务。这些业务是传统银行类金融机构难以实现的。

（3）在安全性和便捷性间权衡折中

支付操作的安全性和便捷性难以两全：想要安全性高就需要烦琐的鉴权操作，而想要操作简便就难免降低安全性。客户对银行和对第三方支付机构安全性的期望不同，银行需要确保绝对的资金安全，因而支付操作往往烦琐、麻烦。第三方支付机构通常可以以适度降低安全性为代价换取更

① 转引自中国人民银行《非银行支付机构网络支付业务管理办法》。

为简便的支付流程，例如小额免密支付、刷脸支付等功能。只要在被盗付时能获得第三方支付机构的赔偿，客户总体上并不会过于纠结安全性问题。也正因如此，第三方支付机构大多承诺确保资金盗刷赔付，例如支付宝在 2005 年创立之初就提出“你敢付我敢赔”，并于 2019 年升级保障计划，承诺 AI 审核通过后“赔付秒到账”，以此为依托在安全性和便捷性间权衡折中。

固定电话支付、数字电视支付已经基本淘汰，本书不再对其作具体介绍，只需了解这两类支付分别将费用计入电话费、电视费账单即可。移动电话支付的概念较为笼统，实际上包含短信支付、NFC 支付等具体业务模式，前者同样已经淘汰，没必要介绍，后者则涉及较多的底层技术细节，不适合在本章展开，将留待第 8 章作具体介绍。本章接下来主要介绍收单业务、互联网支付业务和预付卡业务，并对近年来第三方支付领域的主要监管政策进行梳理。

7.2　收单业务

收单业务指“收单机构向商户提供的资金结算服务”，即收单机构将资金从客户账户划拨到商户账户的过程。收单与支付是“一体两面”，从客户付款的角度看是“支付”，从支付机构搬运资金的角度看就是“收单”。

收单相关概念的界定和分类口径较为含混，日常口语表述、金融业务实践和政策规章中的划分口径存在偏差，在此需先行作出区分。在中国人民银行 2010 年印发的《非金融机构支付服务管理办法》中，第三方支付业务被划分为银行卡收单业务、网络支付业务、预付卡业务、其他等类别，只有“银行卡收单”而并无“收单”。在中国人民银行 2013 年印发的《银行卡收单业务管理办法》中，银行卡收单被界定为“……受理银行卡并与持卡人达成交易后，为特约商户提供交易资金结算服务的行为”，业务主体为银行卡。但在当下，伴随支付技术的进步及消费习惯的改变，基于非银支付账户的二维码扫码支付已成为线下支付的主流技术。从业务形态来看，除了银行卡替换为手机、POS 机替换为扫码枪之外，二维码扫码支付与传统银行卡支付并无本质区别。正因如此，金融机构普遍将条码支付视为收单业务。

究其原因，2010 年央行制定《非金融机构支付服务管理办法》（以下简称《办法》）时只存在基于银行卡和 POS 刷卡机的技术路线，二维码支付尚未普及（2014 年开始大规模商业化推广），因而《办法》的概念界定和分类具有时代局限性。基于政策惯性，后续在颁发《支付业务许可证》时，要求二维码扫码支付须持有“银行卡收单”类型牌照，尽管二维码扫码支付可以完全不涉及银行卡、不使用中国银联网络和其清算服务。在 2017 年后，央行的政策文件①中也开始出现“条码支付收单服务”提法，认可条码支付属于收单业务。

本教材遵从日常表述习惯和最新金融监管理念，将条码支付视为收单的一种途径，即收单可分为“银行卡收单”和“条码支付收单”，尽管在金融牌照上二者都需持有“银行卡收单”牌照。

伴随 O2O（Online to Offline，线上买单、线下消费）业务模式的兴起，收单和互联网支付在金融实务中的边界日益模糊，例如在餐厅内微信扫码点餐，直接在微信小程序内支付属于互联网支付，而到柜台扫二维码买单则属于收单。在后端，这两种业务需持有不同的金融牌照（互联网支付牌照或银行卡收单牌照），银行卡收单业务交易信息通过中国银联系统清算处理，二维码扫码支付产生的资金交易信息由网联平台清算处理，但在前端客户体验几乎没有差别。

按照金融业务类型（而非金融监管口径），可以对收单业务作出如图 7.2的分类。

① 如中国人民银行 2017 年印发的《条码支付业务规范（试行）》。

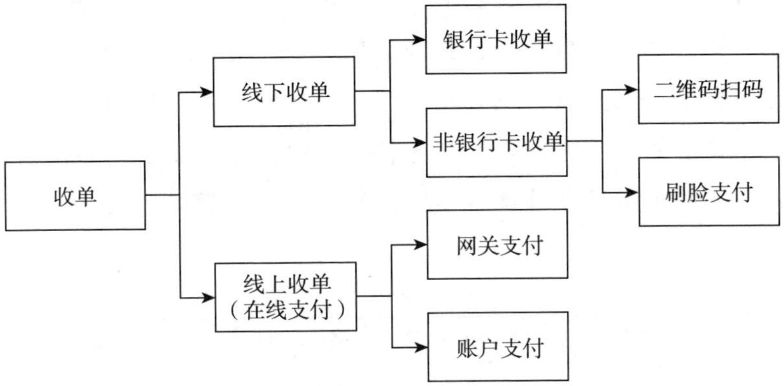

图 7.2　收单业务分类

7.2.1　银行卡收单业务

（1）银行卡收单业务概述

按照中国人民银行给出的界定，银行卡收单业务是指："收单机构与特约商户签订银行卡受理协议，在特约商户按约定受理银行卡并于持卡人达成交易后，为特约商户提供交易资金结算服务的行为。"简单地说，银行卡收单业务就是三方支付机构为商户提供 POS 机，客户通过刷银行卡方式完成交易。如上一章所述，基于银行卡的交易由中国银联处理，故线下 POS 机刷卡产生的支付信息由三方机构收集、清分后，提交给中国银联的 CUPS 系统处理。事实上，银行卡收单行业的最主要服务商"银联商务"就是中国银联的子公司，也是早期唯一的服务商。另需说明，在 ATM 发生的取现业务也属于收单业务，为理解这一点，你可以将 ATM 视为一个"出售纸币的自动售货机"，使用银行卡在 ATM 取现的交易信息也由银联收集、传递和清算。

银行卡收单业务主要涉及三类主体，即发卡行、收单机构和卡组织。

①发卡行：发行银行卡的商业银行。②收单机构：既包括收单银行，也包括从事收单业务的第三方非银支付机构；负责特约商户的拓展、POS

机布放与维护、授权请求、支付清算等活动。③卡组织：负责银行卡支付信息传输、资金清算的机构，在我国主要为中国银联。实务中收单业务的参与方还包括外包服务商，例如发卡银行常会把拓客发卡业务外包给其他公司①，又如第三方支付机构常把刷卡扫码机具的维护服务外包给专业公司。此外，还有上游的硬件设备供应商、软件供应商、通信服务商为收单业务提供支撑。

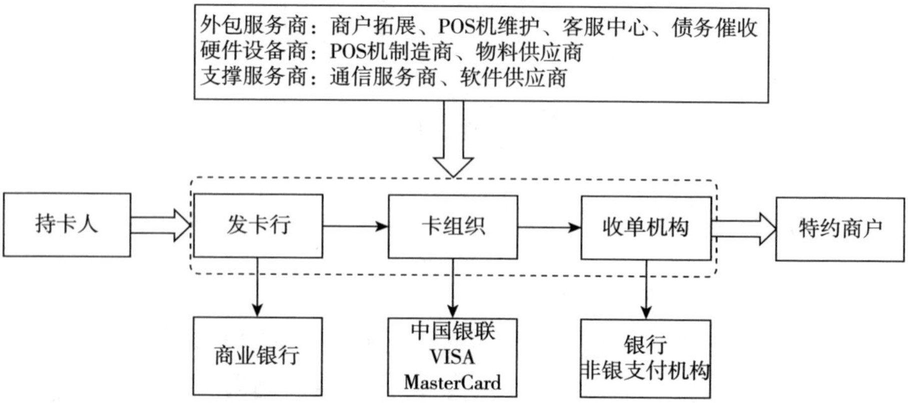

图 7.3　银行卡收单业务组织结构

（2）银行卡收单业务流程

在具体业务流程上，一笔银行卡收单业务背后会发生如下过程：

①商家录入金额，客户刷卡、输入密码。②机具向收单机构通信，传输支付信息、授权请款。③收单机构将支付信息提交中国银联，由中国银联转接发卡行。④若客户账户余额不足，发卡行反馈交易失败信息。若客户账户余额充足，发卡行划扣资金，反馈成功指令给收单机构。⑤收单机构机具打印成功凭条，客户签字，交商家留存。⑥夜间，中国银联对当天所有的刷卡交易清算轧差，将银行间的支付净额提交央行大额实时支付系统进行结算。⑦定期，收单机构向商家收集客户签字的凭条，用于存档备查。

① 街边办理信用卡的很可能不是银行的员工，而是外包服务商。

（3）银行卡收单手续费及其分成

银行卡收单业务手续费平均约为 0.6%。若以此为例，则刷卡手续费按如下方式分成：

①收单机构收取支付金额 0.6% 的手续费。

②收单机构向发卡行提供收入分成：

借记卡：不高于 0.35%

贷记卡：不高于 0.45%

③收单机构和发卡行各自向中国银联支付不高于 0.0325% 的网络服务费。

此外，依业务合作情况收单机构向外包服务机构支付佣金返利等。

以实例而言，消费者支付 1000 元后，收付费按图 7.4 的方式分配。

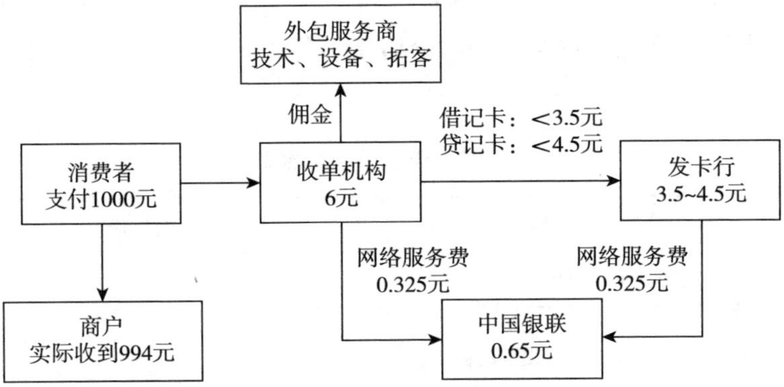

图 7.4　银行卡收单业务手续费分配

以使用借记卡刷卡为例，客户刷卡支付 1000 元后，收单机构获得 6 元手续费，并向发卡行支付 3.5 元分成。收单机构和发卡行各自向中国银联支付 0.325 元网络服务费。最终，6 元手续费中最终有 3.175 元归属发卡行，2.175 元归属收单机构，0.65 元归属中国银联。收单机构的收入扣除经营成本和向外包服务商支付的佣金，即为自身的利润。

需要说明的是，上例中收单业务手续费 0.6% 仅为示例，实际手续费率实行市场调节价，由市场竞争决定：哪家收单机构开出的费率更优惠，商家就选择使用哪家的 POS 机。2022 年，银行卡收单费率的市场行情价平均而言将近0.6%。另外，众多教材中称发卡行、收单机构和中国银联按 7:2:1 比例分配手续费收入，这一说法没有任何事实依据。

在多年之前，收单手续费率采用政府定价①，并对收单商家实行分类管理，商家被分为餐饮娱乐类（1.38%）、一般类（0.86%）、民生类（0.38%）和公益类（0%），这带来了严重的收单 POS 机套码问题：高费率行业会使用低费率行业的 POS 机，以此降低支付费率。例如常见的情形是，KTV 或酒吧中常会开设小超市（只在名义上存在），将酒水记为超市销售，使用超市的 POS 机刷卡支付，这可将支付费率由娱乐类的 1.38% 降至民生类的 0.38%。2016 年，国家发改委和央行联合印发《关于完善银行卡刷卡手续费定价机制的通知》，不再对收单商户类型作出区分，同时终结政府定价、推行市场调节价，政府只给出价格指引作为最高限价。手续费价格上限如表 7.1 所示。

表 7.1 银行卡收单手续费率上限

收费项目	收费方式	封顶费率
收单服务费	商户支付给收单机构	市场调节价
发卡行服务费	收单机构支付给发卡机构	借记卡：不高于 0.35%，单笔不超过 13 元 贷记卡：不高于 0.45%
网络服务费	发卡行或收单机构支付给中国银联	不高于 0.0325%，单笔不超过 3.25 元

注：手续费定价上限来源于国家发改委和央行联合印发的《关于完善银行卡刷卡手续费定价机制的通知》。

专题 5 收单业务与银行卡组织的缘起

收单业务最早的模式是，支付机构为客户垫付账单，之后定期向客户收

① 参见 2012 年中国人民银行印发的《关于切实做好银行卡刷卡手续费标准调整实施工作的通知》。

款。“收单”一词中的“单”本意就是账单（签购单），在这种业务模式下，客户消费后不付钱、在账单上签字，机构收集这些账单，每月集中找客户一并要钱，扣除手续费后将款项结算给商家。

最早开发出收单业务的是美国Diners公司。1950年，Diners联合一批餐馆、宾馆商户，在客群中发展会员，会员可在合作商家记账消费，商户定期将记账账单交给Diners，Diners向客户的银行索款，扣除7%手续费后将余款支付给商户。从此也可看出，收单业务的起源是早于银行卡的，事实上Diners只是向商户提供一份“有权赊账者名单”，并没有实体卡片。

1958年，美国银行（Bank of America）发行了美国银行卡（Bank Americard），可以在合作商家处消费。其他银行紧随其后，也各自发行银行卡，用于刷卡消费场景。此时，银行同时承担发卡和收单职能（这里也能看出，收单并非必须由第三方支付商提供，最早的收单业务就是由银行开办的），发卡银行签约的商户只能受理本银行自身的卡片，例如A银行的卡只能在A银行签约商户的机具上刷卡支付，由A银行结算，而无法在B银行签约商户处使用。银行之间互相竞争商户、重复铺设机具造成成本高企，难以发挥规模效应。

美国银行率先提出将银行卡和收单业务解绑，于1966年开始允许其他银行使用“美国银行卡”品牌独立发卡、签约商户，并约定所有使用“美国银行卡”品牌的银行和签约商户都相互认可任一银行的“美国银行卡”进行交易。开放“美国银行卡”品牌又带来了新的问题，美国银行既当裁判员又当运动员，在发放特许经营执照给其他银行的同时自身也开展发卡和收单业务，这导致其他大型银行不愿意使用“美国银行卡”品牌，因为这相当于是在帮竞争对手做广告。在美国银行方面，其难以凭一己之力处理所有的收单工作量，伪卡和盗刷问题层出不穷。截至20世纪60年代，信用卡行业几乎崩溃。为解决这些问题，1976年美国银行将“美国银行卡”品牌更名为“VISA”，并从银行中剥离出来，作为独立的机构开展支付业务。VISA采用分布式、自组织架构，由会员行共同拥有，这实现了利益共享和风险共担；VISA 不涉及发卡或收单领域的实际业务，这些业务由银行自行承担，这避免了 VISA 和银行间的竞争。VISA 只负责建设全球性的电子交易结算网络，利润来源于交易手续费的分成。不愿意加入美国银行主导的 VISA 体系的银行另行组建了“银行信用卡协会”，后来演进为卡组织 MasterCard。至此，银行卡与收单业务的市场格局形成：银行（发卡行）发行银行卡，以 VISA 为代表的卡组织提供金融通信和清算服务；银行（收单行）推广 POS 机并提供收单服务。

对于我国市场，中国银联旗下子公司银联商务凭借先发优势和渠道优势，快速切入市场建立了线下收单网络，是市场占有率最高的银行卡收单服务商。各大商业银行也在努力推广自身的收单业务，甚至一度向来本银行开户的新商户免费赠送 POS 机，但市场占有率仍较为有限。

专题 6　另类的银行卡收单设备

经典常用的 POS 刷卡机具成本较为昂贵，小商铺、小摊贩不愿付费购买，这限制了银行卡收单业务的拓展。在条码支付出现前，为降低刷卡机具成本，诸家第三方支付机构各显神通，开发出多种低成本的收单硬件机具。

拉卡拉开发出手机外置刷卡器，通过耳机麦克风接口和手机通信，将老式磁条银行卡的磁记录信息转为电脉冲并通过麦克风接口传输至手机，再依托手机的移动网络传输支付信息。随着芯片卡替换磁条卡和条码支付出现，这一天马行空的刷卡外设退出历史舞台。又如，多家支付机构曾提供基于蓝牙的刷卡 POS 机，刷卡信息通过蓝牙传输到手机，再经手机移动网络对外传输。现在，随着移动物联网的发展，POS 机通常能直接接入 4G 网络，享有独立的物联网号段，使用信号覆盖更广但速率较低的低频物联网频段传输数据。

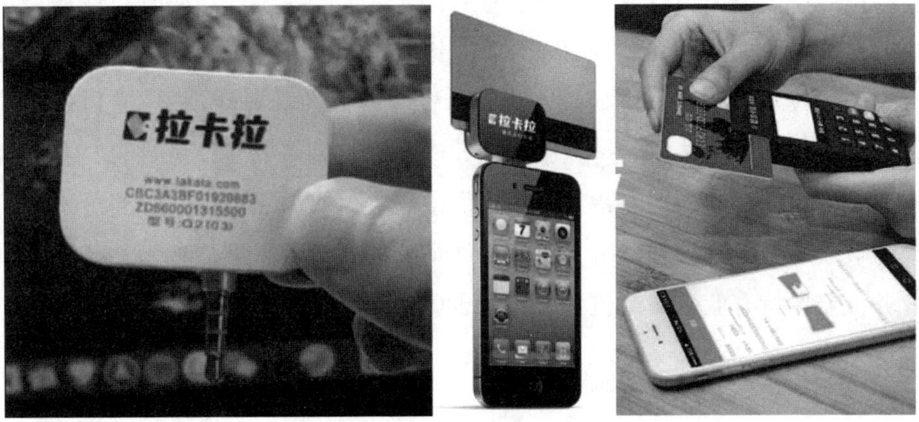

注：左、中两图为使用麦克风接口的拉卡拉刷卡机，右图为基于蓝牙的 POS 刷卡机。

图 7.5　另类银行卡收单设备

7.2.2　条码收单业务

（1）条码收单业务概述

自古以来，支付手段的演进始终以便捷化为目标。2010 年以后，移动支付进入高速发展阶段，新兴的条码支付取代银行卡刷卡支付，成为线下小额零售场景中最主要的技术路线。对于客户而言，使用基于手机的条码支付时不必额外携带银行卡，且可开通小额免密支付等功能，支付体验更为流畅。对于商家特别是小卖家而言，扫码机具设备成本较低①，客户主扫模式下甚至不需要扫码机具，打印张贴一张二维码即可②，而传统 POS 刷卡机具成本通常在 250 元左右。随着非现金支付市场的发展成熟，条码支付作为当前最成功的技术路线，在线下收单业务中将发挥愈加重要的市场推动作用。

① 扫码盒约 50 元，一体式扫码 POS 机约 200 元。

② 主流的收单服务商低价提供亚克力材质的二维码立卡（约 12 元）。你也可以在支付宝中搜索“商家服务”，亲自试一试申办收款码及物料。

按照中国人民银行《条码支付业务规范》的界定，“条码支付业务是指银行业金融机构（以下简称银行）、非银行支付机构（以下简称支付机构）应用条码技术，实现收付款人之间货币资金转移的业务活动”。支付机构向客户提供基于条码技术的付款服务的，应当取得网络支付业务许可；支付机构为实体特约商户和网络特约商户提供条码支付收单服务的，应当分别取得银行卡收单业务许可和网络支付业务许可。换句话说，开展线下的条码收单业务，需要持有业务类型包含“银行卡收单”的《支付业务许可证》。

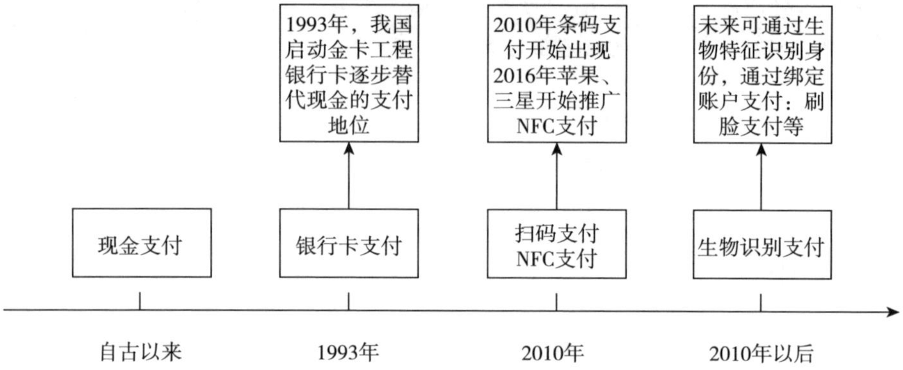

图 7.6　支付技术路线演进历程

为什么需要独立的条码收单机构？这源于金融监管和聚合支付的业务需求。早期，商户特别是中小商家张贴个人账户二维码（通常为支付宝和微信的个人收款码），客户以扫码转账方式完成支付。这种模式存在两方面问题：第一，商户个人资金与营业资金混同，账户混用带来了反洗钱和税收稽查监管难题①；第二，商家同时在多家第三方支付机构开立支付账户、采用多套软硬件设备和账务系统较为烦琐，且收款资金分散在各家支付机构账户中，难以集中统一管理。对于前者，央行印发《关于加强支付受理终端及相关业务管理的通知》，要求自 2022 年 3 月 1 日起，个人收款码不得用于经营性收

① 大量收款的个人账户有洗钱嫌疑，很难甄别资金往来是洗钱还是商业经营。此外，直接对个人付款可以逃避税务稽查，有逃税嫌疑。

款，商业经营收款必须使用收单机构发行的“商户收款码”。对于后者，收单机构将硬件机具、软件、金融服务打包成“解决方案”，使客户不必关注底层技术细节，可以快速上手运用产品，同时开创聚合支付①业务模式，即商家只在收单机构开立一个账户，客户使用任意第三方支付机构的账户均可以付款，资金集中统一管理，避免了各家软件扫各码的条块分割式市场格局。

（2）条码收单业务流程

条码支付业务包括付款扫码和收款扫码。

①付款扫码

付款人通过移动终端识读收款人展示的条码完成支付的行为，即俗称的“我扫你”。

付款扫码时，客户使用支付 APP 的扫码付款功能扫描商家提供的二维码，识读成功后：

若商家已录入支付信息：扫码后页面会显示支付金额、商户信息等内容，客户选择支付账户并确认付款即可。

若商家未录入支付信息：扫码后会要求客户自主输入支付金额，选择支付账户并确认付款，这常见于在小商家静态二维码收款的付款扫码场景。

②收款扫码

收款人通过识读付款人移动终端展示的条码完成支付的行为，即俗称的“你扫我”。

收款扫码时，商家在机具中录入订单信息，客户展示支付码，由商家扫码后支付订单推送至设备，客户确认无误后选择支付账户并点击“确认支付”即可。若已开通小额免密支付功能，则可能没有确认支付的步骤，扫码后直接完成支付。

在两种支付方式下，扫码后支付信息传输给收单机构（如美团），经由

① 聚合支付业务由哆啦宝于 2013 年首创，现在哆啦宝为京东科技旗下全资子公司，是京东支付背后的主导公司，也是微信支付、支付宝以及银联云闪付的核心服务商（ISV）。

“网联平台”转发给支付服务商（如支付宝）或银行，完成信息流和资金流的最终清算结算。

图 7.7　付款扫码操作示例

图 7.8　收款扫码操作示例

银行、支付机构开展条码支付业务，可以组合使用三种要素来进行交易验证：

①仅客户本人知悉的要素，如静态密码等。

②仅客户本人持有并特有的，不可复制或者不可重复利用的要素，如经过安全认证的数字证书、一次性密码（短信验证码）等。

③客户本人生物特征要素，如指纹等。

客户使用条码支付的限额取决于鉴权手段：

①风险防范能力达到A级，即采用数字证书+另一种要素验证，不限付款额度。

②风险防范能力达到B级，即采用除数字证书以外的两类要素验证，同一客户所有支付账户单日累计交易金额应不超过5000元。

③风险防范能力达到C级，即采用不足两类要素对交易进行验证，同一客户所有支付账户单日累计交易金额应不超过1000元。

④风险防范能力达到D级，即使用静态条码的（如智能手环的支付功能通常展示静态条码），同一客户所有支付账户单日累计交易金额应不超过500元。

（3）条码收单手续费

条码支付的手续费率大约为0.38%，显著低于刷卡费率。以费率0.38%为例，条码支付的手续费按如下方式分成：

①收单机构向商家收取支付金额0.38%的手续费。

a. 如果使用的支付账户归属于收单机构，则手续费全额归于收单机构。

例如，使用支付宝扫码机，扫描支付宝二维码，则手续费全归支付宝独享。

b. 如果使用的支付账户不归属于收单机构，则收单机构向支付机构提供约0.2%的收入分成。

例如，使用美团收银机，扫描支付宝二维码，则美团需要向支付宝提供0.2%的分成。

③收单机构向网联平台支付0.005%的网络服务费。

此外，依业务合作情况收单机构向外包服务机构支付佣金返利等支出。

与银行卡收单相比，扫码收单费率更低主要有三方面原因：（1）市场竞争更为激烈，大量互联网公司布局金融业务、入局支付赛道，这使条码支付市场的竞争烈度显著高于银行卡收单市场；（2）收入分成参与者少、费率低，不需要向银行提供分成，网联平台的网络服务费也远远低于中国银联的网络服务费；（3）业务具有规模效应，条码支付规模巨大分摊了固定成本。

7.2.3 线下收单市场规模及其增长逻辑

据艾瑞咨询《2021 年中国线下收单行业研究报告》测算，至 2020 年底我国收单市场交易规模约 61 万亿元，其中二维码收单交易规模占比 20.3%。[①] 2020 年新冠肺炎疫情发生后，线下零售市场交易下降，带动收单业务规模短期回调，但长期来看线下收单市场仍有增长空间。条码支付规模和占比均持续增长，特别是在线下零售支付场景中占据绝对优势。

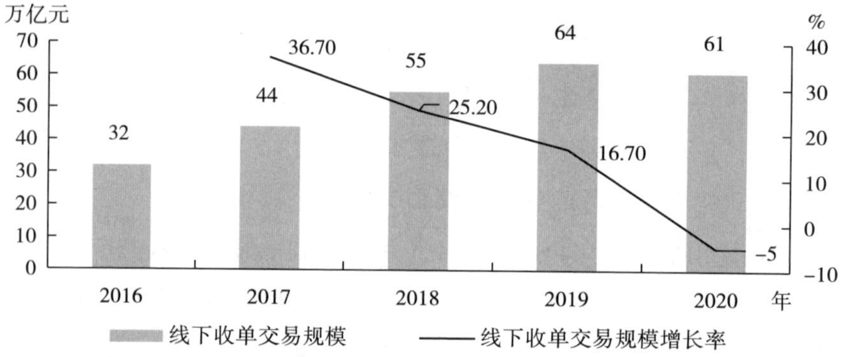

注：数据引自艾瑞咨询《2021 年中国线下收单行业研究报告》，笔者制图。

图 7.9　我国线下收单交易规模及增速

① 需要说明的是，以支付规模计银行卡收单仍然为占比最大的业务类型，这与日常直觉可能相悖。原因在于，大额、批发类交易需使用银行卡刷卡结算，例如购房、购车、单位采购时刷卡。条码支付虽频次高，但多为小额交易，总规模反而不大。

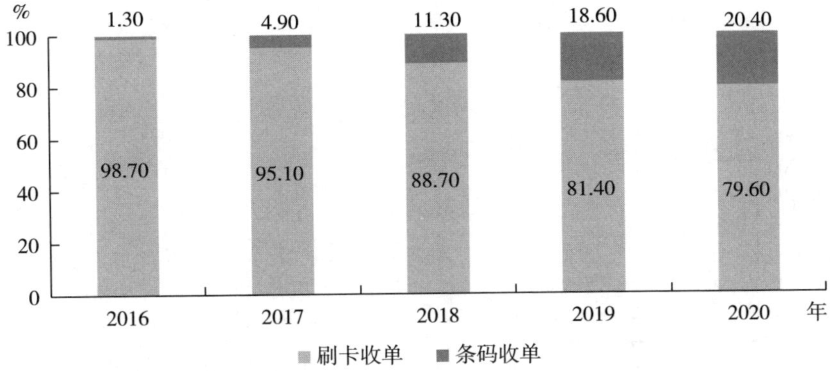

注：数据引自艾瑞咨询《2021 年中国线下收单行业研究报告》，笔者制图。

图 7.10　我国刷卡收单与条码收单市场份额

深入来看，线下收单业务增长的驱动力主要包括以下五个方面。

（1）非现金支付习惯养成及其规模增长

线下收单业务伴随非现金支付规模的增长而迅速扩张。我国非现金支付交易规模在 2010 年后迅速增长：2010 年，我国非现金支付规模约 905 万亿元，而据中国人民银行公布的《2021 年支付体系运行总体情况》① 报告，2021 年全国银行共办理非现金支付业务 4395 亿笔，金额 4415 万亿元②，支付规模增长至 2010 年的 4.9 倍，年均复合增长率 15.5%。非现金支付改变了客户的消费习惯，现金已成为小众支付工具，收单业务也因此成为商户的必需服务之一。

（2）我国经济规模攀升与居民消费增长

我国经济规模保持持续较快增长，而从构成 GDP 的三大需求看，消费占比增加并稳于高位，自 2011 年起总消费已经超过贸易净出口和投资的总和，成为国民经济总需求的最主要成分。经济增长进入新常态后，大规模投资不可长期持续，消费日益成为拉动经济增长的压舱石和主导力量。线下消

① 可见中国政府网，http://www.gov.cn/xinwen/2022-04/03/content_5683319.htm。
② 分别同比增长 23.9% 和 10.0%。

费需要支付服务，只要消费持续增长，线下收单业务就会分享经济发展的红利，随之持续增长。

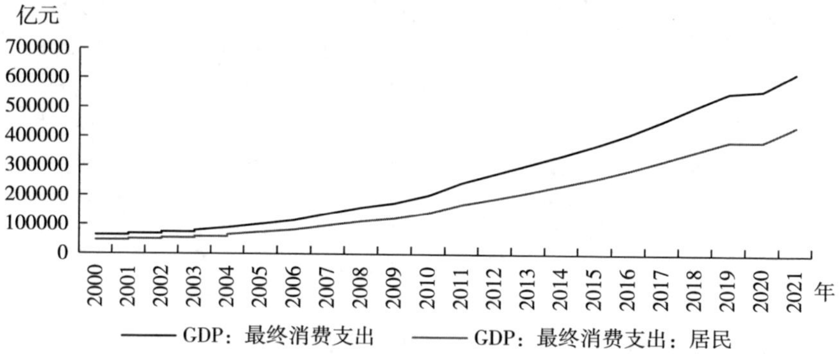

注：数据来自 Wind 数据库。

图 7.11　我国消费支出规模

（3）移动互联网普及与用户渗透率提高

我国 4G、5G 移动互联网建设全球领先，先进的移动技术和广泛覆盖的移动通信网络为移动互联网普及提供了技术基础。据 CNNIC《中国互联网络发展状况统计报告》，截至 2021 年 6 月，我国手机网民规模 10.07 亿人；截至 2020 年 12 月，我国网络支付用户规模 8.54 亿，占网民整体的 86.4%。我国手机网民总量多，移动支付渗透率高，这为移动支付奠定了用户客群基础。移动支付改变了中国居民的消费习惯，提升了消费者对支付环境中各类新技术的包容度和尝试的积极性，也从需求侧促进了线下收单市场的发展。

（4）规模庞大的中小微商户金融服务需求

我国庞大的中小微商户金融服务需求奠定了线下收单市场的根基。近年来，我国营商环境显著改善，中小微商户大量涌现，占全国各类工商市场主体比重也持续上升。至 2020 年底，全国中小微企业约 1.3 亿户（含 9287 万个体工商户），已接入 O2O 平台的小微企业占比不足 10%，拥有智能 POS 机或收银一体机等终端设备的小微企业不足 5%。数字化金融服务在小微企业群体中的渗透率仍有巨大提升空间，这也构成了线下收单业务持续增长的驱动力。

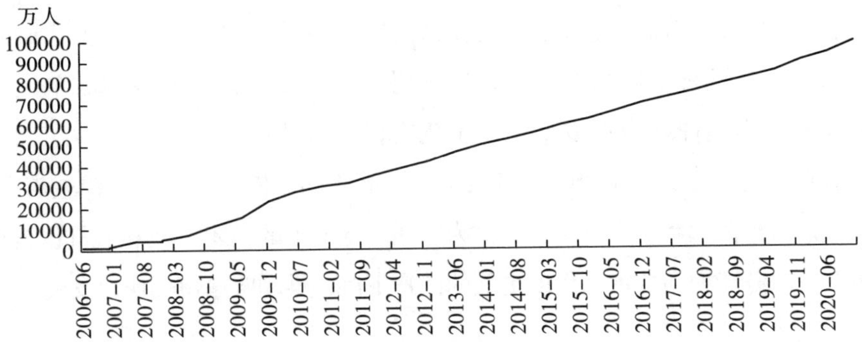

注：数据来自 Wind 数据库。

图 7.12 我国手机网民规模

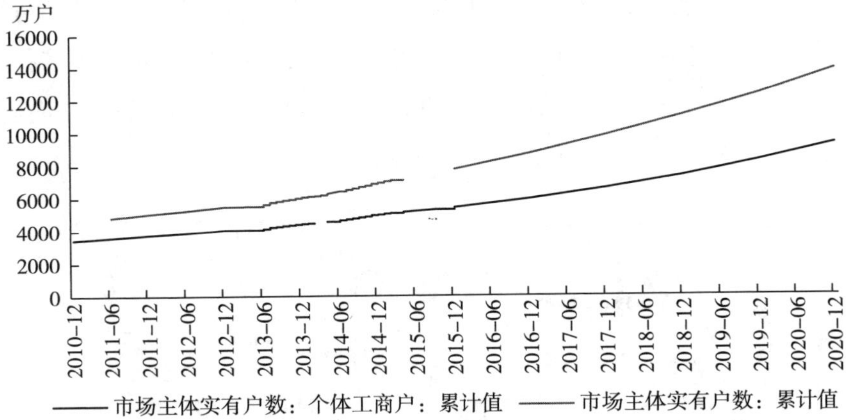

注：数据来自 Wind 数据库，部分年份原始数据缺失。

图 7.13 我国市场主体户数

（5）条码支付促进线下收单市场下沉

线下收单市场的主流技术路线已从“银行卡 + POS 机”转型至手机二维码扫码，支付成本显著下降推动收单市场快速下沉。

在客户需求方面，2015 年后支付宝、微信通过在线下消费场景中大量布放二维码培养了用户消费习惯，非现金支付已成为消费者乐于接受的主流支付方式，老人、儿童、低收入人群等传统意义上的“金融弱势群体”也熟悉并习惯于使用条码支付方式。

在商业供给方面，得益于条码支付的普及及我国全产业链规模化制造优势，收单机具硬件成本大幅下降，二维码立牌、扫码盒等低成本收单设备使小微企业、街边摊贩也可以享受数字化支付带来的便利。

在覆盖地域方面，条码收单打破了城市等级的限制，由一、二线城市向三、四线城市乃至偏远乡镇下沉，覆盖更为广泛。低成本的技术方案和机具设备推动收单企业服务能力向数字化程度更低的商户下沉，推动收单市场快速发展。

7.2.4 线下收单业务的产业链

从产业链来看，收单机构处于线下支付产业链的中游，向下联结商户，向上依托第三方支付机构和发卡机构，由中国银联和网联平台提供清算服务，受中国人民银行和中国支付清算协会监管。此外，收单机构还依托众多收单服务外包商、机具设备制造商、软件与技术服务商、方案集成商提供软硬件支持。产业链市场格局如图 7.14 所示。

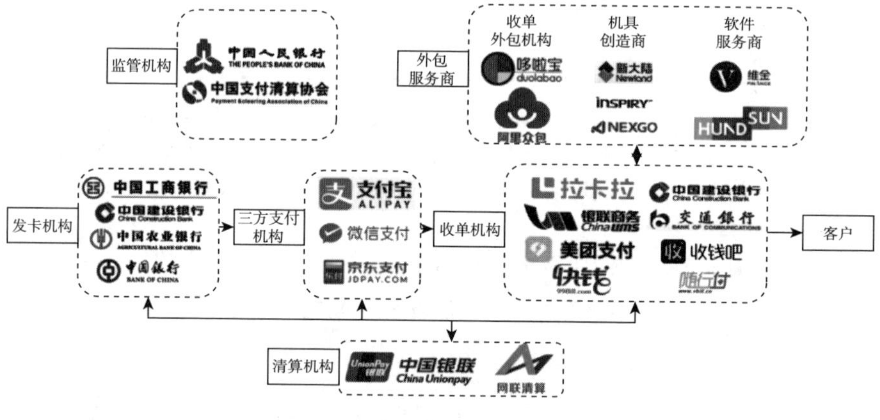

注：笔者制图。

图 7.14 线下收单业务产业链

本书前文对三方支付机构、银行机构、清算机构已进行介绍，在此主要介绍收单产业链中的设备供应商和外包服务商。

（1）机具制造商

凭借全产业链优势，我国在收单设备机具制造方面保持领先地位。收单机具制造商生产扫码盒、扫码枪、POS 机等基础硬件设备，处于整个收单产业的最上游。至 2022 年教材撰写时，我国主要的收单机具制造商包括新大陆（Newland）、意锐（Inspiry）、新国都（Nexgo）等。新大陆主要提供底层技术与工业化方案，如扫码芯片、摄像头等零组件，具有新大陆自动识别技术（Newland ID－Tech）等二维码图像识别方案；意锐提供移动支付解决方案，代表性产品为扫码盒与台式收银机一体机；新国都主要提供移动式电签 POS 机等支付终端，依需求可兼容扫码和刷卡等支付方式。

注：图左为新大陆代表性产品扫码识别零部件，图右为新国都代表性产品电签 POS 机；截图自新大陆和新国都官方网站产品介绍页面。

图 7.15　新大陆与新国都公司代表性机具设备

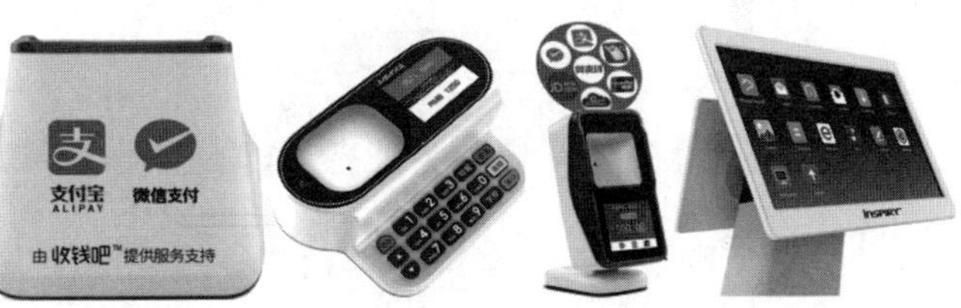

注：图为意锐代表性扫码和收银机具设备，截图自意锐官网产品介绍页面。

图 7.16　意锐公司代表性机具设备

（2）软件与金融服务商

收单业务后端需要账务系统软件提供支撑，还需要金融合规风控等金融技术服务。维金（V Finance）是我国领先的数字金融科技服务商，主要提供数字金融基础设施和整体解决方案，提供支付架构体系，帮助企业搭建资金收付、账户管理、资金合规等“一站式”资金管理服务；恒生（Hudson）提供全面金融服务，涉足提供资产管理、合规风控等众多领域，例如，在金融合规风控方面，提供信用风险管理系统、净资本风险监控系统、反洗钱系统等①产品，收单机构可直接接入这些系统，采用成熟方案降低自研成本。

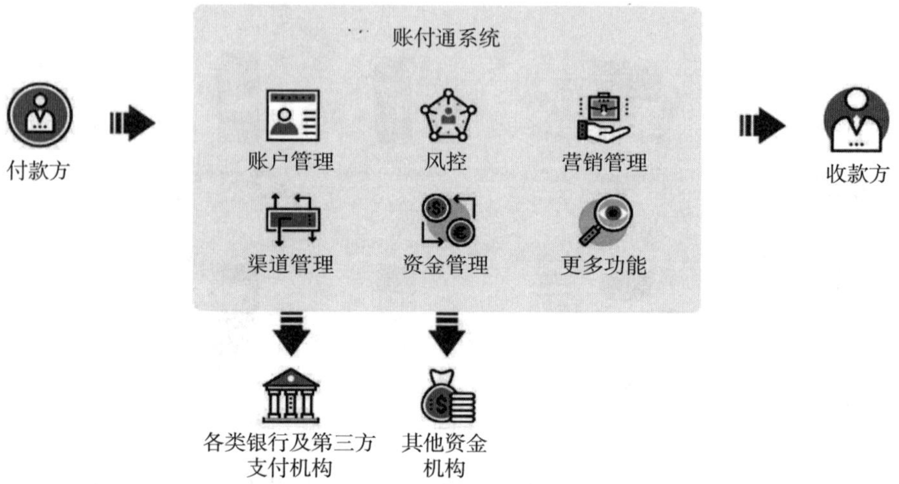

注：图为维金代表性解决方案账付通的业务示意图，截图自维金官网产品介绍页面。

图 7.17　维金公司代表性解决方案

（3）服务外包商

收单行业的服务外包商主要开展两类业务。一是以京东数科旗下哆啦宝

① 截至本教材撰写时，仅在金融合规风控方面的系统包括净资本管理系统、流动性风险管理系统、操作风险管理系统、市场风险管理系统、信用风险管理系统、风险并表系统、净资本并表系统、风险监控系统、投资者异常行为管理系统、合规管理系统、新一代反洗钱系统。

为代表，提供 OEM 解决方案，面向传统 POS 代理商、O2O 口碑服务商、行业 SaaS 服务商等，提供定制化开发业务。例如，某初创企业从事 O2O（线上购买、线下消费）类业务，涉及支付功能，但雇佣专业人才组建开发团队成本较高，且会使研发团队偏离核心主业。可以将支付等功能模块外包给哆啦宝，哆啦宝有成熟的功能模块和技术储备，定制修改后可以在 1 周内上线运行，大大提升开发效率、降低开发成本。二是以阿里众包为代表的本土化地推服务商，提供业务推广、物料布放、设备维护修理等本地化服务。收单机构通常将推广业务、POS 终端设备维护等劳动密集型工作交由熟悉当地情况的地推服务商完成，从而避免自雇庞大的员工团队；同一家地推服务商可以兼而为多家收单机构提供服务，由此提升人工效率。

7.2.5　收单业务的国际比较

在技术路线方面，我国线下收单市场主要采用以二维码为主的条码支付方式，辅以实体银行卡 POS 刷卡。美欧日由于信用卡业务的历史惯性，以手机 NFC 模拟银行卡进行 POS 刷卡方式为主流，具有代表性的支付服务包括 Apple Pay、Google Pay 等。

在收单费率方面，我国费率显著低于外国，这源于我国超大规模市场优势、充分竞争的收单行业、全球领先的支付技术以及奉行非营利原则的卡组织和清算组织。我国银行卡收单费率平均约 0.6%，条码收单约 0.38%；作为对比，西方国家的收单费率通常在 2% ~3%。西方国家收单费率较高的原因主要有两类。第一，强势的银行卡组织与商业银行形成利益同盟，典型代表是美澳等国。美国银行数量超过 6000 家，与 VISA、MasterCard 等卡组织有长期和持久的联系，其中大银行既是卡组织的客户，也是卡组织的股东，二者利益同盟牢不可破，因而大银行没有动力推动卡组织降低刷卡手续费①，这些手续费传导至下游收单机构，使最终的收单费率普遍在 2% 以上。第二，

① 事实上，大银行有意维持高费率，因为大银行自身是卡组织的股东，卡组织收取的手续费会作为股东红利返回自己，而小银行支付的高额手续费最终就成为大银行获得的红利。

市场规模较小，这以条块分割的欧洲国家为代表。欧洲单个国家的本土市场规模总量小，很难通过低交易费率实现薄利多销，无法通过做大规模降低客单成本。第三，部分国家金融行业高度垄断，因而费率较高，尤以瑞典、丹麦等王国为代表。对我国而言，在政府引导下，卡组织中国银联和清算组织网联平台均不以营利为唯一目标，兼顾社会效益，手续费率处于全球最低水平；政府协调银行、支付公司协同让利，压降线下末端收单费率至 $<1\%$ 的全球较低水平。

7.2.6 线下收单业务的演进方向与典型案例

近年来，线下收单市场竞争日趋激烈、监管趋严，单一的收单业务盈利空间被持续挤压，无法支持盈利长期增长。在此背景下，收单机构开始业务转型，谋求新的盈利点。

第一，深耕下沉市场，为小微商户提供整体解决方案，提升市场渗透率。2019 年数据显示，我国一、二线城市以 35% 的消费规模，贡献了 58% 的收单市场份额，这意味着三、四线城市仍有待开发的下沉市场。三、四线城市的中小微商户触网率低，远未达到数字化经济的基础水平，门店管理水平较低。收单机构有客群、有技术、有管理经验，可以将服务能力和智能硬件打包成数字化解决方案，由单一的收单服务商转型为数字化综合服务商。此即“硬件即服务”（HaaS）的思想，客户购买和使用收单硬件，实际上获得的是以硬件为提托的资金收银、货品管理、财务管理、经营数据分析等服务。在这一领域中，具有代表性的业务诸如收钱吧“智慧门店”项目，它将硬件、软件、服务“打包”向客户提供，帮助商户理顺业务逻辑、安排与实施营销方案、管理客群、实施中后台运维。

第二，以收单为切入点，拓展多元化增值服务，谋求开拓新的盈利空间。增值服务主要从“人货场资”四方面开展，“人”指用户增长，收单机构帮助商家导流，开拓客源；“货”指商品供应，收单机构运用掌握的供应链数据协调货源；“场”指商业地段，收单机构运用支付数据识别热点场景，为客户提供咨询服务、帮助新店选址或营销选点；“资”指资金融通，收单机构基于自身拥有的商户现金流数据为商户核定额度，提供小额信用贷款、应收账款 ABS 等融资业务。

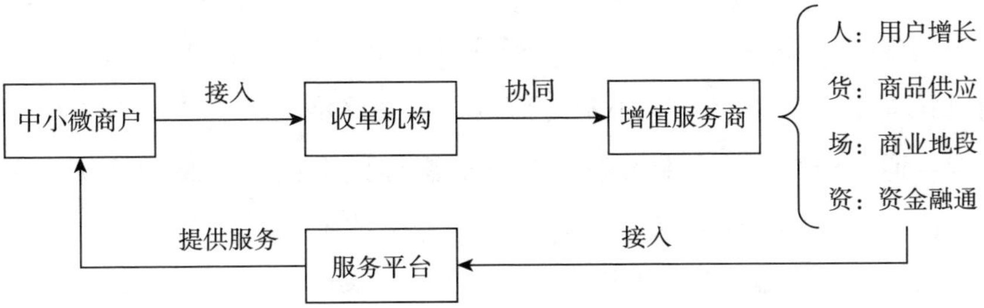

图 7.18　支付机构增值业务发展方向

7.3　互联网支付

首先须作出区分，“互联网支付”和“网络支付”并不等同：网络支付包括互联网支付、移动电话支付、固定电话支付、数字电视支付四类业务[①]，互联网支付是网络支付中的一类。

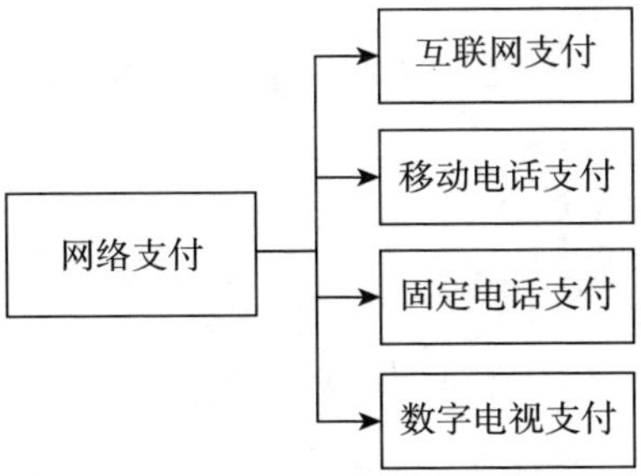

图 7.19　网络支付分类

① 参见中国人民银行《非银行支付机构网络支付业务管理办法》，中国人民银行以列举方式将网络支付业务界定为以上四类。

按照中国人民银行《非银行支付机构网络支付业务管理办法》的界定，“网络支付业务是指收款人或付款人通过计算机、移动终端等电子设备，依托公共网络信息系统远程发起支付指令，且付款人电子设备不与收款人特定专属设备交互，由支付机构为收付款人提供货币资金转移服务的活动”。网络支付业务的主要特点包括：（1）基于互联网而不是金融专网；（2）使用通用机具（电脑、手机）而不是专用设备。在网络支付中，用户依托开放的互联网或通信网发起支付指令，较之于金融专网会面临更高的信息传输和身份认证风险，但相应地可获得更为便利的业务体验。

依照生成和传输支付信息所依托的通信网络和机具不同，网络支付被进一步细分为互联网支付、移动电话支付、固定电话支付和数字电视支付四类。其中，固定电话支付和数字电视支付分别使用固话通信网、广电数字网传输信息，费用计入固话账单或电视费，现在已基本不再使用。移动电话支付主要包括短信支付和 NFC 支付（不含手机扫码支付），短信支付通过移动通信网传输信息、计入手机话费，现已基本不再使用；NFC 支付因用户习惯在我国不是主流支付技术路线，但在欧美日等地区较为流行。除此之外，一切基于互联网的支付方式都被归入互联网支付的口径之中，互联网支付、特别是基于移动互联网的扫码支付在我国占绝对优势地位，是最为主流的支付方式。

7.3.1 互联网支付的发展逻辑、历程与现状

（1）互联网支付的发展逻辑

第三方互联网支付伴随网络零售的兴起而产生。网络零售商面临两大交易“痛点”，即在线支付中的信用风险和支付渠道难题。与传统线下交易一手交钱、一手交货不同，线上交易是异步交易，付款和收货时空分离，这产生了信用风险：买家付款不一定能收到货、卖家发货不一定能收到款。这产生了新的金融业务需求，迫切需要第三方居间提供信用担保服务，作为资金托管人解决异步交易中的信用难题。为此，支付宝开创了担保交易业务模式，作为淘宝交易平台的“挂件”，既帮助淘宝交易平台解决了信用问题，

也实现了自身的快速发展。

就支付渠道而言，零售网站不可能逐一对接所有的 3823 家银行[①]的网银接口。小型电商网站通常只能对接 3 ~ 5 家大型银行的支付接口，淘宝、京东等大型电商平台也只对接 20 ~ 30 家主要银行的网银接口，再多的话将难以维护。此时，中小银行的持卡人可能无法直接使用网银渠道在电商网站购物。为此，支付宝开创了快捷支付（早年间称“支付宝卡通”）业务，逐一和银行特别是中小银行对接、建立支付通道，作为小银行持卡人和电商平台之间的资金桥梁。在快捷支付业务模式下，电商网站只要与第三方支付机构建立接口，就可以接受众多银行账户的支付，而不必自行与银行逐一对接、不必关心背后的技术细节，这极大地降低了电商网站的开发和运维成本。对于客户特别是偏远地区客户而言，即使在小型的农商行开户也可以平等地享受到在线支付服务，这实现了金融服务的普惠性。

注：2022 年 7 月京东商城的网银支付接口选项。在京东平台上，使用网银渠道时只有 26 家银行可供选择，其他银行的客户必须通过第三方支付渠道付款。

图 7.20　京东商城网银支付接口选项

① 截至 2022 年 7 月的数据。

据商务部数据，2021 年上半年，我国网上零售额达 6.11 万亿元，同比增长 23.2%。其中实物商品网上零售 5.03 万亿元，同比增长 18.7%，占社会消费品零售总额的比重为 23.7%。重点监测网络平台店铺数量达到 2152.5 万家，其中实物店铺数量 1066.7 万家。网络零售业务的持续蓬勃发展，为互联网支付的发展提供了持续不竭的动力。

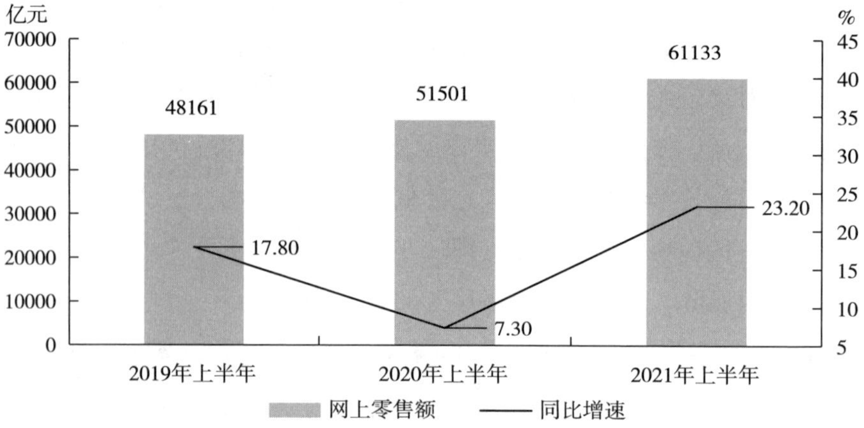

注：原始数据来源于国家统计局，转引自商务部《2021 年上半年中国网络零售市场发展报告》。

图 7.21　我国网上零售额及同比增速

（2）互联网支付的发展历程

在发展历程上，互联网支付行业大致可划分为初创、发展、成熟三个阶段。

①初创阶段：1998—2005 年

1998—2005 年，以首信易、快钱、支付宝、财付通为代表的第一批第三方支付机构成立，为线上支付提供渠道，成为互联网支付发展的起点。

早期，客户通过银行网银渠道进行支付存在客观上的困难，如电商网站只开通 A 银行的支付网关，但客户的银行卡属于 B 银行，想购物只能再去办理一张银行卡并存入款项。此外，早期网银操作烦琐，失败率高。为此，支付机构在线下零售商店、报刊亭销售支付账户充值卡，客户可以在线下购卡，刮开密封区获得卡密后在网站充值到自己的支付账户中，并使用支付账户在线购物；或者通过客户的网银充值，再在电商网站购物。这是互联网支付机构的萌芽形态。

②发展阶段：2005—2015 年

2005 年后，电子商务进入快速发展期，带动第三方互联网支付的快速发展。2003 年 5 月，淘宝网创立；2005 年，阿里巴巴获得雅虎 10 亿美元注资，同年在网络零售市场击败 eBay 获得我国 60% 以上市场份额。2004 年 1 月，京东开始涉足网络零售业务；2005 年京东关闭所有线下店铺，全面转型成网络电商，日订单处理量突破 500 单。电商营业额的快速攀升极大地带动了互联网支付的发展，行业进入快速发展期。特别是 2010 年支付宝和工商银行、建设银行、中国银行合作，在银行发行的银行卡中添加"快捷支付"功能，极大地简化了支付流程，改善了支付体验。

互联网支付伴随电子商务的发展而急速发展，与此同时，行业发展不规范、支付乱象频发的问题也逐步暴露出来。彼时，互联网支付作为新兴支付业态而尚未纳入监管，同时也没有合法的法律地位。2010 年，中国人民银行发布《非金融机构支付服务管理办法》，这一方面赋予了非金融支付机构从事支付业务的合法身份，另一方面引入了"支付牌照"制度，有了规范了非银支付机构行为的抓手。

2011 年，支付宝推出条码支付（Barcode Pay），开创了一类全新的支付方式，大幅降低了支付门槛和机具成本；2015 年，微信支付开创社交红包玩法，开创了一类全新的支付场景，大幅增加了互联网支付绑卡用户，极大地提升了互联网支付渗透率；2015 年，美团收购大众点评，凭借渠道优势逐户"扫街"，O2O 业务大规模爆发，成为新的互联网金融支付场景；2015 年，支付宝和微信支付通过大规模补贴的方式推广自己的线下收款二维码，条码支付逐步成为最主流的支付渠道。这是互联网支付快速发展的黄金年代。

③成熟阶段：2015 年至今

自 2015 年后，互联网支付市场基本成熟，市场格局稳定，支付工具和支付场景也再未出现革命性变化。支付行业成为红海市场，各家第三方支付机构进入存量竞争状态，凭借低价相互竞争，行业利润率持续下降，支付机构优胜劣汰，小型支付机构不断出局，市场越发向几大主流支付商集中。

（3）互联网支付的发展现状

我国网络支付特别是互联网支付规模持续快速增长。据中国人民银行数据，2021 年非银行支付机构处理网络支付业务 10283 亿笔，同比增长 24.3%；金额 355 万亿元，同比增长 20.7%。网联清算平台处理业务 6827.6 亿笔，同比增长 25.7%；金额 461.5 万亿元，同比增长 32.3%；日均处理业务 17.71 亿笔，金额 1.26 万亿元。我国网络支付，特别是互联网支付的业务笔数、资金规模、办理效率和成本优势均处于全球领先地位。

目前，我国互联网支付市场的主要参与者较多，分化明显。在线上渠道，支付宝、财付通（微信支付）处于行业头部，二者以母公司的业务场景为依托，领衔第一梯队。在第二梯队中，银联在线（银联云闪付）、美团支付、京东支付、中国移动（和支付）、壹钱包、快钱、易宝支付等在各自细分领域具有领先优势。

在线下渠道，互联网支付主要以条码支付的形态存在，这与前一节所讲的条码收单业务高度重合，是买卖双方的“一体两面”，不再赘述。

注：转引自艾瑞咨询报告。

图 7.22　线下互联网支付暨收单产业图谱

7.3.2　互联网支付的业务模式

根据第三方支付平台在交易过程中的功能定位，可以将第三方支付分为两种模式，即支付网关模式和“支付网关 + 支付账户”模式。

（1）支付网关模式

在支付交易过程中，银行内部数据通信使用金融专网，客户外部网络使用互联网，两类网络相互隔离。为此，需要在金融专网和互联网之间搭建一个通道作为安全屏障，这类似于一个“关卡”，故称为“支付网关”（Payment Gateway）。支付网关位于互联网和金融专网之间，起到隔离和保护金融专网的作用。在支付网关模式下，第三方支付平台扮演着“通道”的角色，并不涉及银行的支付和清算，只是传递了支付指令。

在该模式下，第三方支付网关集成不同银行的网银接口，为电商网站提供统一的支付接口和结算对账等业务服务，商户和消费者只需要使用支付机构的一个平台就可以连接多个银行网关，只通过一点接入即可享受多家银行的互联网支付服务。

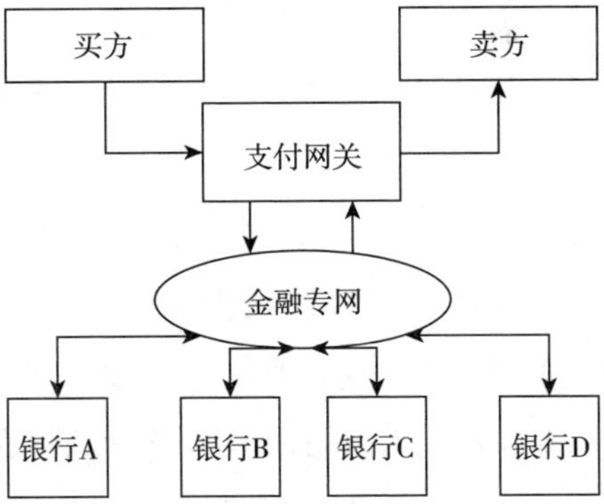

图 7.23　支付网关模式

实务中，支付网关除了对接传统网银渠道、由银行进行鉴权外，还可以在第三方支付机构、银行、客户三方签约基础上，由银行直接认可第三方支付机构的付款指令进行资金划拨。这种操作模式称为“快捷支付”业务，鉴权由第三方机构完成，银行无条件信任第三方机构传来的资金划拨指令，因而操作更为简便，现已成为当前最为主流的互联网支付方式。但这一方式下，银行出于审慎动机通常会设定支付限额，大多在5000～20000元/日。

（2）“支付网关+支付账户”模式

目前，主流的第三方支付机构（如支付宝、微信支付等）不仅为商户提供支付网关集成服务，还为客户提供支付账户，该账户可以与银行账户绑定或对接，客户可以在银行账户和支付账户间互相划拨资金。从银行账户转至支付账户称“充值”，从支付账户转至银行账户称“提现”。在“支付网关+支付账户”模式下，客户的网上支付交易既可以通过网关由银行账户付款，也可以使用支付账户余额付款；支付交易既可以在支付账户与银行账户之间完成，也可以在双方的支付账户之间完成。

支付账户模式具有突出的优点：

①降低支付网关负载，提升支付稳定性。在使用支付网关付款时，第三方支付机构需要和银行网银系统建立链接，在高并发、大负载条件下可能会出现网关拥堵。例如，早年间淘宝网“双11”购物活动高峰期，使用快捷支付付款时常出现网关系统排队、支付失败的情形。为此，支付宝鼓励用户优先使用账户余额支付，此时付款流程在支付宝自身系统内部完成，支付成功率将有显著提高。

②减少第三方支付机构向银行支付的“通道”费用。当资金在支付账户和银行账户之间划转时（如账户余额提现至银行卡），第三方支付机构需要向银行支付通道费，费率通常为1‰；而使用余额账户支付时，资金流动在第三方支付机构系统内部完成，并不涉及与外部银行间的资金流动，因而不必向银行支付费用，这降低了第三方支付机构的业务成本。

③可以解决交易中的信息不对称问题。这是支付账户模式最为突出的优点。第三方支付机构可以在网上零售过程中居间提供担保服务，买家支付的资金先行冻结在支付账户中，在交易完成、双方没有争议时才被支付给卖家。这种“担保交易”业务极大地促进了网上交易的发展。

专题7　支付宝与快捷支付的产生

2010年之前，支付宝入金渠道只有网上银行（极早期还有少量线下销售的充值卡），使用先网银充值、后消费的方式实现在线支付。但淘宝平台后台交易数据监测发现，购物支付失败率非常高，只有60%的网银交易能够支付成功。原因在于，彼时银行网银渠道操作烦琐，需要安装安全控件、下载写入数字证书，要求使用特定的IE浏览器版本，在其他内核的浏览器（如Chrome或Firefox）上无法正常使用，还需输入冗长的银行卡号，须使用U盾或动态密码器鉴权。支付的高失败率成为淘宝平台发展的桎梏，为此，支付宝迫切需要寻找提高支付成功率的方法。

2010年，支付宝卡通（默认开通快捷支付的支付宝联名银行卡）功能上线。支付宝最早与建设银行和中国邮政储蓄银行合作，发行联名银行卡建行“支付宝龙卡”和邮储“淘宝绿卡”，开通时默认签订代付协议，支持网上支付功能。使用开通卡通（快捷支付）功能的银行卡时，银行信任支付宝给出的付款指令，收到支付指令后即付款，而不必经由网上银行验证鉴权，甚至不必开通网银功能。单笔支付限额5000元，足以满足淘宝日常购物需求。

图7.24　支付宝联名银行卡（支付宝卡通）

2010年底，支付宝快捷支付功能上线，“卡通”功能与“快捷支付”合并，称为“快捷支付”（含卡通）并沿用至今。支付宝通过和银行逐家谈判、逐一对接的方式，建立支付端口，使银行客户在三方签约后可以享用快捷支付功能。由于该功能广受好评，深受用户和小银行的青睐，因而推广迅速。截至2011年6月，支付宝在半年时间内完成约120家银行的对接，在淘宝平台的支付成功率也提升至95%以上。

7.3.3 互联网支付的发展前瞻

过去20年，伴随互联网用户数和使用场景的持续发展，第三方互联网支付业务经历了长期、持续的增长。目前，我国移动互联网渗透率已经达到较高水平，据《中国移动互联网发展报告（2021）》数据，我国手机网民规模已达到9.86亿人，支付机构虽在努力推动业务与客群的进一步下沉，向三、四线城市和乡镇拓展业务，开发长尾市场，但用户新增潜力已然不多。在支付场景上，除早期社交红包和“宝宝类”货币市场基金外，2016年后再无重大产品创新，条码支付也逐渐完成全面覆盖，增量空间逐步收窄。目前，互联网支付行业已成为红海市场，竞争白热化，价格和利润率持续走低。

面向未来，互联网支付行业主要通过“开源”“节流”两方面提升自身盈利水平。在“开源”方面，支付机构和产业互联网结合，通过“互联网+”模式赋能传统行业，分享传统行业的支付需求增量，并开发增值业务。支付机构以支付解决方案为切入点，面向不同规模、领域、行业的企业，提供支付、财务管理、资金管理、市场营销、金融信贷等一体化解决方案。同时，运用自身在支付业务中掌握的企业和行业信息，串联物流、信息流、资金流，帮助企业在产业集群内网络化协作，推动传统线下行业完成互联网转型和数字化升级，并从中获取增值服务利润。例如，纵向来看，支付机构掌握产业链上下游交易与服务信息，可以将资金流与信息流数据聚合，提供收单、代收代付、供应链金融业务；利用自身数字化优势，帮助客户对供应链环节进行改造，与供应商共同实现流程优化与协同生产。横向来看，支付机构将区域内或产业集群内资金集中统一管理，为大型集团、商盟、产业园区提供统一的资金账户管理业务，提升整体的资金使用效率。

在“节流”方面，支付机构所属集团母公司尽可能在自身业务生态中旗下自有支付渠道，降低支付手续费支出。目前，头部互联网支付服务商分别隶属于阿里巴巴、腾讯等大型金融资本集团，二者在各自旗下业务中常排除或隐藏竞争对手家的支付服务。例如，在淘宝平台（隶属阿里巴巴集团）购物时无法使用微信支付，在京东平台（腾讯集团为其大股东）购物时无法使用支付宝。对于两大集团均持股的公司（如美团），通常会鼓励客户优先使用自有支付渠道（美团支付），次优使用大股东集团的支付渠道（微信支付），并将小股东旗下支付工具（支付宝、小米支付）折叠隐藏于二级菜单，且只以难以辨别的灰色小字予以提示。此外，其他交易额较高的互联网公司也热衷于建立自有支付渠道，如拼多多建立多多支付、字节跳动建立头条支付。以拼多多的多多支付为例，2020 年拼多多交易规模约 1.67 万亿元，以 0.38% 的手续费计，假设全部使用自有支付渠道，可节约手续费约 63 亿元。

注：图为美团 APP 支付界面。美团支付最为显眼，且可以获得现金优惠；微信支付直接显示；其他支付渠道被折叠入二级菜单，点击灰色小字“展开更多支付方式”时才予显示。

图 7.25　美团 APP 支付界面及其二级菜单

7.4 预付卡业务

按照中国人民银行《支付机构预付卡业务管理办法》的界定，预付卡是指发卡机构以特定载体和形式发行的、可在发卡机构之外购买商品或服务的预付价值。通俗地说，预付卡业务即先行办卡储值、之后凭卡在合作商家刷卡消费的支付模式。需特别强调，只有能在“发卡机构之外”购买商品或服务才能算作预付卡，餐馆、理发店等商家办理的仅限本店使用的储值卡不属于预付卡范畴。

预付卡业务是最为古老的第三方支付业务之一，常用于地铁、公交车、出租车、便利店、网上业务充值等场景。例如，1997 年我国香港地区的港铁公司发行“八达通”卡，最初应用于地铁和巴士公交系统中，之后扩展至便利店、餐厅等众多场景。现在，预付卡通常会和社会保障卡、市民卡相结合，作为一项附加功能嵌入政府统一发放的社保卡或市民卡中，但支付功能由国资控股的支付机构独立运营，用户只需持市民卡到特定服务网点开通支付功能，即可在地铁、便利店等场景实现刷卡支付。

预付卡可以用于线上支付。早期，第三方支付机构发行电子商务类储值卡，在便利店、书报亭等线下场所销售，顾客购买后可以刮开密码栏获得卡号密码，在线或拨打声讯电话、输入账号密码为自己的支付账户储值，之后再凭储值金额在线购物。这种模式可以让没有办理银行卡，或没有开通网上银行功能的客户也能在线购物。例如，支付宝推出预付卡“支付宝卡”，在线下便利店销售，储值入支付宝账户后可以在淘宝、天猫等平台购物时直接使用。实务中，此类线下销售、线上使用的预付卡通常用于请客送礼，很少有自用的情形。在人行强化反洗钱监管、规范预付卡行业后，此类匿名储值卡已不再发行。

预付卡业务在我国还未充分发展便已落幕，目前已鲜有使用。究其原因，第一，条码支付等新兴支付方式发展极快，且在我国没有旧技术、旧设

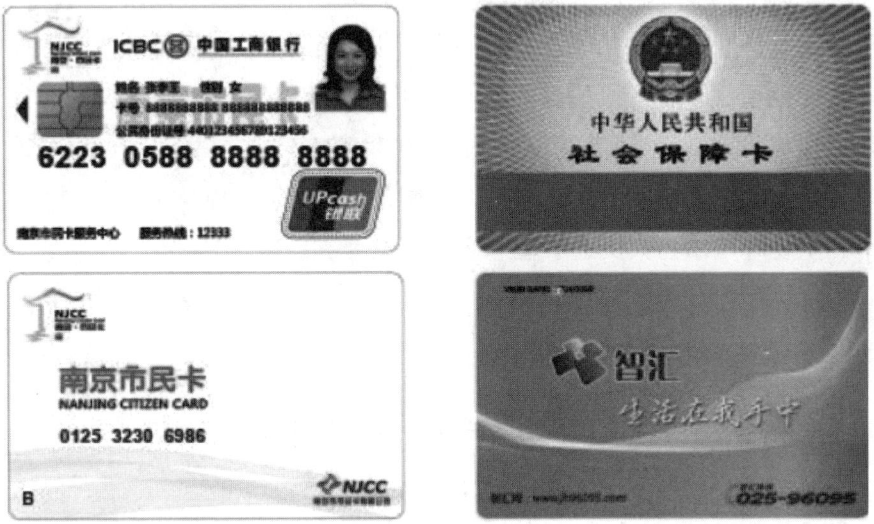

注：上图为南京市民卡 A 卡，集社会保障卡、银行卡、市民卡、预付卡为一体，注意卡片左上角的“南京 · 市民卡”标志及文字；该卡可在地铁站储值，用于公交地铁、便利店等支付场景。下图为南京市民卡 B 卡，只有市民卡及储值支付功能。

图 7. 26　带有预付卡功能的南京市民卡

注：支付宝预付卡在线下便利店购买后可以给支付宝账户充值，资金不计入余额，而是单独在“账户资产—支付宝卡”内，不能提现，资金有效期 36 个月，可付费延长有效期。

图 7. 27　支付宝预付卡

备的沉没成本和用户惯性，这抢占了预付卡的市场份额；第二，预付卡常被用于洗钱、行贿等不法活动，因而受到严厉监管，政策面并不鼓励；第三，曾多次发生预付卡发行机构挪用资金、资金链断裂导致客户受损失的案例，用户信任脆弱。多因叠加，预付卡业务在我国支付业态中已处于边缘地位。目前，通常由国资控股的支付机构在省域范围内发行与实名市民卡绑定的预付卡，主要应用于公共交通、便利店等领域。

专题8　上海畅购风险事件

上海畅购企业服务有限公司是一家持牌预付卡业务服务商，发行的“畅购一卡通”可在合作商家处刷卡消费，业务涵盖上海、江苏、浙江、安徽、山东等省份。2014 年 12 月，多地畅购合作商户没能从畅购处拿到结算回款，于是不再受理客户持畅购卡前来消费。2015 年 1 月，央行上海总部对畅购执法检查发现，畅购存在严重经营违规问题，造成资金周转困难，无法及时完成对特约商户的资金结算，影响了持卡人的正常消费。单在宁波一市，受影响资金规模就在 4 亿元以上。

7.5　第三方支付重要监管政策

近年来，我国第三方支付行业监管政策逐步完善，发展日益规范。重要的监管政策主要包括如下几条。

7.5.1　牌照管理

2010 年 6 月，中国人民银行印发《非金融支付机构支付管理办法》，对第三方支付业务实行牌照管理，机构需先行取得相应支付牌照才能开展业务。2011 年 5 月，央行颁发首批牌照，支付宝、快钱、拉卡拉等 27 家支付机构获得牌照；随后，央行在 2011 年 8 月（13 张）、2011 年 12 月（61

张）、2012 年 6 月（95 张）、2013 年 1 月（26 张）、2013 年 7 月（27 张）、2014 年 7 月（19 张）再行颁发多批牌照，七批次及零星颁发共 268 + 3 张支付牌照。[①] 目前，收单业务牌照已不再批量新增，央行按照“合规一家、审批一家”的原则零星颁发牌照，并加强了对支付业务的监管治理力度。

支付牌照有效期 5 年，到期后需申请续展。在审核中，大量支付机构的牌照主动或被动地注销、调减业务范围。至 2022 年 7 月，牌照注销 68 张，剩余有效 203 张。牌照本身不得买卖转让，但可以通过收购持牌公司的方式间接转让，互联网支付全国牌照协议转让对价 3 亿 ~5 亿元。[②]

施行牌照管理有利于加强企业自律，促进行业优胜劣汰。牌照会产生自我监管效应：牌照稀缺且值钱，因而当违规所得收益低于牌照价值时，支付机构就没有动力去违规，因为被吊销牌照的风险会让违规操作得不偿失。另一方面，如果收单机构经营绩效不佳，对股东和实控人来说“干不好不如卖掉牌照”，这促进了行业的优胜劣汰，使低效企业自然出清。

7.5.2　切断直连

所谓直连，是指第三方支付机构一端对接商户和用户、一端对接银行，以“客户—三方机构—银行”的形式直接将上下游连接起来。在这一模式下，第三方支付机构直接向银行传输支付指令，支付信息无法被监管部门获取，因而难以遂行反洗钱等金融监管。2017 年 3 月，非银行支付机构网络支付清算平台（网联平台）启动试运行；2017 年 8 月，央行印发《关于将非银行支付机构网络支付业务由直连模式迁移至网联平台处理的通知》，明确要求“自 2018 年 6 月 30 日起，支付机构受理的涉及银行账户的网络支付业务全部通过网联平台处理”。在网联平台清算模式下，支付信息经由网联平

---

① 2012 年 8 月，央行向青岛百达通公司发放一张预付卡发行与受理（青岛市）牌照；2015 年 3 月，央行向广东广物电子商务有限公司发放一张预付卡发行与受理（广东省）牌照；2017 年 6 月，央行向传化支付有限公司颁发一张互联网支付牌照。统计截至 2022 年 7 月。

② 2021 年，浙江小商品城集团以 4.493 亿元对价收购海尔金控旗下海尔网络科技有限公司，获得互联网支付全国牌照。

台传输、资金经网联平台清算，从而使央行有了金融监管的切入点和抓手，有效履行了防范电信诈骗、反洗钱的监管职能。

7.5.3 备付金全额上缴

第三方支付机构会结余客户沉淀资金，这部分资金称为“备付金”。备付金的所有权属于客户，但不以客户本人名义存放在银行，而是以支付机构名义存放在银行，并且由支付机构向银行发起资金调拨指令。早期，第三方支付机构在商业银行开立的备付金账户可以结算利息。2016 年国务院办公厅印发《互联网金融风险专项整治工作实施方案》（国办发〔2016〕21 号）规定：“客户备付金账户应开立在人民银行或符合要求的商业银行。人民银行或商业银行不向非银行支付机构备付金账户计付利息①，防止支付机构以‘吃利差’为主要盈利模式，理顺支付机构业务发展激励机制，引导非银行支付机构回归提供小额、快捷、便民小微支付服务的宗旨。”此后，虽然备付金存款不计付利息，但第三方支付机构可以以备付金为筹码和商业银行协商支付通道费率，通常可将通道费压降至1‰左右。

在实务中，第三方支付机构有动机挪用备付金，用于购买理财产品或从事高风险投资，这潜藏金融风险，危及客户资金安全。② 一方面，银行作为商业性机构只能按照第三方支付机构的指令划拨资金，既无法识别资金划拨是正常提款还是挪用备付金，也没有权限和立场阻止资金的划拨。另一方面，第三方支付机构将备付金在多家银行开立账户分散存放，最多的甚至开立备付金账户达 70 个，巨额资金分散存放既为金融监管带来困难，也对第三方支付机构自身的风险管控带来困难。

---

① 特别强调，2016 年后备付金账户不计付利息，新闻媒体报道的第三方支付机构通过备付金利息“躺着赢利”均为臆想。另补充，备付金账户的存款不计入一般存款，银行业不必向央行缴存存款准备金。

② 2014 年 11 月，中国人民银行上海总部对上海畅购企业服务有限公司实施突击检查，发现其存在挪用备付金的问题；12 月 12 日，畅购卡遭商户大面积停止受理。畅购风险事件造成资金风险敞口 7.8 亿元，涉及持卡人 5.14 万人。2016 年 1 月，中国人民银行注销畅购公司《支付业务许可证》。

针对此，2017 年 1 月中国人民银行印发《关于实施支付机构客户备付金集中存管有关事项的通知》，要求对备付金实施集中统一存管。2018 年 6 月，印发《关于支付机构客户备付金全部集中交存有关事宜的通知》，要求按月逐步提高支付机构客户备付金集中交存比例，到 2019 年 1 月 14 日实现 100% 集中交存，交存基数为上月客户备付金日均余额。2019 年 1 月 14 日后，所有第三方支付机构的备付金均需要全额存入其所在地中国人民银行分支机构开立的“备付金集中存管账户”中，原来在商业银行开立的备付金账户需销户停用。再后来，响应第三方支付机构呼声，中国人民银行自 2020 年 1 月起对备付金按 0.35% 年利率计息，按季结息，但另从中扣 10% 作为非银支付行业保障基金。

中篇

金融支付技术方案

第8章　移动远程支付技术方案

按技术特点划分，支付可分为固定支付和移动支付。固定支付依赖于固定位置的主机，例如台式电脑、ATM或银行网点柜台；移动支付则通过便携设备实现支付功能，可以随时随地完成支付操作。严谨地定义，移动支付（Mobile Payment）是用户使用移动终端实现不同账户间资金转移或支付的行为。常用的移动终端包括智能手机、可穿戴设备（如智能手环）等。

在移动支付范畴下，又可分为远程支付和近场支付两种技术。远程支付指移动终端通过无线通信网络接入，直接与后台服务器进行交互以完成交易处理的支付方式。远程支付特点是，移动终端在线发送支付指令，用户可以不在交易现场，因而特别适用于网上交易、非现场交易的情形。近场支付是通过移动终端、利用近距离通信技术和受理终端实现信息交互，在交易现场以联机（联网、与远端服务器交互）或脱机（不联网、不与远端服务器交互）方式完成支付的支付方式。近场支付特点是，支付在线下交易现场完成，允许脱机支付，因而适用于无网络覆盖的场景，但在脱机情形下支付鉴权在本地完成，虽简便快捷但安全性较低，通常只用于小额、高频场景，账户作为Ⅲ类账户监管。需要强调的是，远程支付与近场支付的划分主要基于是否需要现场受理终端的参与：远程支付完全由用户设备独立在线完成，不需要任何现场受理终端的参与；近场支付需要现场受理终端（如扫码器、NFC感应器）的参与，因而必须在现场才能支付。由此，“远程”“近场”并不完全取决于“距离”因素，如蓝牙5.0技术覆盖范围可达300米，但由于需要依靠蓝牙接收器或通过蓝牙网关接入远端服务器，仍然归属于近场支付范畴。

当前主流的远程支付技术方案主要为基于手机 APP 的移动互联网支付，例如使用手机网银或支付宝 APP 转账、缴费等，或淘宝、美团等 APP 购物时在线付款。早期的技术方案还包括话音支付、短信支付、移动网页支付等。常见的近场支付技术方案主要包括条码支付、RFID、NFC、蓝牙、生物识别等，早期的技术方案还包括红外支付、声波支付、光闪付等。

第 8 章和第 9 章关注于移动支付所依赖的底层技术，第 8 章介绍远程支付的技术方案，第 9 章介绍近场支付的技术方案。

8.1 移动远程支付技术基础

移动远程支付依托于移动通信技术及通信网络，因而需要先行科普移动通信相关技术知识。本节内容为选读，可作为科普性知识，对于深入理解移动支付技术选型有所帮助，但不作为课程要求。

8.1.1 无线通信技术基础

（1）模拟信号与数字信号

信号可以使用两种方式传输，即“模拟信号”和“数字信号”。

模拟信号使用电压的波动来模拟真实物理信息，例如使用电压来模拟声波的震动：麦克风将声音（空气的震动）转换成连续波动的电压信号，声音大时电压大、声音小时电压小。声音响度渐强，则电压逐渐升高；反之，声音响度渐弱，则电压逐渐降低。

数字信号只使用高电位（1）和低电位（0）来传递信息。系统事先设定一个阈值，例如0.5，当输入信号大于0.5 时，系统一律将其认定为1；反之，当输入的信号值小于0.5 时，系统一律将其认定为0。

任何形式的信号在传输中都难免受到干扰，传输距离越强则信号失真越严重。对于模拟信号而言，在长距离传输时会受到质量损失，例如某时刻信号电压由 0.3 下降至 0.2，这种信息失真难以避免且无法复原。而对于数字信号而言，由于信息只有 0 和 1，少量的波动并不影响对信息的识别，例如某时刻电压由 1 下降至 0.9，系统依然将其认为是高电位（1），并且可以通过添加中继器恢复至 1 的水平，因而数字信号在远距离传输时有更好的保真特性。

模拟信号和数字信号可以相互转换，这通过数模转换器（DAC）和模数转换器（ADC）实现。可以证明，任何模拟信号波形都能以数字方式（及其叠加态）表示出来，这通过傅里叶变换方法实现。因此，不必担心遇到无法使用数字信号方式传输的信息。

（2）调频与调幅

使用无线电传输信息时，首要问题是如何在电磁波上加载信息。与任何波一样，电磁波也有两个主要参数，即“振幅”和“频率”。振幅即振动的幅度，频率即每秒钟振动的次数。自然而然地，信息可以通过改变电磁波的振幅或频率两种方式加载在波上传输。将信息加载在电磁波上的过程，称为“调制”；从电磁波中解译出原始信息的过程，称为“解调”。实现调制解调的设备称为“调制解调器”（Modem），俗称“猫”。

以振动幅度的方式传输信息，称为“调幅”（AM），这一方法使用电磁波的振幅大小来传输信号。原始信号大，则加大电压，发射出振幅更大的电磁波；原始信号小，则降低电压，发射出振幅更小的电磁波。接收方将这一过程反过来，通过电磁波的振幅解译出电压信息，获得原始信号。但电磁波在传输中会逐渐衰减导致振幅减弱，且可能受到干扰，这使传输的信息容易出现失真。目前，调幅传输通常只用于广播、近距离对讲机等少数领域。

以频率变化的方式传输信息，称为“调频”（FM），这一方法使用电磁波的振动频率来传输信号。原始信号大，则发出频率更高的电磁波；反之，则发出频率更低的电磁波。波的频率在传输时不会发生改变，因而无论传输距离多远、能量如何衰减，只要接收方能够收到信号，则频率必然是与发出时相同的，这保证了调频信息不易受干扰，具有高保真的特性。

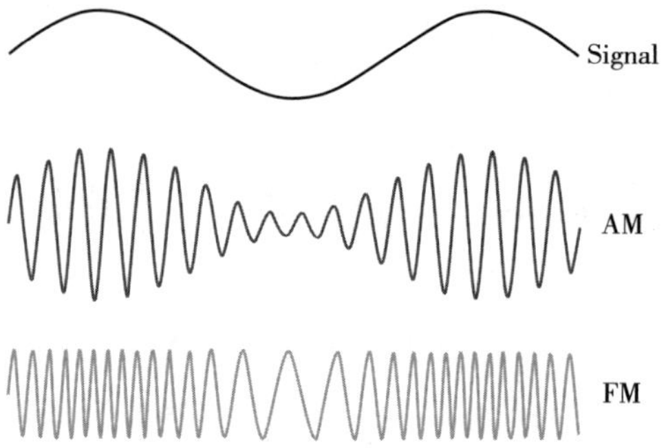

注：Signal 为待传输的原始信息，AM 为调幅信号，FM 为调频信号。

图 8.1　调幅与调频的波形示意图

调频通过频率变动加载信息，收发双方要监听相同的频率范围，故将全频道划分为不同的“频段”，双方在同一个频段中通信，频段的上下界限称为“带宽”（Bandwidth）。例如，Wi-Fi 工作在 2.402 ~ 2.483 千兆赫兹的频率范围内，这段范围被划分为 14 个信道，1 号信道可使用 2.402 ~ 2.422 千兆赫兹的频段，信号收发双方在这 20 赫兹的带宽范围内加载信息。[①] 带宽越高，单位时间内能够传递的信息越多，通俗地说就是网速越快。但是为了有更大的带宽，需要使用更高频率的频段[②]，而频率越高，电磁波穿透性越弱，更易被物体阻挡而导致信号衰减。例如，5 千兆赫兹 Wi-Fi 工作在 5.170 ~ 5.835 千兆赫兹的频率范围内，每个信道可以划分到 40 赫兹的带宽，网速更快但信号覆盖范围更小。

（3）多址技术

无线通信时，有大量的用户同时发射信号，电磁波相互混杂叠加在一起。这产生了信号识别难题：很多人一起说话，如何听清楚每个人在说什么？从混杂叠加的信号中分离识别出单个用户的信息，就要依赖于多址技

① 需要补充说明，Wi-Fi 的不同信道间频率有重叠。

② 可以形象地类比理解为，如果道路有 4 车道，那么只能划给你 1 条车道运输信息；但如果道路有 8 车道，那么可以划给你 2 条车道来同时运输信息。

术，具体而言包括频分多址（Frequency Division Multiple Access，FDMA）、时分多址（Time Division Multiple Access，TDMA）和码分多址（Code Division Multiple Access，CDMA）技术。

①频分多址（FDMA）

频分多址技术以频率来划分不同的用户，这是最符合直觉的划分方式。用户分布在不同的频段上，每位用户独占一个频段，不同用户以频率作为区分。例如，无线广播就是使用频分多址技术，每个电台频道占用一个频段。在移动通信领域，1G 时代也使用频分多址技术，当用户需要通信时，系统申请一个频段由用户独享占用，待通信结束后释放此频段，留待给其他人使用。频分多址技术的弊端在于，电磁波存在同频干扰现象，因而不同用户的频段需要拉开间隔。当大量用户需要同时通信时，很容易占满整个可用频段，因而无线通信系统容量有限。

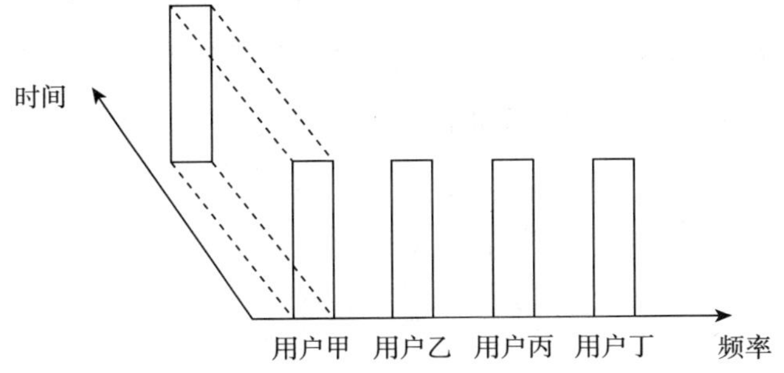

图 8.2　频分多址技术

②时分多址（TDMA）

时分多址技术在频分多址的基础上引入“时隙”的概念，在同一个频段内将时间划分为时隙，以占用的时隙轮次来区分用户。形象地说，时分多址技术就是多个用户在同一个频段内“轮流发言”，每人只进行微秒级的通信[①]，各个用户都把握好时间，按顺序交替通信，如此循环往复。各用户占

① 例如，中国移动的 3G 技术 TD－SCDMA 的时隙平均长度为 478 微秒。

有的时隙不会重复，且相互间留有空白时间用作保护。由于人类的反应相对于电子系统来说太慢了，快速切换的信息在人类看来就像连续的一样，因而在宏观尺度上人类感觉不到通信出现了间断。对此，可以类比于电影来理解：电影以每秒60帧的速度显示静态画面，但看起来就像连续的图像。同理，时分多址技术以每秒超过2000次的速度开启和暂停通信，在人类看起来就像通信从未中断一样。需要补充的是，时分多址与频分多址并不矛盾，时分多址是在频分多址基础上的进一步演进，是在以频率划分信道的基础上，再在同一个频率内划分时隙。

时分多址技术大幅提升了频段利用率，极大地缓解了频段不够用的问题。时分多址技术的缺点在于，通信设备需要保持极高的时间精确度，这样才能确保双方时间同步、节拍一致，这要求有可靠的授时源来保证时间同步，因而技术方案较为复杂。失去授时源，通信系统通常只能维持不超过72小时的可靠运行，再久就可能因为各设备时钟不同步而无法通信。例如，中国电信2G采用的CDMA方案使用美国GPS卫星进行高精度授时，曾于2010年1月13日受GPS卫星系统升级影响而导致全国CDMA网络告警。

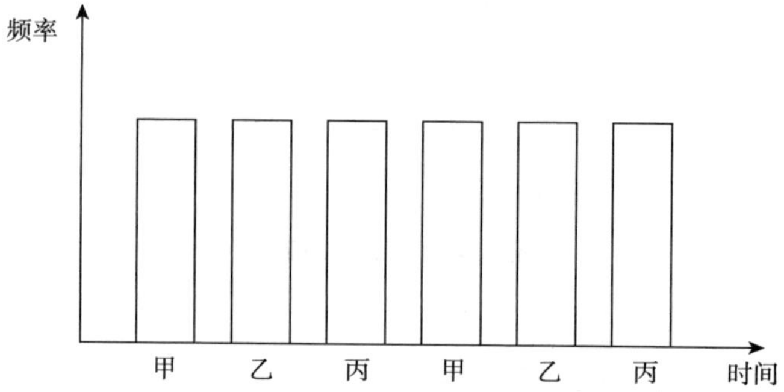

图8.3　时分多址技术

③码分多址（CDMA）

码分多址技术在“频分”“时分”的基础上，进一步引入“码”的概念。首先给出直观的近似理解：想象很多人在一个大厅里一起聊天，有两人说汉语、两人说英语、两人说法语、两人说日语……所有声音混杂在一起。虽然每个人都听到混杂的声音，但仍然可以从中轻易地识别出发给自己的信息，能听懂就对了！与这一思想类似，码分多址技术中使用“码”来区分用户，收发双方使用一组互相匹配的“码”，只有双方码互相匹配，才能从大量混杂叠加的电磁波中识别解译出正确的信息；否则，虽然能够收到电磁波，但无法解码，也就无法正确解译其中的信息。

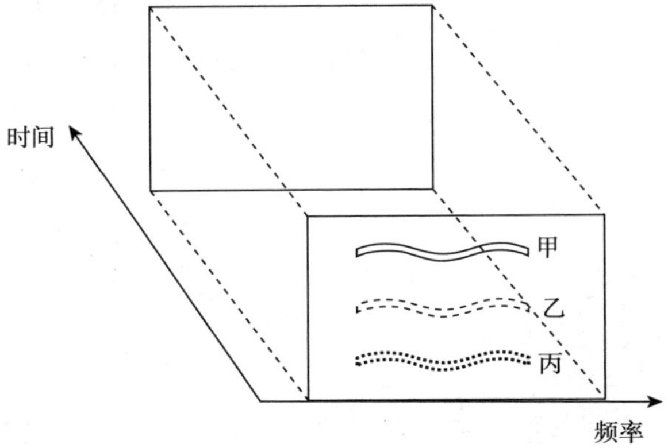

图 8.4　码分多址技术

“码”的实质是一组组成对正交的随机向量。实践中存在多种编码方案，CDMA2000（中国电信的 3G 制式）技术使用 Walsh 码、TD－SCDMA（中国移动的 3G 制式）和 WCDMA（中国联通的 3G 制式）使用 OVSF 码，华为主导的 5G 技术使用 Polar 码，等等。

专题 9　海蒂·拉玛与 CDMA 技术的缘起

海蒂·拉玛（Hedy Lamarr，1914 年 11 月 9 日至 2000 年 1 月 19 日）是好莱坞女演员、发明家，提出的“跳频技术”为 CDMA、Wi－Fi、蓝牙等技术奠定了基础，被誉为 CDMA 之母。

海蒂·拉玛的第一任丈夫是一位德国军火商。德军在第二次世界大战中遇到一个问题，潜艇在通过无线电操控鱼雷时，遥控信号很容易被相同频率的信号干扰，从而导致鱼雷偏离目标。拉玛从丈夫处听闻后，联想到自己曾在 1926 年《机械芭蕾》电影中见过的 16 架自动演奏钢琴（类似八音盒）同时连弹的原理，提出可以在鱼雷的接收器和潜艇的发射器上安装相同编码的滚筒（类似八音盒中的滚筒），让二者保持同步转动，就可以同步地、不停地改变无线电信号频率。通过这种方案，无线通信的频率可以在较宽的范围内跳变，因而被称为“跳频技术”。收发双方只要保持一致，就能正常实现通信，而对干扰方或窃听方来说，这种跳动的信号看起来像是脉冲噪声，如果不知道频率跳变的规律，也就无法进行干扰或截获。跳频技术于 1942 年在美国获得发明专利。

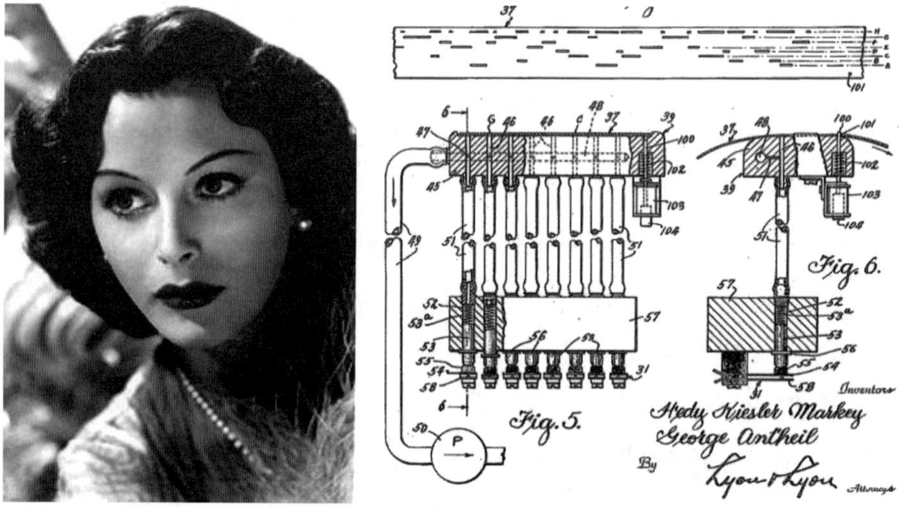

注：左图为码分多址技术发明者海蒂·拉玛；右图为其设计的跳频技术方案工程原理图。

图 8.5　码分多址发明者及跳频技术方案原理图

8.1.2　通信制式演进历程

（1）1G 通信技术

远程支付依托于移动通信网络。1984 年，美国摩托罗拉实验室的马丁·

库帕（Martin Cooper）团队开发出第一代移动通信技术（1G），使用模拟信号、基于频分多址技术进行语音通信。很快，美国建立高级移动电话系统（AMPS），英国建立全接入通信系统（TACS），欧洲、俄罗斯等建立北欧移动电话系统（NMT）。1987 年，我国广东省建设 900MHz 移动通信网，“大哥大”逐步在我国风靡。1G 技术覆盖质量差，抗干扰性差，保密性差，网络容量低、无法适应大容量业务。

注：图为马丁·库帕和他的团队发明的第一代移动电话。

图 8.6　第一代移动电话及其发明者马丁·库帕

（2）2G 通信技术

1995 年，第二代移动通信（2G）技术逐步成熟。2G 不是一种通信技术，而是一代技术，最为主流的包括美国高通公司主导的 CDMA One（IS－95）技术和欧洲主导的 GSM 技术。此外还有若干未能大规模商业化的边缘技术，如美国 D－AMPS、日本 PDC 等。我国同时建立了 CDMA 和 GSM 两种主流技术的 2G 通信网络：早期，中国联通建设 CDMA 网络，中国移动建设 GSM 网络；随后，中国联通额外建立了一张 GSM 通信网，同时运营 CDMA 和 GSM 两种制式网络；进入 3G 时代后，中国联通的 CDMA 网络被出售给中国电信，由中国电信运营。

2G 实现了由模拟通信向数字通信的跨越。在 2G 通信中，信令和语音信道均为数字式，可以承载低速数据业务，下行传输速率可以达到 15 ~ 20 Kb/s，支持跨网络、跨地域漫游。特别地，2G 时代出现了短信这一划时代功能，允许用户通过移动通信网络传送文本信息。2G 的系统承载量更高，能够比 1G 更有效地利用频谱资源；2G 保密性较强，由于是在信息本身编码后再进行调制，因而很容易引入通信加密技术。

（3）3G 通信技术

2007 年，第三代移动通信技术（3G）逐步成熟。3G 技术在 2G 的基础上进一步演进，以宽带 CDMA 技术为主，数据速率有明显提升。国际电联确定了三类国际标准，即欧洲主导的 WCDMA、美国主导的 CDMA2000 和我国主导的 TD – SCDMA 技术。WCDMA 核心网基于 GSM 技术演进而来，是我国移动、联通 2G 时代 GSM 网络的演进方向。其载波带宽 5MHz，可以支持 384Kb/s ~ 2Mb/s 的网络速率。CDMA2000 核心网基于 CDMA – One 技术演进而来，是联通 2G CDMA 网络（后出售给中国电信）的演进方向。我国主导的 TD – SCDMA 技术由工信部电信科学技术研究院提出，载波带宽 1.6MHz，使用时分双工（Time Division Duplexing，TDD）技术，在支持上下行不对称业务方面具有优势。此外，还有若干未被认定为国际标准的边缘技术，如美国 WiMAX 技术。

3G 实现了移动通信从话音为主向数据为主的转变，自此数据业务占比逐步扩大并最终成为移动通信的主流。但与此同时，3G 通信技术仍然沿用以往的电路交换技术，没有采用纯 IP 通信方式，采用 CDMA 技术，难以达到很高的通信传输速率。此外，3G 时代存在多种国际标准，互相不统一、无法漫游，产业链分散、难以发挥规模优势，导致“做不大赚不多”。

（4）4G 通信技术

4G 技术从一开始就面对 3G 存在的缺陷而针对性研发，在设计之初就是对 3G 标准的“长期演进”（Long Term Evolution，LTE），通过国际协作共同制定目标、确立标准。具体而言，4G 在研发之初订立的目标包括：①显著提升网络速率；②统一技术标准；③技术平滑演进，尽量确保与旧设备、旧标准间的兼容性。4G 的主要演进方向有两个，时分长期演进 TD - LTE 和频分长期演进（FD - LTE）。

4G 技术引入了大量新功能、新技术方案，具有代表性的诸如多用户多入多出 MU - MIMO、波束成形 Beamforming 等。多入多出 MIMO 技术通过在基站和设备上布局多对天线，同时使用多个天线发射、接收信号，可以达成多倍的通信速率。波束成形技术可以让天线阵列定向发送和接受信号，使某些空间方向的信号获得相长干涉，从而改善信号覆盖范围、提升通信质量。

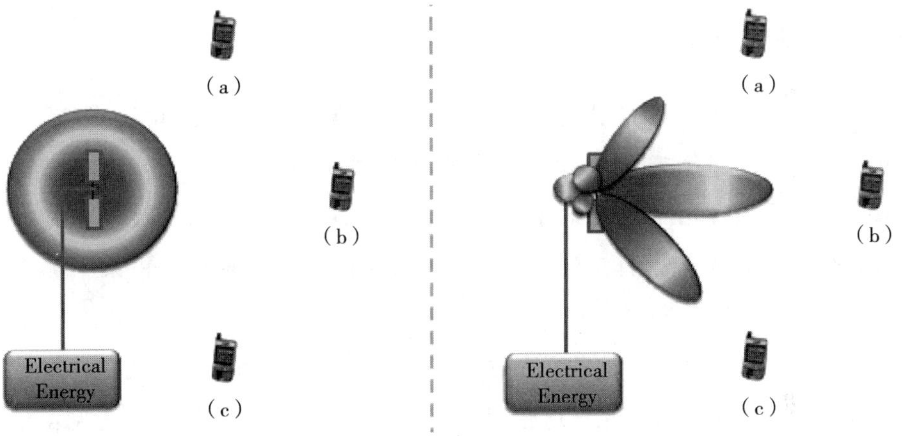

注：左图通常的信号覆盖情况，各方向信号强度相同；右图为波束成形技术，用户所在方位的信号更强，但其他方向信号较弱。

图 8.7　波束成形（Beamforming）技术示意图

（5）5G 通信技术

5G 通信技术是对 4G 技术的进一步演进，具有高速率、低延时和大连接数的特性。国际电信联盟（ITU）定义了 5G 的三大类应用场景：①增强移动宽带（eMBB），主要提供高带宽的无线通信；②超高可靠低时延通信（uRLLC），主要面向工业控制、远程医疗、自动驾驶等对时延和可靠性具有较高要求的行业；③海量机器类通信（mMTC），主要面向车站、医院等人流密集场所，以及智能家居、环境监测等物联网或数据采集系统。为了获得更大通信带宽，5G使用了高频波段，其代价是信号穿透能力较弱、单个基站覆盖面积较小①，需要增加基站建设密度或使用微基站进行补充覆盖。

我国在5G通信网的建设和运营方面居于全球领先地位。截至2022年6月底，我国5G基站总数达到185.4万座，5G移动电话用户数达到4.55亿户。但由于5G应用主要集中于工业领域和B端，在用户侧缺乏“撒手锏”应用，特别是缺乏“只有5G能承载、4G带不动”的应用场景，这使个人用户对5G的感知并不深刻。

专题10　5G的金融应用

和4G技术相比，5G最大的优势在于可以实现“独立切片”，以“无线专线”的方式为企业集团组建广域私有无线网，专线内部流量与公网隔离，可保证更好的安全性。形象地说，“5G切片”就是运用虚拟化技术，将一个物理网络划分成多个逻辑网络，从5G基站的信号中单独划分出来一部分供特定用户专用。

在金融应用场景中，例如分散在全省的500个银行网点要和省总行实时通信，以前需要建设专有的光纤通信网络（金融专网），成本高昂，而现在可以使用5G切片，每个网点放一台5G CPE（用户驻地设备），在省总行放一台UPF（User Plane Function，用户数据面功能实体，可简单理解为汇总和运用5G数据的设备），所有金融通信数据通过独立的5G切片传输，成本大大下降。此外，若传统光纤金融网损坏，则网点将与总行中断连接、无法继续办理业务，而若5G基站故障，可以直接切到其他5G基站，以保证金融业务连续性。又如，金融机构所给员工配发手持终端，数据既可走公网也可通过5G切片走内网，走内网时数据全程和公网物理隔离。5G的这一特性在垂直行业（金融、政府、高校、科研院所、厂矿、工业集团）中有很高的应用价值。

① 但覆盖范围仍显著大于Wi－Fi方案。

8.2　话音支付技术方案

最早的移动通信（1G）只支持语音通话，技术基础决定了这一时代的远程支付技术以话音业务为主，具有代表性的是电话银行。银行利用电话语音自动应答和人工服务相结合的方式，为客户提供金融服务。开通电话银行业务后，客户可以通过拨打银行服务热线的方式，办理余额查询、账户挂失、转账、支付缴费等业务。相关业务内容已在第6.4节中进行过介绍，不再赘述。

早期，电话银行的技术基础是20世纪80年代末出现的交互式语音应答（Interactive Voice Response，IVR）技术。依托IVR技术，银行建立呼叫中心，客户电话拨入后先接入IVR系统，依照语音提示按键选择对应业务，跳转到对应的业务子系统或接入对应业务的客服人员，这实现了业务分流。对于鉴权级别较低或可以自动化办理的业务，例如余额查询等，IVR系统可通过按键菜单和合成语音自动进行答复，大幅降低了呼叫中心的人力需求。目前，银行已转向使用语音识别技术，即由客户直接说出业务需求，系统通过自然语言处理技术“理解”客户需求，转接至对应业务子系统。

需要补充的是，伴随技术的进步，当前话音支付业务除通过密码鉴权外，主流大型银行还引入声纹识别技术用于辅助鉴权，例如中国工商银行采用声扬科技的声纹识别解决方案，银行客服人员可以在后台看到声纹识别结果，当客户声音与以往出现显著差异时给出警告，由此防范伪造身份欺诈。

8.3　短信支付技术方案

2G出现后，手机具有了短信收发能力，相应地出现了基于短信的支付技术。1998年，韩国电信旗下Softfamily公司推出的eBilling业务，是最早的短信支付服务。

在短信支付中，客户按照商家要求，编辑特定的短信内容发送至特服号码，完成支付业务。支付费用计入话费账单，随话费一同缴纳。正因为费用计入手机话费，短信支付通常用于电信增值服务特别是信息服务订阅，很少用于实物购物付款。

短信支付的具体业务流程：（1）用户通过手机编辑特定短信内容发送到短信服务平台号码；（2）短信服务平台根据短信内容向增值服务商转发业务请求；（3）为确保请求确为用户真实意图而非误发，增值服务商回复内含验证码的确认短信给用户；（4）用户再次转发验证码至服务平台号码；（5）鉴权通过，服务商通知电信运营商划扣手机话费，向客户发送业务成功通知，同时为用户提供电信增值服务。

短信支付的技术架构如图 8.8 所示。

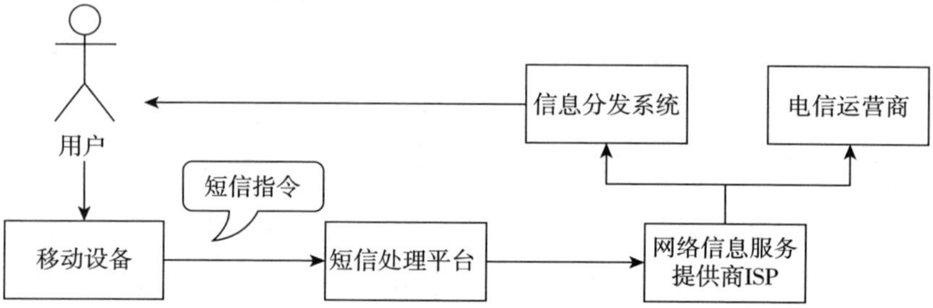

图 8.8　短信支付业务技术架构

短信支付在 2G 通信时代大放异彩，客观上为客户订购增值服务带来便利。与此同时，出现了所谓“声讯号乱象”的问题，部分增值服务商诱导客户开通高额增值服务，或在客户不知情的情况下暗自为客户开通服务。此外，短信支付流程烦琐、支付过程耗时、支付场景通常受限于电信增值服务。在 3G 时代及移动互联网到来后，短信支付很快退出历史舞台。目前除电信公司本身提供的业务外（如开通流量包等），已基本不再使用。

8.4　WAP 网页支付技术方案

WAP 网页支付是 2G 时代和 3G 时代早期的技术方案。2G GSM 制式提供了 9.6Kb/s 的上网速率，进一步演进的 GPRS 制式（通用分组无线业务，俗称 2.5G）提供了 56Kb/s 上网速率，再后进一步演进至最高 175Kb/s 的上网速率，可以实现基本的网络通信，但网速依然无法满足多媒体网页的浏览需求。彼时，通信技术的提升已达瓶颈，短期内无法进一步提升网速；为电脑等桌面设备设计的 IP 通信协议太“重”，移动设备处理器性能低、内存小，使用庞杂的通讯协议既无必要也浪费系统资源。在此背景下，业界提出了无线应用程序协议（Wireless Application Protocol，WAP），旨在使网速低、性能弱的移动设备也能获得网页浏览能力。

WAP 协议是一组开放性、全球性的通信协议。在原理上，在网站将网页信息通过移动通信网发送给手机的过程中，当信息途经运营商架设的 WAP 网关时，网关会对数据进行预处理，压缩成紧凑的二进制数据格式，这可以降低后续移动通信网传输的流量需求。形象地说，WAP 是一门语义高度精练的网页“方言”，电信运营商架设 WAP 网关、将网页页面所使用的繁杂的“惯用语”翻译成精练的“WAP 语”，从而达到节省流量、降低移动设备算力负载的目的。但作为代价，在“翻译”过程中网页布局可能改变，其中的内容元素可能会发生删减，通常页面会更加简洁、图片画质更低。

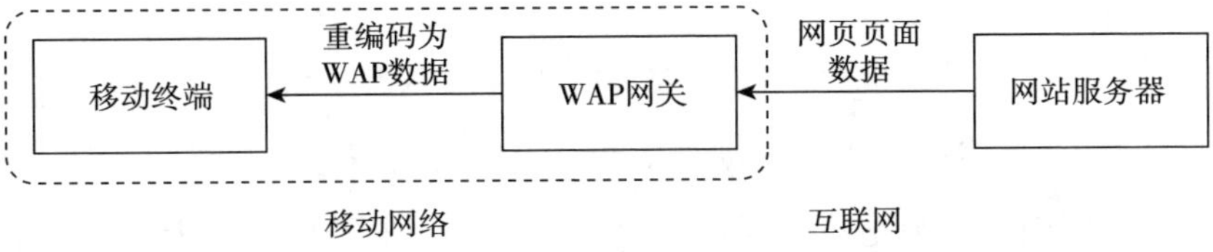

图 8.9　WAP 网关

电信运营商架设的 WAP 网关是连接无线通信网和互联网的“桥梁”，手机和互联网间的通信经由 WAP 网关中转和翻译。WAP 网关采用瘦客户机理念，所有的数据预处理都在网关端进行，客户端无须处理复杂的功能，因而降低了终端设备的算力需求和负载。通常运营商会建立 NET 和 WAP 两个无线接入点（APN），NET 接入点直连互联网，而 WAP 接入点通过 WAP 网关接入互联网。客户只要选择 WAP 接入点，且手机支持 WAP 协议，就可以享受 WAP 上网功能。另需说明，WAP 协议专门用于网页浏览，并不能加速 APP 等其他应用的通信速率。

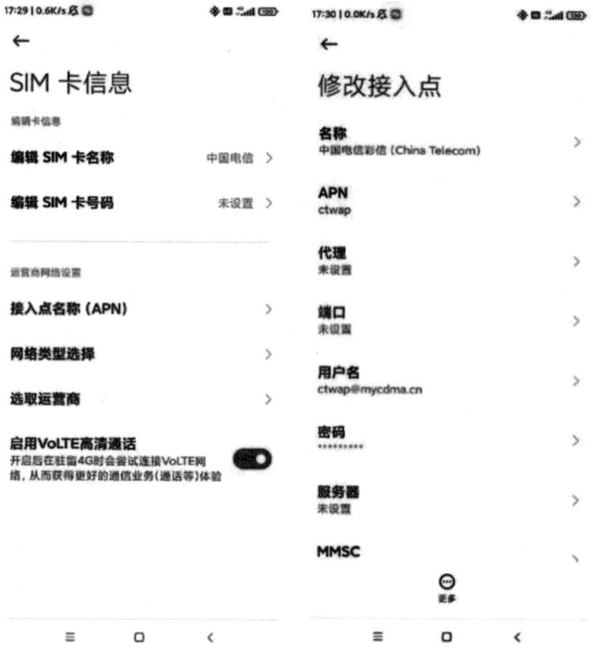

图 8.10　智能手机中的 WAP 接入点设置

依托 WAP 提供的手机网页浏览功能，银行及第三方金融机构建立了 WAP 网站，客户使用手机浏览器访问银行 WAP 网站，即可在线办理网上银行或支付类业务。例如，图 8.11 是中国工商银行的 WAP 网站，用户登录后可以办理银行业务、进行支付操作等。WAP 银行是网上银行在手机终端上的形态，操作方式与基于桌面端浏览器的网上银行类似，在此不再详细介绍。

进入 4G 时代后，一方面，网络速率和手机处理器性能已可以满足标准网页的浏览需求，对 WAP 服务的需求已然不复存在；另一方面，现在网站在开发时会同时制作桌面端、安卓端、iOS 端、Pad 高清端等多个版本，面向不同的设备自动适配相对应的版本，不再需要 WAP 网关进行转换。此外，

图 8.11　中国工商银行的 WAP 银行主页

银行和第三方支付服务商倾向于使用 APP 来承载业务，以获得更好的安全性和使用体验。目前，WAP 网关及网站已几乎不再使用。

8.5　APP 支付技术方案

摩尔定律加持下，手机算力持续提升，通信技术演进也带来移动网络带宽大幅增长，这为手机安装和运行应用软件（Application，APP）提供了条件。手机应用软件较之于基于浏览器的 WAP 网页可以更为自由地操控设备硬件，支持更多系统级的 API 操作（如调用摄像头、指纹识别模块、可信认证模块），可以支持安全性更高的加密方法，因而迅速被银行和支付服务商采用，现已成为最主流的支付技术方案载体。

8.5.1　APP 及硬件技术演进：从 JAVA 功能机到智能手机

手机依据能否安装和运行应用软件，可以分为功能机、JAVA 功能机（半智能机）和智能手机。功能机的所有功能在出厂时即确定，无法安装新功能、新软件，通常只有若干最基本的通信功能。JAVA 功能机可以安装和运行基于 K－JAVA 语言的程序，但受限于操作系统和设备性能，通常只能安装轻量级应用。智能手机泛指基于 Android 平台、iOS 平台（早期还有 Windows Mobile 平台）的手机，能够支持更为复杂的 APP，实现便捷、安全的支付。

（1）JAVA 功能机与 JAVA 程序

JAVA 是由 Sun 公司开发的一种编程语言，支持安装由 JAVA 语言编译而成的小型 APP 的功能机称为 JAVA 功能机或半智能机。

在 JAVA 出现之前，由高级编程语言编写的程序需要先编译成处理器能理解的机器语言才能被执行，而彼时手机处理器型号各异、操作系统环境各不相同，因而手机软件需要逐一编译、适配每一款机型。JAVA 语言的特点是，引入“JAVA 虚拟机”作为底层硬件和 APP 之间的“适配转换器”，由 JAVA 语言编译成的程序在 JAVA 虚拟机中运行，因而不受设备底层硬件的影响，这一特性使程序开发完成后可以直接适配所有硬件方案的手机，大大降低了硬件适配工作量。此外，Sun 公司进一步发展了 JAVA 语言，推出K－JAVA 等编程语言规范，特别适用于算力和电力供应受限的嵌入式设备，这推动了支持 JAVA 程序的手机的快速发展。

在 JAVA 功能机上，程序通常容量小于 1MB，因而难以提供复杂的功能。但作为客户端，支付不再依托于浏览器和网页，在加密、鉴权方面有了更多的自由度，可以承载相对较为丰富的内容。

（2）智能手机与 Android、iOS 操作系统

2010 年前后，移动设备进入智能化时代。2008 年，第一款安卓手机 HTC G1 发售；2009 年苹果公司具有划时代意义的 iPhone 3GS 发售。以此为伊始，移动设备的算力、内存容量大幅增加，同时移动通信技术换代带来网速显著提升。以 Android、iOS 为代表的智能手机操作系统允许自由安装 APP，且允许 APP 占用更多内存、调用系统 API，这为金融支付 APP 的快速发展提供了可能。

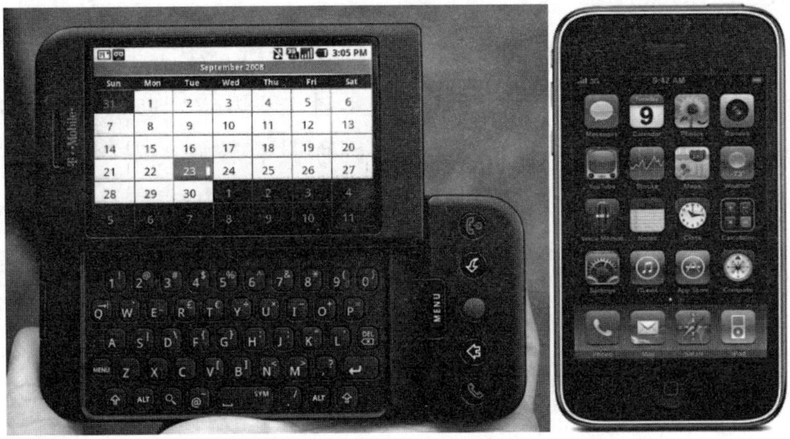

图 8.12　第一款安卓手机 HTC G1 和苹果 iPhone 3GS

①Android 操作系统

Android 操作系统是一款基于 Linux 内核的开源移动操作系统。Android 公司最早创建于 2003 年，起初面向数字相机市场、开发智能相机的操作系统，但因市场规模太小，不久即逐渐转向手机市场。2005 年，Android 公司被 Google 收购，成为 Google 旗下的一个开源软件项目；2007 年，Google 联合 84 家硬件商、软件开发商、电信运营商等共同组建“开放手持设备联盟”，共同维护 Android 项目。目前，Android 已经成为全球市场份额最大的智能手机操作系统。由于 Android 的开放特性，众多手机厂商在 Android 基础上进行二次开发，形成带有手机品牌特性的操作系统，如小米公司的 MIUI 等。2022 年 5 月，谷歌正式发布 Android 13 版本。

早期，Android 操作系统下 APP 也使用 JAVA 语言、在 JAVA 虚拟机中运行；当前，Android 平台主流编程语言已转向 Kotlin，操作系统的新特性、新运行库均针对 Kotlin 语言进行优化。Kotlin 的特点是，将编程语言特性与 JAVA 虚拟机脱钩：JAVA 语言的迭代与虚拟机版本更新绑定，新版本语言要求新版本虚拟机才能正常运行，久而久之这成了沉重的版本包袱，而 Kotlin 不依赖高版本的 JAVA 虚拟机，由此避免虚拟机带来的版本包袱。

②iOS 操作系统

iOS 是苹果公司自有的、封闭的移动操作系统，用于苹果 iPhone、iPad 产品线。iOS 操作系统下，用户只能安装来自于官方应用商店 Apple Store 的 APP，每个 APP 均经过人工审核验证，因而具有较好的安全性。特别地，iOS 系统在保护用户隐私方面具有优势，对 APP 调用系统 API 有严格的限制。同时支持 Secure Enclave 硬件层面加密，这进一步提升了安全性。

早期 iOS 系统下 APP 使用 Object - C 语言编写，这是 C 语言的一个扩展集，拥有面向对象编程特性，且由于不需要虚拟机而拥有高于 JAVA 的性能表现。目前，苹果力推 Swift 作为 iOS 系统的编程开发语言。

8.5.2 APP 支付技术架构

APP 中的支付业务通常包括两类场景：一是在金融支付类 APP 中转账付款，典型如使用网银、支付宝转账；二是在购物消费或 O2O 类 APP 中选购商品后支付货款。但无论如何，支付操作背后的业务逻辑和流程基本一致。抽象来看，使用 APP 客户端完成支付操作的一般流程是：

（1）客户端鉴权、确认用户身份，允许用户登录。

（2）客户端接受用户支付请求，通过移动互联网将支付请求加密发送给后端服务器。

（3）后端服务器进行安全性校验和资金余额校验，判断是否可以完成支付。

若可，由账务系统进行资金划转，并返回成功信息。

①若存在支付风险（例如，使用非常用手机、异地登录），进行二次鉴权；

②若余额不足，则返回提示。

（4）客户端根据服务器返回的信息，向用户给出通知，完成支付业务。

再次强调，对于移动远程支付，整个过程完全由用户设备独立完成，不需要其他现场受理终端的参与。应用系统架构如图 8.13 所示。

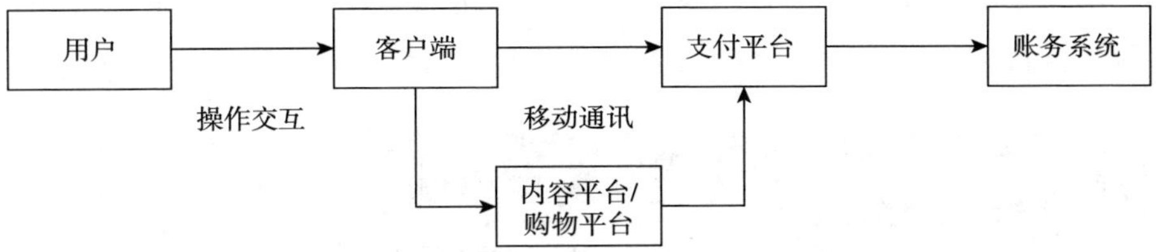

图 8.13　APP 客户端支付架构

在安全性方面，APP 可以实现对外通信中的端到端全程加密，因而即使通信数据被截获，也不会泄露支付信息。此外，高安全级别的支付类 APP 通常带有加密乱序键盘，可以对输入的密码实现内存级别加密，避免手机输入法被劫持而导致的密码泄露，还能防范触屏感应记录器类软件的攻击。在较新款的中高端手机中，通常还内置以硬件形式存在的安全模块（SE），可以与手机系统相独立地存储密钥、生物识别信息等敏感数据，进一步提升了基于 APP 支付的安全性。

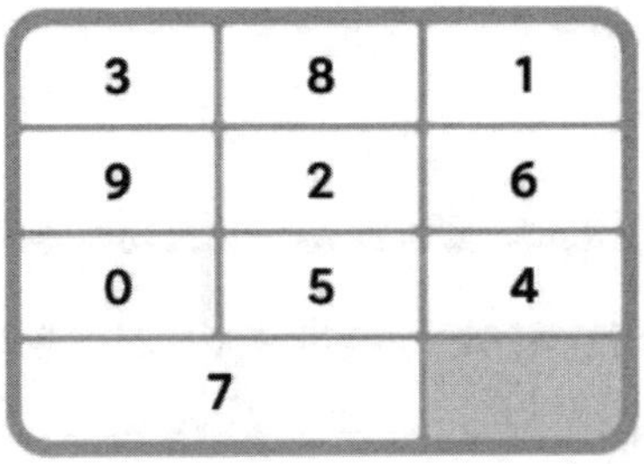

图 8.14　手机银行 APP 的乱序键盘

8.5.3　代表性支付 APP 及其支付操作

支付宝 APP 是最具代表性的第三方支付类 APP，我们以此为例对支付操作进行介绍。打开 APP 进入首页，如图 8.15 左图所示。在主页最上方，列出较为常用的“扫一扫”（调用摄像头扫描付款码）、收付款（屏幕展示二维码用于收付款）、厂商重点推广业务及卡包功能，其中第三项推广业务因时、因城市地域而有所差异。其下列出常用功能，这些功能可通过“更多”窗口进行自定义，用户可以自行选择列出哪些功能及其排列顺序。

图 8.15　支付宝 APP 主要功能界面

对于支付功能，点击“转账”可进入相关功能页面，如图 8.15 中图所示。根据需要，点选“转账到支付宝”“转账到银行卡”等功能，或点击下拉箭头打开更多支付功能选项列表。对于转账到支付宝功能，须输入收款人支付宝账户号或手机号码；对于转账到银行卡功能，则须输入收款人姓名、银行卡号等信息，系统会自动识别收款人开户行。转账界面如图 8.15 右图所示，在此界面可自行填写收款人信息，也可点击“姓名”栏右侧的头像标志打开联系人界面，从中点选联系人或历史转账记录即可自动填充转账信息。最后，输入转账金额即可点击下一步。

提交支付指令后，APP 会弹出支付手续费确认信息，使用第三方支付 APP 进行对银行卡转账或提现操作时通常需支付 1‰的手续费。确认同意支付手续费后，继续转账流程，选择付款所用账户（余额、余额宝或银行卡），输入密码或使用指纹等方式鉴权，即可完成付款。

图 8.16　支付宝 APP 支付确认界面

第 9 章　移动近场支付技术方案

近场支付是通过移动终端、利用近距离通信技术与受理终端实现信息交互以完成支付的方式。近场支付主要在线下支付场景使用，如商场购物、公共交通出行等，通常支持小额免密特性，因而更为便捷。依据近场通讯所使用的技术不同，目前主流的近场支付方案包括 RFID 支付、NFC 支付、条码支付、生物特征支付、蓝牙支付等；此外还有若干较为小众的支付技术，如声波支付、光感支付、Amazon Go 方案等。

9.1　RFID 支付技术方案

9.1.1　RFID 技术基础

射频识别（Radio Frequency Identification，RFID）是一种非接触式通信技术，俗称“电子标签”，可以通过射频信号识别目标对象、传输少量数据。一套完整的 RFID 系统包括阅读器（Reader）、电子标签（Tag）和应用软件系统三部分。阅读器可以双向发射无线电信号，既“问”又“答”；电子标签内包含集成电路和天线两部分，集成电路用于存储和处理信息、调制解调信号；天线由 10 微米厚的铝蚀刻而成，负责从阅读器发出的电磁波中收集电能、接收和发出信号；应用软件负责处理 RFID 传来的信息。

早期的 RFID 系统利用电磁波的同频共振现象来识别标签，典型应用是超市的防盗感应门。彼时，RFID 标签内并没有芯片，只是由电感和电容组成谐振回路，当标签进入感应区域时，发射机发出的电磁波会在回路中产生

注：图为成卷的 RFID 标签，可撕下粘贴在商品上、可打印标记。条形标签尺寸通常约 70mm ×20mm，方形标签约 50mm × 50mm。这些贴片式标签均为无源标签。

图 9.1　RFID 标签

感应电流，当电磁波频率和谐振回路的固有频率一致时，就会发生同频共振现象，这会放大电磁信号并被接收机检测到。目前，类似的方案仍在仓储系统、防盗系统、零售商店中广泛运用。

现代的 RFID 系统更为复杂，电子标签中可嵌入芯片用于存储和处理信息。阅读器向标签发出编码过的无线电信号“询问”标签，标签内部芯片对“询问”作出“应答”。标签内芯片存储区包括四部分：

（1）标签 ID（Tag ID，TID）：只读，64 ~ 96bit。

（2）电子产品码（Electronic Product Code，EPC）：可读可写，用于写入产品编码，通常 64 ~ 512bit。

（3）用户区（User）：存储用户自定义数据，通常 0 ~ 512bit。

（4）保留区域（Reserved）：存储灭活口令（Kill Passsword）和访问口令（Access Password）。

TID 是电子标签的“身份证号”，出厂时固化写入在标签内，每一个标签都有不重复的 TID，各 RFID 芯片厂商互相协调分配号段。EPC 部分可读可写，由用户自行写入产品编码，这一编码通过信息管理系统（EPICS）管理，后台据此记录产品事件。① 部分标签带有用户区 User，可以写入少量信

① “事件”指产品的信息和状态，在管理系统中，一个事件通常至少包含四类信息：产品参数、事件发生时间、时间发生地点（被哪个传感器读取到）、为何会被读取到（如出库扫码、待配送至 × × 仓库）。

息，于记录产品参数、物流记录、价格等，但这一区域并不是必选项，中低端标签通常没有 User 区。保留区域存储灭活口令和访问口令，灭活口令一经激活，标签即永远不会产生调制信号以激活射频场，标签永久失效且不可逆转；访问口令用于鉴权，只有拥有口令的阅读器才能读写标签。常见的粘贴式 RFID 标签可重复擦写 10 万次以上，数据保存年限约 50 年，识读距离为 5～10 米，单价为 0.2～0.3 元。

粘贴式标签从阅读器发出的电磁波中获得微弱能量就足以驱动芯片工作，不需要额外供电，因而被称为无源标签。在某些场合，我们需要更强大的芯片、更远的信号覆盖、由标签主动发出信号，此时需要为标签提供独立供电，这种标签称为“有源标签”，如图 9.2 所示。

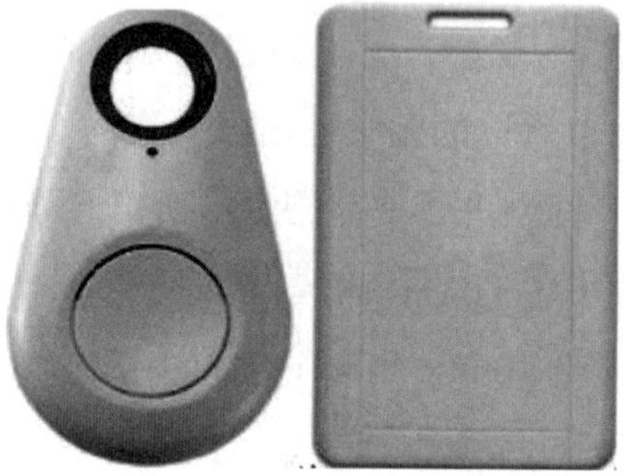

图 9.2　有源 RFID 标签

有源标签使用 1～2 枚内置纽扣电池供电，电池寿命通常至少 1 年，也可使用外接电源供电的方案，如车载 ETC 设备；可以主动发出信号（通常 1 次/秒）①，这使其可以被时刻监听到；信号强度显著增加，识读距离可达 100 米；价格更贵，单价为 10～20 元。

RFID 有众多工作频段。低频频段数据传输速率低、能耗也低，高频频段数据传输速率高、能耗也高，需要采用有源标签。RFID 天线规格需要与

① 值得一提的是，利用主动发出信号的特性，有源标签可以实现室内定位功能，例如用有源 RFID 标签制作员工工卡，在工作区布设 RFID 感应器，自动记录员工进出工作区的轨迹。

对应工作频段相匹配，才能正常通信。常用的频段如表9.1所示。

表9.1　RFID频率及特性

频率	频率分级	频率标准	读取范围（米）	数据速率	适用场景
120～150KHz	低频	—	0.1	低速	牧场动物耳标，货签
13.56MHz	高频	ISM	1	中低速	小卡片，NFC
433MHz	特高频	SRD	1～100	中速	主动式标签
868～870MHz 902～928MHz	特高频	ISM	1～2	中高速	商品编码，ETC
2.45～5.8GHz	微波	ISM	1～2	高速	ETC
3.1～10GHz	微波	—	<200	高速	主动式标签

9.1.2　有源RFID支付方案：ETC系统

有源RFID标签常用于车辆路费支付等场景，是电子不停车收费系统（Electronic Toll Collection，ETC）所采用的底层技术。ETC是近年来我国大力推进的行车收费系统，可用于支付高速公路过路费、停车费等。车辆上安装车载单元（On－Board Unit，OBU）、插入用户身份识别卡，作为RFID系统的电子标签；道路路边或门架上安装路边单元（Road Side Unit，RSU），作为RFID系统的读写器。

注：左图为ETC OBU设备，插入带有芯片的用户身份卡作为RFID的有源标签；右图为高速公路ETC车道，路旁和门架上有RSU设备，作为RFID的读写器。

图9.3　ETC OBU与RSU

车辆经过收费站时，埋设于地下的环路感应器感知到车辆，RSU 发出问询信号，OBU 作出响应、答复车辆信息，RSU 读取答复信息，并自动从 ETC 账户（离线存储于 OBU 设备的用户卡中）或信用卡账户划扣相应费用。这一过程中车主无须停车，只需低速（< 20 千米/时）通过支付路段即可。ETC 系统通常工作在 2.45 千兆赫兹频段。

9.1.3 无源 RFID 支付方案：银联 QuickPass 闪付

闪付（QuickPass）是中国银联推出的依托银行卡和 RFID 技术的非接触式支付服务，旨在替代现金，通过在卡片内开设电子现金账户，可以实现“挥卡”免密消费。带有 QuickPass 功能的银行卡内嵌有线圈，可通过挥卡方式与收银 POS 机交互，而不必将卡插入机器内。电子现金账户的数据离线加密存储于银行卡芯片中，因而在小额支付时可以免密免鉴权，并可以在无网络时脱机支付，这极大地提升了支付效率，特别适合于商超等业务密集型场景。但代价是一旦卡片丢失，存储于芯片中的电子现金也就永久丢失了，无法通过线上方式找回。

在使用时，持卡人需要先去柜台或支持 QuickPass 功能的 ATM 处，将银行账户余额“圈存”至卡内的电子现金账户（这是个离线本地账户），电子现金账户按Ⅲ类账户管理，余额不超过 1000 元。因为 QuickPass 需要先圈存后消费，和基于手机 APP 的支付方式相比较为烦琐，因而在我国并未得到广泛应用。

与银联 QuickPass 闪付类似，VISA 卡有 VISA Paywave 业务，MasterCard 有 Paypass 业务，均采用类似技术方案。

注：左图带有类似音波符号的银联标志，表明该卡具备 QuickPass 功能；中图为 QuickPass 闪付业务标志；右图为 QuickPass 挥卡操作方式。

图 9.4 银联 QuickPass

9.1.4　无源 RFID 支付方案：商品零售系统

RFID 技术可实现无线群读功能，常用于商品零售场景，可提升收银和货品管理效率。当放入多个 RFID 标签时，阅读器可同时、批量读取这些标签而不会产生冲突，利用这一特性可以实现批量收银。例如，迪卡侬（体育用品连锁卖场）会给每一件商品的吊牌粘贴 RFID 标签，顾客将一篮子商品放入收银机识读区时，可瞬间识读出整篮商品，而不必对商品逐一扫码，由此大幅提升收银效率。RFID 标签本身也是防盗系统的一部分，未灭活的标签在通过门禁时会唤起警报，只有在付款完成、读写器发出灭活口令（Kill Password）使标签失效后，才能将商品带离超市。此外，由于 RFID 一签一码，这将零售管理的粒度由“品类”进一步精确到每个“商品”，可实现更为精细化的管理。

注：左图为商品的 RFID 标签，带有 RFID 标志和商品编号；右图为扫码盒，四面皆为天线，将购物篮放入中间即可完成整篮商品扫码。

图 9.5　RFID 标签与扫码盒

9.2　NFC 支付技术方案

9.2.1　NFC 技术基础

（1）NFC 技术的提出

RFID 技术存在局限性：数据只能单向传输，由设备读取标签中存储的信息。在实际业务中，我们希望能有一种技术实现数据的双向传输，由此方才可以支持相互认证、动态加密、一次性密钥等功能，从而适合鉴权要求更高的电子支付业务。为此，业界在 RFID 基础上开发出了近场通信（Near Field Communication，NFC）技术，这是一种短距离、高频率的无线电通信技术，频段在 13.56MHz，传输距离在 20cm 之内，但为确保不被远处机器误读而刻意限制功率使通信范围近至 2cm 之内。

NFC 技术标准由飞利浦半导体、诺基亚和索尼提出，实质上是三家企业、四种标准的集合。早期，索尼提出 FeliCa 标准，飞利浦提出 Mifare 标准、被国际标准化组织采纳为 ISO 14443A/B 标准，各种标准不统一、不互通。2004 年，飞利浦联合诺基亚、索尼成立 NFC 论坛，旨在开发一个通用的近场通信标准规范，确保各类设备和服务之间可以相互兼容。最终，三家在各自原有方案基础上推出了四种 NFC 标准：

①NFC Type1：基于 ISO 14443A 标准，106Kbps 读写速度。②NFC Type2：基于 ISO 14443A 标准，106Kbps 读写速度，内存可由 48Byte 扩展至 2Kbyte。③NFC Type3：基于 FeliCa 标准，212Kbps 只读速度，内存 2Kbyte。④NFC Typre4：基于 ISO 14443A/B 标准，106 ~ 424Kbps 只读速度，内存 32Kbyte

（2）NFC 工作模式

完整的 NFC 设备可以用三种模式工作，即卡模拟模式（Card Emulation Mode）、读写器模式（Reader/Writer Mode）和点对点模式（P2P Mode）。

卡模拟模式将设备模拟成一张采用了 RFID 技术的 IC 卡，在这种模式下 NFC 设备等同于一个 RFID 标签。卡模拟模式常用于将设备（如手机）模拟成门禁卡、公交卡，也可模拟成银行卡用于刷卡支付。

读写器模式下，NFC 设备可对 NFC 标签进行数据读写操作，功能类似于 RFID 中的阅读器。读写器模式下 NFC 和 RFID 的区别在于，NFC 标签可以多次读写、传输速度更快、写入容量更大，且传输过程可加密。例如，超市的电子价签利用 NFC 设备（手持巴枪）写入商品信息数据，可便捷地进行批量修改。①

注：电子价签使用 E - ink 墨水屏，显示信息本身不消耗电力，只在刷新时消耗微量电力；通过 NFC 向电子价签内写入数据，可便捷更改显示信息。

图 9.6　使用 NFC 读写的 E - ink 电子价签

点对点模式用于两设备间传输数据。由于 NFC 通信距离很近，需要两设备相靠，因而可免于配对鉴权过程，建立链接速度很快。典型使用场景为手机“碰一碰传文件”“碰一碰连蓝牙”（通过蓝牙耳机的 NFC 实现快速配对）等功能。需要说明的是，NFC 本身通信速率很低，只有 106Kbps，“NFC 传文件”类功能实际上只是两设备通过 NFC 互相协商建立链接的方式，数据本身还是通过 WiFi - Direct② 或高速蓝牙通道传输。

（3）NFC 模块

NFC 模块如图 9.7 所示，主要由天线和 NFC 控制器（CLF）两部分构成。天线部分负责对外通讯，频率为 13.56 兆赫兹；控制器有对应三种工作模式的引脚，负责对射频信号进行调制和解调③、处理 NFC 通信协议等，并负责与安全模块（SE）通信。

---

① 典型应用场景是，生鲜商品晚间会打折，此时系统自动按既定优惠定价将数据推送至巴枪，员工逐个扫描标签时，巴枪会自动识别价签的原内容并传输对应的更新数据，整个过程不需要人工录入价格。

② 一种 WiFi 通信模式，指两设备不经过无线路由器、通过 Wi - Fi 直接相连。

③ 调制是将通过调频的方式将信息加载在电磁波上；解调是从电磁波中解读出加载的信息。

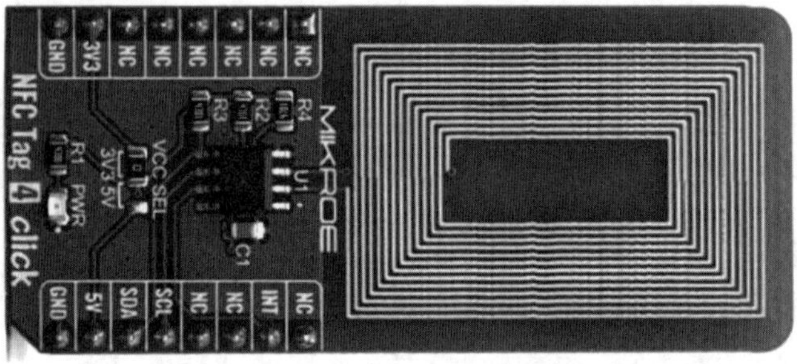

图 9.7　NFC 模块

图 9.8　NFC 模块组件

（4）安全模块

安全模块（Security Element，SE）是卡模拟的核心，密钥等敏感数据的存储和运算都由安全模块承担，设备的 NFC 芯片必须与安全模块协同才可以进行卡模拟。安全模块类似于 RFID 中的芯片，用于存储敏感数据、调制信号和安全运算。安全模块必须通过 NFC 控制器与外界通信，手机无法直接访问安全模块中保存的数据，这保证了数据安全。安全模块对外是个“黑箱”，只反馈运算结果、不透露过程信息，例如在进行密钥鉴权等操作时，它只对外反馈“成功”或“失败”的结果，而不透露任何与密钥本身有关的信息。

在具体实现过程上，当手机放入 NFC 识别区时，NFC 控制器将从天线接收到的数据直接转发到安全模块，安全模块处理数据、反馈结果给控制器，控制器再将响应数据发送至设备或外部终端。在整个过程中，执行流程均固化写入在硬件中，一切工作均由硬件直接完成，手机操作系统和 APP 程序完全未参与处理，而只能获得最终的响应结果。这种机制保证了即使手机被恶意软件攻击，用户的密钥也不会泄露。[①]

安全模块该如何安置？业界主要有三种解决方案。

第一，将安全模块集成到手机 SIM 卡中，称机卡协作（SWP）方案、NFC - SIM 方案或 eSIM 方案。该方案主要由通信运营商主导，由于手机 SIM 号卡实行实名制，因而在金融支付应用中有更好的实名性和安全性，但需要用户去电信营业厅更换 NFC - SIM 手机卡，我国中国移动进行过推广，但未获得普及。

第二，将安全模块集成在手机主板上，或将其与 NFC 芯片封装在一起，做成单一芯片。该方案主要由手机厂商主导，目前已成为市面上最主流的方案。集成于手机中的安全模块通常支持多安全域、多应用安全模块架构，即在安全模块上划分出不同的“安全域”，除 NFC 外，还存储生物识别（指纹、人脸）、卡模拟（卡片密钥）、设备加密（设备、APP 或通信密钥）信息，各域数据相互独立，保证敏感信息不泄露。NFC 手机终端方案的优势在于避免了机卡接口、机卡兼容性问题，但劣势在于安全模块中存储的私密信息初始化和更新不便，且早期手机的安全模块只支持单次写入，数据一经烧录即不可擦除、替换、迁移[②]，且容量有限。当然，随着技术进步，目前安全模块大多允许重复擦写。

第三，将安全模块集成在 MicroSD 存储卡中，即 NFC - SD 方案，该方案较为小众，推出后几乎未得到采纳。

此外，还存在基于主机的卡模拟（Host Card Emulation，HCE）方案。安全模块会带来额外的硬件成本，制约了手机厂商支持 NFC 的积极性，为此，谷歌在 Android 4.4 版本系统中首次引入 HCE 技术，这一方案不使用真实的硬件安全模块，而用软件模拟出安全模块的功能，由此降低设备成本，极大地促进了整个 NFC 生态的发展。在 HCE 方案下，NFC 控制器从天线接

---

① 手机中保存锁屏密码、指纹等隐私数据也使用此类方案。

② 例如，早期手机安全模块的容量通常支持写入三张虚拟公交卡，但一经写入就永远无法删除、替换，这在移居异地时会带来不便。

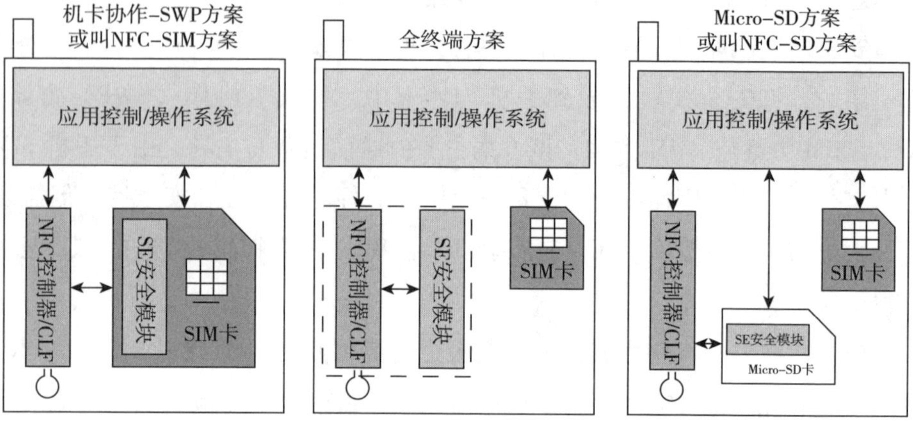

图 9.9　安全模块集成方案

收到数据，发送到设备（而不是安全模块）中进行处理，其安全性较硬件方案为低、密钥可能被程序钩子或仿冒 APP 所获取，但因为不需要硬件而降低了成本。

9.2.2　NFC 支付方案：手机卡模拟

NFC 技术在金融支付中的代表性应用是，将手机或可穿戴设备（如智能手表、智能手环）模拟成银行卡或公交卡，并用以完成支付。相应的代表性业务有 Google Pay、Apple Pay，以及我国的小米支付（Mi Pay）、华为支付（Huawei Pay）等，这些支付服务大同小异。

对于模拟银行卡业务，用户在提交银行卡号、通过银行的身份认证后，由银行服务器下发一份虚拟银行卡的个人身份密钥至手机，写录于安全模块中。这实质上是由银行重新给你发行了一张银行卡，和你的实体银行卡二者都绑定了同一个后端银行账户，类似于一户双卡模式。在支付时，通过 NFC 的卡模拟模式的手机模拟成银行卡，使用方法和体验与实体银行卡相同。模拟交通卡业务流程类似，由交通卡发卡机构（各省地铁集团或公交公司）开立虚拟卡并将信息下发至手机、写入安全模块。

出于安全性考虑，手表、手环等可穿戴设备通常只支持 NFC 模拟为交通卡、门卡，而不支持模拟为银行卡，且通常须依靠配套 APP[①] 向可穿戴设备的 NFC 安全模块写入数据。

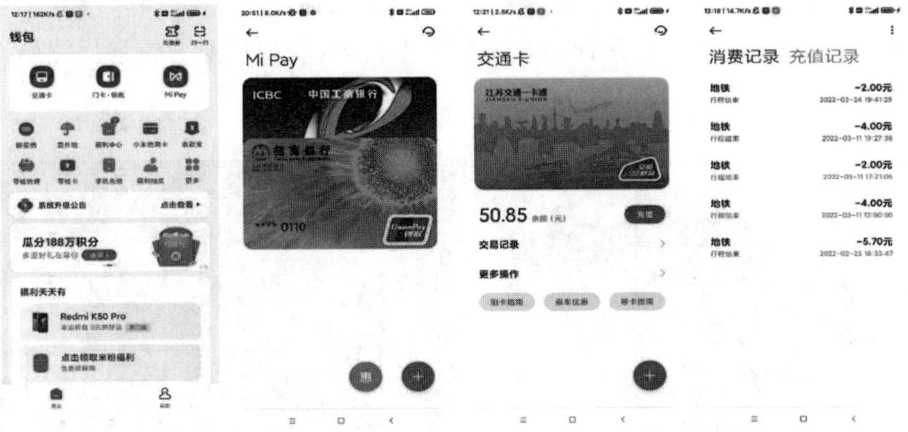

注：左一为小米支付 Mi Pay 的 APP 操作主界面，左二为 NFC 银行卡选择界面，左三为 NFC 交通卡界面，左四为 NFC 交通卡支付记录界面。

图 9.10　手机 NFC 模拟银行卡和交通卡操作界面

9.2.3　NFC 支付方案：中国移动超级 SIM 卡（5G NFC－SIM）

受工业标准限定，传统 SIM 卡中只能存储 255 条记录、每条 255Byte，不足以满足 NFC 功能需要，为此通信运营商推出 NFC－SIM 卡，内置安全模块，和手机中的 NFC 控制器通过单线通信协议（Single Wire Protocol，SWP）进行通信。使用时，个人密钥存储于 NFC－SIM 的安全模块中，手机将信息通过 SWP 协议传输给 NFC－SIM 卡，由其中的安全模块进行鉴权等操作，并由 NFC－SIM 卡反馈响应结果。

中国移动一直致力于 NFC－SIM 方案的推广。2006 年，中国移动推出手机门票服务，在 2010 年上海世博会进行大规模商业化推广；2010 年，中国

① 如 Google Android Wear（国外主流安卓可穿戴设备）、小米运动 APP（写入小米可穿戴设备）、华为智慧生活 APP（写入华为可穿戴设备）等。

移动在上海推广手机钱包业务，可通过 NFC - SIM 和“和包”APP 配合实现刷卡乘公交功能，日使用量达到 4000 次；2017 年，iPhone 终于在 iOS13 版本中上线 NFC 交通卡功能，中国移动配合推出专属联名 NFC - SIM 卡和“移动交通小蓝卡”套餐。然而经过多年推广，NFC - SIM 业务市场反响始终平淡。

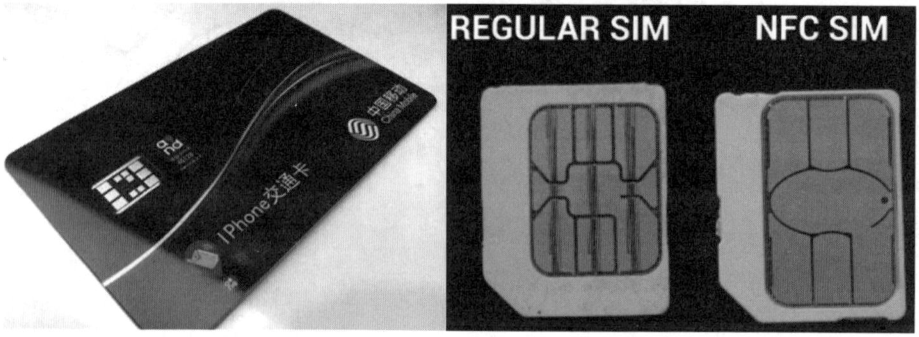

图 9.11 中国移动发行的 iPhone 交通卡及 NFC - SIM 和普通 SIM 卡对比

2020 年 11 月，中国移动召开“中移动全球合作伙伴大会”，以推广 5G 为契机，将 NFC - SIM 卡以“超级 SIM 卡”的名义再一次推出。超级 SIM 卡实质上仍然是 NFC - SIM 卡，通过内置的安全模块为应用提供安全服务，但与旧版 NFC - SIM 卡相比存储容量更大，可容纳 100 个银行 U 盾、或 15 张公交卡、或 20 个车钥匙所需的私钥信息。2021 年 12 月，发布《中国移动超级 SIM 卡技术白皮书（2020）》，明确中国移动对于个人领域 SIM 卡的发展方向、架构和能力要求，其中有大量关于 NFC 的技术要求。特别地，中国移动要求所有入库终端若支持 NFC 功能，都应支持 SWP 接口，这保证 NFC - SIM 可广泛应用。

除提供电信身份认证外，中国移动设想中超级 SIM 卡的典型应用场景主要包括三类：

（1）NFC 刷卡

集成于 NFC - SIM 卡内的安全模块可安全存储个人密钥，支持双离线

(设备/读取器均离线）模式，适用于政务、金融、交通、校企等场景刷卡。例如，可基于此实现模拟银行卡、公交卡、食堂饭卡等刷卡支付功能。

（2）身份认证服务

SIM 卡本身包含鉴权密钥，用于向通信基站表明用户身份。基于 SIM 卡的鉴权密钥，3GPP 组织定义了通用认证机制 GBA，可以为 APP 提供设备标识和密钥服务。简言之，以前 SIM 鉴权密钥只用来向基站表明用户身份，供基站识别“你是谁，你的手机号是多少”，而现在允许这个密钥用于其他用途，例如向 APP 表明身份以实现“一键登录”功能，这通过硬件级鉴权避免了账户盗用，也杜绝密码泄露的可能。

此外，NFC－SIM 中可存储多张数字证书，用于替代传统银行 U 盾，目前中国银行、浦发银行已开通相应功能业务。

（3）安全运算服务

NFC－SIM 中的安全模块本身具有算力，是用户侧的高可信硬件，可提供加密、解密能力。公私钥的生成、存储和运算都可以由 NFC－SIM 卡来承载，具有良好的安全性和不可抵赖性。

在技术架构上，NFC－SIM 卡可划分为硬件层、COS 层、基础能力层和应用层四类。硬件层主要包括对外通信接口（SWP）、CPU、存储器、协处理器（专用于承担某些功能的计算模块，运算由硬件电路直接实现，因而极为高效，如用于加解密、生成真随机数）等。COS 层定义 SIM 卡内存、文件等基础信息，实现安全机制、SIM 逻辑功能、短信传输控制等基本功能。应用基础能力层提供底层软件能力，提供各种 API 接口供上层 APP 调用，如在卡内下载、安装、删除、存储数据，卡与外部设备通信的指令报文，建立鉴权、加密的安全信道会话等。这些基础功能被封装为 API 接口，APP 不需要自己去实现底层功能，只要调用接口即可，因而软件开发更便利，且 APP 和底层系统隔离、对底层硬件的访问受 API 结构限制，避免对底层硬件的无限制访问。以这些层次为基础，应用层划分为若干个安全域供 APP 访问使用，可承载 SIM 盾（类似银行 U 盾）、公交卡等各类软件。

实务中，设备可以同时具有主机上的硬件安全模块、基于主机卡模拟的安全模块 HCE 和 NFC－SIM 卡内嵌安全模块。各个安全模块内存储着不同的私钥信息，例如你可以将支付宝 NFC 支付开立在硬件安全模块中、将公交卡开立在 HCE 中、将银行 U 盾开立在 NFC－SIM 中，并在系统设置中选择支付时 NFC 默认调用哪个安全模块、完成哪个 APP 的支付操作。如图 9.13 所示。

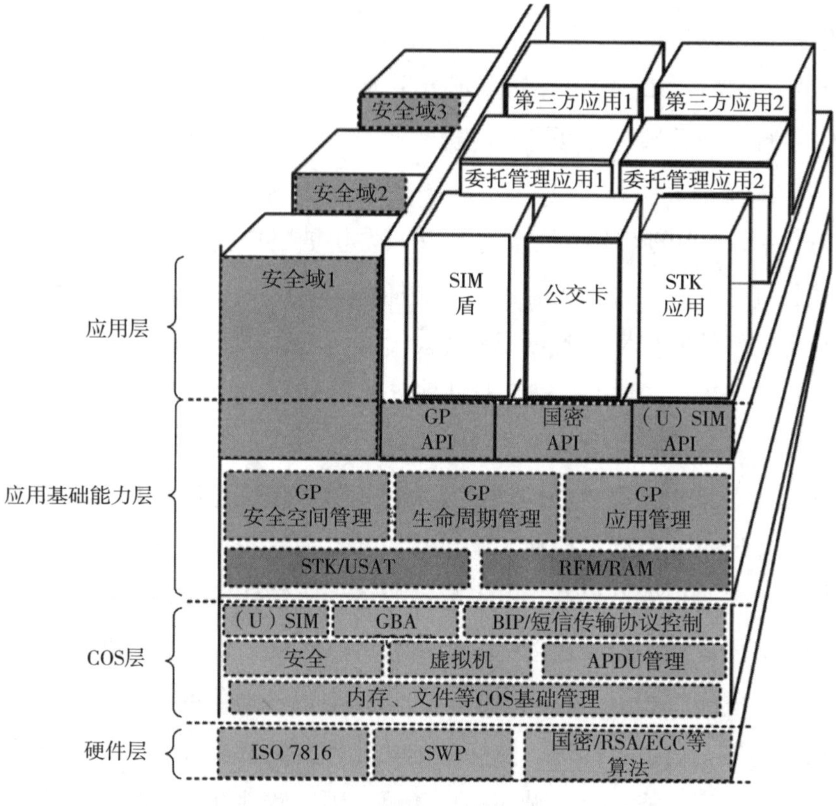

注：转引自中国移动《中国移动超级 SIM 卡技术白皮书（2020）》。

图 9.12　NFC－SIM 技术架构

注：图为小米手机设置界面，设置为刷 NFC 时默认调用机载安全模块、执行支付宝 NFC 支付功能。

图 9.13　手机选择调用安全模块及默认支付 APP

9.3　蓝牙支付技术方案

9.3.1　蓝牙技术基础

蓝牙是一种无线通信技术标准，用于固定或移动设备在短距离内传输信息。蓝牙工作在 2.4～2.485 千兆赫兹的特高频（UHF）频段，这一频段属于国际通用的 ISM（Industrial Scientific Medical）频段，无须事先取得频谱许可。蓝牙工作距离在 10 米左右[①]，远高于 RFID 和 NFC，且允许同时连接多个设备、组建个人局域网（PAN）。

在蓝牙标准出现前，各厂商各自制定自己的无线通信标准，彼此不兼容，这制约了市场整体的发展。为此，英特尔、诺基亚、东芝、爱立信四家企业的员工成立特别兴趣小组（Special Interest Group，SIG），希望制定一个低成本、高效率、标准化、通用兼容、可以实现一对多连接的短距离通信技术标准。1999 年，蓝牙公布 1.0 版本技术标准，原始技术来自爱立信 1994 年提出的通信方案，确定使用 2.4GHz 频谱，最高传输速率达到 723Kbps，远高于当时主流的红外线方案（115Kbps）。蓝牙技术一经推出就引起用户的强烈反响，得到主流厂商大力支持，迅速挤占掉原有红外传输技术的市场空间。目前，蓝牙技术由蓝牙技术联盟 SIG 负责维护，其合作企业成员超过三万家，涵盖电信、电脑、网络与消费电子产品等众多领域。

蓝牙技术历经 1.0 至 5.3 多个版本[②]，不断提升速率、扩展传输距离，并引入一系列新功能新特性，如 A2DP、AVRCP 等。

表 9.2 蓝牙版本迭代

蓝牙版本	发布时间	最大传输速率	最大传输距离（米）	蓝牙版本	发布时间	最大传输速率	最大传输距离（米）
1.0	1998	723Kbps	10	4.1	2013	24Mbps	50
1.1	2002	810Kbps	10	4.2	2014	24Mbps	50
1.2	2003	1Mbps	10	5.0	2016	48Mbps	300
2.0	2004	2.1Mbps	10	5.1	2019	48Mbps	300
2.1	2007	3Mbps	10	5.2	2020	48Mbps	300
3.0	2009	24Mbps	10	5.3	2021	48Mbps	300
4.0	2010	24Mbps	50				

① 从技术上来说，蓝牙 5.0 标准最高支持 300 米的连接范围，但实务中为兼顾能耗，几乎没有设备用到这一规格标准，仍以 10 米覆盖的信号强度为主流。

② 截至 2022 年 11 月，蓝牙标准的最新版本为 5.3，日后还将有更新版本陆续推出。

从蓝牙4.0版规范开始，蓝牙成为“一套”综合协议规范，包含三种模式。第一，传统蓝牙模式，用于语音、媒体和设备连接，速率最高2Mbps。第二，高速蓝牙模式，用于设备间数据传输，速率最高48Mbps。第三，低功耗蓝牙模式（Bluetooth Low Energy，BLE），这项引进蓝牙标准的革命性技术为移动金融支付、户外广域布设物联网设备等场景提供可能。BLE前身是诺基亚研发的Wibree技术，这是专为移动设备开发的极低功耗无线通信技术，被SIG接纳后合并入蓝牙规范，重命名为蓝牙低功耗BLE。蓝牙低功耗规范速度低、延迟高、反应慢，但耗电量极低，最低仅为传统蓝牙的1%，在最坏的情况下也不超过传统蓝牙功耗的一半，因而特别适合不需要太多数据传输，但注重低功耗长待机的设备，如共享单车的智能锁、移动支付终端等。值得一提的是，传统蓝牙、高速蓝牙和低功耗蓝牙共用天线，并且可以和NFC或WiFi封装在同一芯片上。

图9.14　蓝牙模块

蓝牙低功耗BLE有四种工作模式：广播、主机、从机和观察者模式。广播模式下，设备（被称为Beacon）每隔一段时间广播一个数据包（<31byte），通常包含设备的MAC地址，这是设备独一无二的“身份证号”。蓝牙广播设备单向对外发送信号，不可被连接，也不进行数据传输，因而功耗极低。主机模

式下，设备可搜索周围的其他蓝牙设备，并要求建立连接，常用于手机等终端设备。从机模式下，设备发出广播，等待被扫描和连接，常用于智能手环等可穿戴设备、物联网终端设备上。观察者（Observer）模式用于检测是否有蓝牙设备进入周边区域，自身不广播，只扫描其他设备的广播，通常用于蓝牙网关。

专题 11 “蓝”牙趣史

丹麦国王哈拉尔（Harald Blåtand Gormsen）（958—986 年）统一了因宗教战争而分裂的斯堪的纳维亚半岛，将丹麦、挪威和瑞典收入麾下。哈拉尔有一颗牙是蓝色的，绰号“蓝牙”，这也成为他的中间名（丹麦语 Blå = 蓝，tand = 牙）。Bluetooth 一词是丹麦语词汇 Blåtand 的英语化，英特尔工程师 Jim Kardach 在无线通信行业会议上提议将 Bluetooth 作为新无线通信技术标准的名称，期望新技术能像哈拉尔统一北欧一样，统一各家混乱的无线标准。蓝牙的标志由卢恩字母 H（Hagall）和 B（Bjarkan）组合，是 Harald Blåtand 的首字母 HB 合写。

图 9.15 RFID、NFC、蓝牙、Wi-Fi 标志

9.3.2 蓝牙支付方案：Beacon 与咪付

基于蓝牙低功耗 BLE 技术，业界提出了 Beacon 支付方案，在我国具有代表性的商业化应用案例为南宁地铁的咪付。蓝牙信标 Beacon 基于蓝牙低功耗 BLE 的广播模式，持续向周围广播包含设备标识的数据包，以此实现数据交互。Beacon 方案早期常用于室内定位、消息推送等场景，如苹果推出 iBeacon 及其演进的 AirDrop 功能。

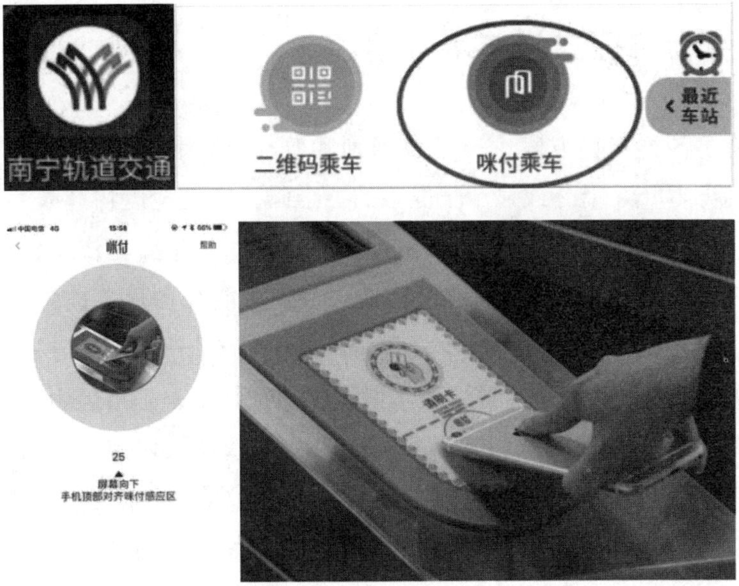

注：左上为南宁地铁 APP 图标；右上为咪付乘车选项；左下为使用咪付支付时的手机提示界面；右下为咪付刷机过闸操作。

图 9.16　手机选择调用安全模块及默认支付 APP

咪付①将 Beacon 技术方案用于金融支付，在全国首创 BLE 过闸方案，并于 2017 年 12 月在南宁地铁落地商用。在使用时，打开南宁轨道交通 APP，打开蓝牙，选择咪付乘车选项，手机界面会给出提示，此时屏幕向下、以手机顶部接触地铁通道闸机的感应区，即可完成支付。在这一过程中，手机作为 Beacon 设备发出信号、由闸机感应区接收，据此识别用户身份，并通过后端服务器从绑定支付渠道中扣费。设备限制蓝牙功率，保证只在数厘米的小范围内可以感知到蓝牙信号，因而不会被相邻闸机误读取到。咪付的使用

① “咪付”既是支付方式名称，也是该公司的注册名称，即咪付网络技术有限公司。

操作和体验与 NFC 类似，但蓝牙较之 NFC 更为普及，中低端手机普遍有蓝牙功能，但却不一定支持 NFC，这是咪付的优势所在。

9.4 生物特征支付技术方案

在前述各类支付方案中，用户识别和鉴权都依赖于“设备”：无论是 RFID 标签、NFC、蓝牙或显示于屏幕的二维码，都是“以物鉴人”，需要依靠外物证明“你是你”。这带来两方面不便：第一，想要完成支付，必须随身携带相应的设备；第二，一旦设备遗失，则可能存在资金被盗用的风险。针对于此，业界将生物识别技术（Biometrics）应用于金融支付领域，通过识别人本身的生物特征进行鉴权。所谓生物识别技术，是指运用数理统计方法对生物特征进行分析，据此区分生物个体的计算机技术。常用的生物特征包括签字笔迹、声音（声纹）、人脸、指纹、掌纹等，在高安全级别领域还有视网膜、虹膜和指静脉识别。此外，在主方案之余，还可同时辅以体型体态、步态和个人习惯进行辅助鉴权。

签字是最古老的生物特征识别方案，适用于重复文本（如签名），而一般不适合独立文本的笔迹样本。签名识别系统通过签字力度、笔序、形态、运笔速度等多个维度对签字进行识别，而不单单是字形这一个维度。签字难以标准化，这导致签字的识别准确率偏低，中国金融认证中心（CFCA）基于人工深度卷积神经网络开发了 DeepHSV 签名鉴定算法，将鉴定准确率的世界纪录由 77.76% 大幅提升至 90.05%，但即使如此也不足以满足金融级的安全需要①，只能作为辅助鉴权手段。事实上，虽然金融机构普遍要求业务签字，但更多出于法务合规目的而非安全目的。

既然签字“不好”，那么什么样的生物特征才是“好”特征呢？一般应满足如下几项要求：（1）特异化，人人不同；（2）固定不变，通常不因偶

① 由概率论可知，连续识别 100 次，全对的概率为 0.0028%，这对于金融业务而言是不可接受的。

然因素出现大幅变动；（3）易于量化，方便建模匹配处理；（4）快速、算力开销小；（5）采集成本低；（6）适用场景广泛。基于这些标准，业界通常采用人脸和指纹方案用于高安全性场景，采用体态步态、语音方案用于低安全性场景或辅助识别，而笔迹、虹膜、指静脉等技术一般不用于商业场景。

以人脸识别为例，人脸图像容易采集、成本极低，且被识别者不必刻意配合，甚至不知道自己已经被识别了。可以通过摄像头连续抓拍、批量识别，天然地具有动态、实时、并发、活体检测的特性，因而特别适合于车站、商场等人流密集场所。在具体实现流程上，前端摄像头获取视频或照片图像，传输到后端处理系统中，经过图像预处理、定位人脸后，从中提取人脸特征，并与数据库中记录进行比对，最终输出识别结果。人脸识别算法的关键在于确定“人脸特征”，这需要依靠深度学习算法、通过大量人脸数据的训练得到特征模型。

图 9.17　人脸识别系统的后端管理系统

人脸识别方案技术成熟、商业生态完善，是现在最为通用的生物识别技术方案，在金融支付中有广泛应用。支付宝、微信等大型支付服务商技术实

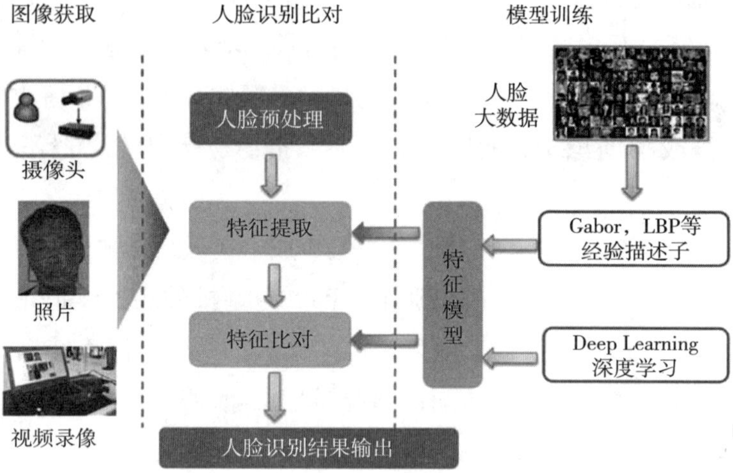

图 9.18　人脸识别系统处理流程

力较强，自行开发人脸识别模块，而中小厂商、初创公司可以选用专业技术提供商开发的相应 SDK（功能套件）或云服务，只需将 SDK 嵌入 APP 中即可，或采用云服务将图像上传到云端进行识别并获取反馈结果。在我国，有代表性的人脸识别服务商包括百度 AI 开放平台①、华为云人脸识别②等。

在金融应用上，支付宝推出的刷脸支付功能最具代表性。支付宝 2019 年上线刷脸支付功能，在超市、便利店、餐厅等场景布设带有高清摄像头的收银设备，用户刷脸后即自动显示关联的支付宝账号，通过补全手机号后四位进行辅助鉴权验证，即可完成支付。在支付过程中，用户完全不需要持有手机，整个流程只依赖自身的面部生物特征。微信、中国银联也推出类似的刷脸支付业务，但推广有限、市场占有率不高。由于用户存在对刷脸支付安全性的顾虑，目前该业务的实际开通率并不高，为刷脸设计的高清摄像头也多被用作普通扫码器使用。

---

① https：//ai. baidu. com/tech/face.

② https：//www. huaweicloud. com/product/face. html.

图 9.19　刷脸支付收银终端

9.5　小众支付技术方案：声波支付、光感支付与 Amazon Go 方案

早年间，由于手机普遍不带有蓝牙和 NFC 模块、摄像头像素低甚至没有摄像头、屏幕尺寸有限，业界提出了诸多另类小众、脑洞大开的支付技术方案，较有代表性的包括声波支付和光感支付。

2013 年，支付宝上线当面付（声波支付）功能。在支付宝 APP 付款码选项下，可选择“声波付”选项，此时手机通过扬声器发出高频声波，借此传输交易 ID 信息。声音频率超过人耳听阈，因而人类几乎听不到，但可以被其他设备的麦克风拾录。这一技术常用于自动售货机、用户间当面转账等场景，在二维码普及之前一度被广泛采用，特别适用于没有摄像头的中低端手机。在手机普遍搭载摄像头、条码支付普及之后，支付宝于 2019 年 1 月下线声波支付功能。

光闪付是另一种小众支付方案，由闪易科技在 2015 年推出。光闪付方

注：左图为支付宝主界面，中图为声波支付界面，右图为自动售货机声波支付感应区，提示使用手机喇叭对准感应区。

图 9.20　声波支付

案调用手机的闪光灯（低端手机没有摄像头，但会有 LED 闪光灯充当手电筒），通过高频率闪烁向收款终端传递认证码。收款终端不需要摄像头，只要有光传感器即可。这一方案不依赖摄像头，因而可在低端手机上采用，但推出时间过晚，和条码支付相比不具备优势，几乎未得到采用。

与上述两种方案不同，Amazon Go 是面向未来的、前沿的支付方案。该方案适用于亚马逊（Amazon）自己开设的线下门店。利用该方案，用户只在进门时刷一次手机、信用卡或手掌进行身份识别，告知系统“我来了”，即可在店内任意选购商品，最后不需要任何形式的结账，直接将商品带离门店即可，购物费用会自动通过 Amazon 账户扣除。整个过程中，除了最初进门时刷一次手机（或其他凭证）外，完全不需要排队、扫码、结账等操作，甚至不必再次拿出手机。所有商品也不必粘贴 RFID 标签，没有进行特殊处理。这一方案依托视觉计算、机器学习、传感器融合、边缘计算等技术，在天花板、货架上布设大量摄像头，配合使用 5～6 种传感器，综合运用人体追踪、动态识别、商品识别、重量校验等方式，全程追踪顾客拿了什么商品、拿了多少，并通过各传感器互相交叉验证。即使隐秘拿取、放回原处、放在其他货架上、装在背包内，系统也能准确跟踪和判断顾客的购物品类与数量，并在顾客离店后通过 Amazon 绑定账户完成支付。该方案并没有得到推广。一方面，Amazon 的初衷在于炫技，展示自己在人工智能和边缘计算等领域的技术实力，没有对外推广的必要；另一方面，大量摄像头、传感器、算力密集型服务器成本高昂，收银员人工反而更为廉价，这使 Amazon Go 方案在经济上不具优势。

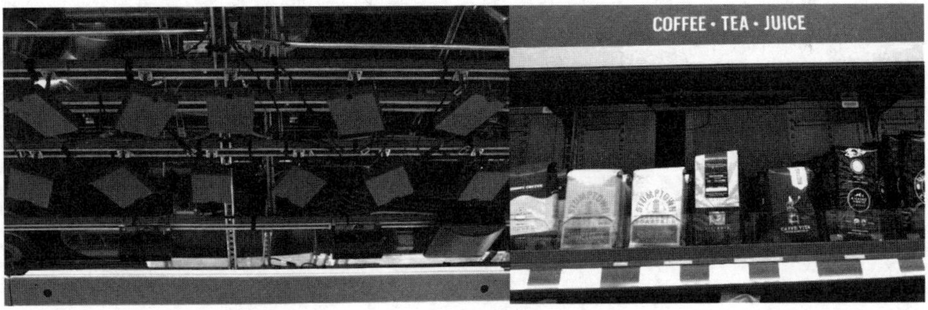

注：左图为 Amazon 商店天花板上排布的传感器；右图为货架，注意中间后方隐藏的摄像头。

图 9.21　Amazon Go 支付方案

第 10 章　大数据、云计算及其在金融支付中的应用

伴随大数据、云计算、人工智能等领域的发展，海量数据的收集和运用成为推动金融行业转型升级的重要动力。目前，金融行业数据整合、开放共享正在成为新的趋势，金融数据与跨行业跨领域数据相互整合匹配，这提供了新的可靠数据来源；大数据技术日渐成熟，算法不断演进、日益高效，云计算技术为其提供了算力保证。凡此种种，不断推动着金融业务模式创新和绩效提升，进而使金融成为推动经济高质量发展的不竭力量。

在本章中，我们介绍大数据、云计算的相关技术，进而介绍其在金融支付业务中的应用。

10.1　大数据技术基础

10.1.1　前置知识：数据运用环节

大数据是处理海量数据的技术，讲解这一技术，需要先行了解处理与运用数据的一般流程，这是展开后续讲解的基础。概括来说，数据的运用无外乎数据收集、数据预处理、数据传输、数据存储和运算、数据运用五大环节，各环节间逻辑关系及核心技术如图 10.1 所示。

（1）数据收集。

数据收集是数据分析与运用的起点。数据采集方式主要包括人工提交、

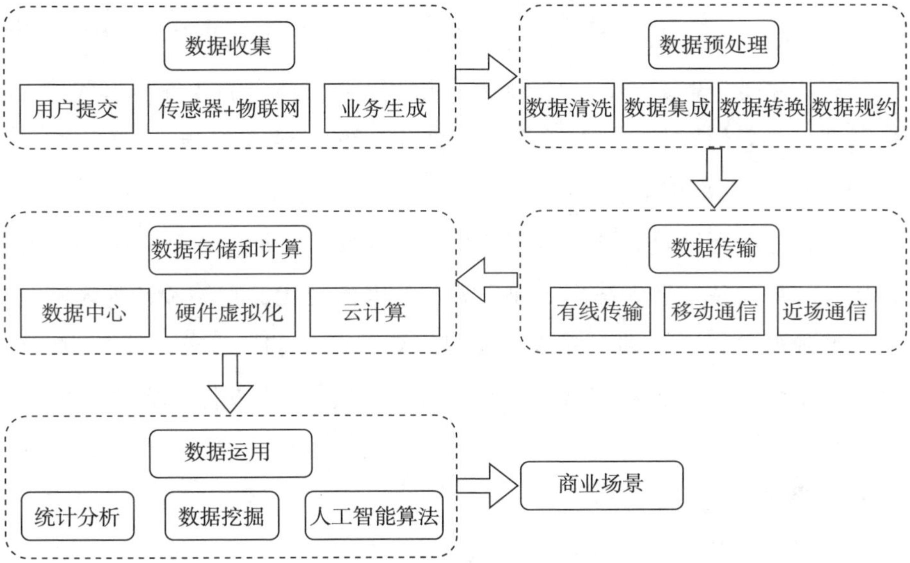

图 10.1　数据运用的环节

系统生成、网络爬虫采集、文件采集等。此外，依托传感器、近场通信和移动通信技术，物联网实现了万物互联，终端设备可以自动批量收集和报送数据，并与其他领域或行业的数据进行交叉匹配，这大大丰富了数据类目，降低了采集成本。

（2）数据预处理。

采集到的原始数据通常无法直接使用，需先进行一定的预处理才能成为可运用、有价值的数据。概括来说，数据预处理可分为数据清洗、数据集成、数据转换、数据规约四大类。数据清理主要是删除重复数据、错误数据、异常值和噪音数据，插补缺失值，对数据进行平滑调整等；数据集成是将不同来源的数据相互匹配、整合成统一数据集；数据转换是指对数据中存在的“不一致”情形进行处理，这种不一致既包括度量单位的差异（如某些采集数据单位用美元，另一些用人民币），也包括数据值方面的误差校验与交叉校验；数据规约是在最大限度保留数据信息的基础上，尽可能压缩数据规模，得到较小数据集的过程，如数据压缩、概念分层等。

（3）数据传输。

处理大数据要求高带宽、低延迟的数据传输能力。此外，除基于光纤、铜线的有线宽带传输之外，在金融支付领域中越来越多的业务需求依赖于移动通信和近场通信技术，前述章节介绍的4G、5G、蓝牙、Wi - Fi 等。

（4）数据存储和运算。

数据存储和运算是大数据运用的骨干。在硬件方面，伴随算力需求的提升，单一计算设备已经无法满足业务需求，因而现代的存储和计算通常在远端的大型数据中心（云端）完成，此即所谓“云存储”“云计算”。在软件方面，大量数据以音视频等非结构化形式存在，无法以传统方式承载和运用，这催生了大数据处理技术，运用非关系型数据库对数据进行组织，这为利用海量数据提供可能。

（5）数据运用。

一方面，原始数据信息密度极低，无益于指导业务实践，因而需要对其进行统计分析，从中挖掘出有价值的内容；另一方面，数据中蕴含着“知识”（包括人类未知甚至无法理解的知识），可以通过一定的方法（机器学习）使计算机掌握这些知识并用于解决现实问题，此即人工智能的概念。

10.1.2 大数据的概念与创生

（1）大数据的概念

对于大数据（Big data），业界并没有严谨、统一的概念界定。较为普遍认同的界定是“大数据指无法在可承受时间内用常规软件进行收集、管理和运算的数据集合”，又如咨询公司麦肯锡将大数据界定为“规模大到在获取、存储、管理及分析方面都显著超出传统数据库软件工具能力范围的数据集合”。从这些界定中可归纳得出，大数据是大量数据的集合，特点是数据量大到超出了目前主流数据库及分析软件所能管理和分析的能力。有价值的信息淹没在海量数据中，需要挖掘分析后才能为个人、企业或政府决策提供辅助，因而需要开发相应的技术对其进行处理。

大数据的来源众多，类型丰富。我们日常使用通信软件发送的消息、微博、影音视频、交通地理位置、交易记录、拍照录像等均产生海量数据。在业界，医疗、金融、电力、交通等行业都源源不断产生数据，例如医院会产生大量病历记录和医学影像，金融市场以毫秒为单位生成报价和交易记录，全国数亿住户的电表记录着每天的用电量，支付机构每日生成海量支付记录……大数据技术就是收集、管理和运用这海量数据的技术。

（2）大数据的创生

数字技术进步为大数据提供了技术基础，经济发展的客观需求是大数据技术演进的内在动力。

算力、存储能力和通信带宽持续提升，这为大数据的诞生提供了技术基础。在算力方面，Intel 创始人 Gordon Moore 总结指出，“一定价格下，集成电路上可容纳的晶体管数目每 18 ~ 24 个月翻一番，性能也会翻倍”[①]，此即所谓“摩尔定律”（Moore's Law），表明计算能力会呈指数级增长。在存储能力方面，IMB 于 1956 年推出的首台磁盘存储器 RAMAC（Random Access Method of Accounting and Control）容量只有 5M，体积巨大，且价格高达 6000 美元/MB；而 2022 年单块机械硬盘容量可达 22TB，尺寸仅 3. 5 英寸，且成本低至 0. 1 元人民币/GB，这为容纳海量数据提供可能。在互联网带宽方面，吉尔德定律（Gilder's Law）指出，主干网的带宽每 6 个月翻一番，这预言了互联网速度将会快速提升，同时网费会大幅下降。

技术发展需要商业化场景支撑，只有商业需求旺盛，业界才会持续投入技术研发。伴随互联网特别是移动互联网的广泛普及，新业务新模式爆发式增长，网络服务商积累了大量的业务数据，诸如用户个人信息、行为模式、交易记录等，进而通过分析这些数据提升服务效能、增强盈利能力。基于传感器和无线通信技术的物联网迅速发展，持续收集线下数据，并与线上数据

① 需要说明的是，摩尔定律只是一个基于经验的预测分析，并不由数学或物理定律来保证，事实上伴随芯片技术接近物理极限，元器件密度增长的步伐正在放缓，甚至英伟达（NVidia）创始人黄仁勋提出“摩尔定律已死”的观点。

交叉匹配，实现跨领域、跨行业数据相互融合。[①] 业界对分析运用海量数据存在商业性需求，这成为驱动大数据技术进步的内生动力。

注：左图为待装运上飞机运输的 RAMAC 硬盘总成；右图为 RAMAC 硬盘核心组件。

图 10.2　IBM 的 RAMAC 硬盘

作为一门学科的“大数据”历史悠久，但受限于早期的技术能力而没有得到充分开发，直至近 20 年方才取得长足进展。自 20 世纪中期开始，生物统计、气象学、社会学领域就积累了海量数据，这些数据构成复杂系统，即使是同一领域内不同学者、不同项目间的数据也缺乏联系，难以汇总处理。1966 年，国际科学技术数据委员会（CODDATA）成立[②]，旨在提升数据质量、可信度和可达性，加强数据管理，并最终实现在世界范围内共享科技数据。以此为开端，数据科学逐渐演化为一门独立的学科。1960 年，Peter Naur 首次提出“数据科学”（Data Science）这一概念；1998 年，*Science* 杂志刊文《大数据的处理程序》，首次使用 Big Data 一词；2001 年，普渡大学的统计学教授 William Cleverland 倡导将数据科学建设为一门独立的学科；2008 年，*Nature* 刊登 Big Data 专题，大数据的概念自此开始受到学界广泛关注。在这一过程中，*Data Science Journal*、*Journal of Data Science*、*EPJ Data Science* 等杂志先后创刊，成

① 例如，通过设备的定位模块收集位置信息，与来源于线上的业务数据相整合，可以向客户提供基于位置的服务（Location Based Service，LBS）。

② 中国科学院于 1984 年加入 CODDATA。

为数据科学发展的重要阵地。作为学科的“大数据”已成为其他研究领域的“基础设施”，服务于超级计算、生命科学、药物研发、经济科学等其他学科领域，并与商业性应用相互融合渗透。

10.1.3　大数据的发展概况

全球主要国家先后出台扶持举措，支持数字经济与大数据技术发展。对于美国，2010 年 1 月白宫科学技术顾问委员会（PCAST）和信息技术委员会（PITAC）提交《规划数字化未来》战略报告，将大数据的收集和使用提升到国家战略高度。对于法国，2011 年 7 月政府启动 Open Data Proxima Mobile 项目，旨在挖掘公共数据的价值；2013 年 2 月，公布《数字化路线图》，以数字工程师、信息系统设计师、新兴企业、软件厂商为主体，加大对数字技术发展的投资。对于德国，2011 年汉诺威工业博览会提出“工业 4.0”概念，将物联网、服务网应用于智能制造领域，实现“数字 + 制造”和“信息化 + 工业化”，以大数据赋能工业生产。

我国也推出一系列政策举措，支持大数据及数字产业的发展。2014 年，中关村大数据产业联盟发布《大数据白皮书（2014）》，第一次全面、深入、系统阐述了我国大数据产业发展与学术研究的大方向，着重讨论大数据对国家安全、政府政策、产业发展、投资理念、公司战略等领域的影响，并形成咨询报告呈交决策部门。2015 年，国务院发布《促进大数据发展行动纲要》，系统部署大数据发展工作，推荐大数据在多个领域的应用，例如提出利用大数据技术打造服务贸易新型网络平台等。“行动纲要”发挥了信号效应，引领资金投入这一领域，我国大数据行业自此快速崛起。

在大数据产业发展方面，贵州省先试先行，取得突出成绩。贵州生态脆弱、资源禀赋匮乏，不能发展高耗能高污染产业，但水电资源丰富、气温低，具有发展大数据产业得天独厚的优势。2015 年 6 月，习近平总书记前往贵州考察，听取贵州大数据产业发展、规划和应用情况介绍；2016 年 4 月，国家大数据（贵州）综合试验区建设获发展改革委、工信部、中央网信办三部门批复同意，贵州贵阳成为大数据之都、“中国数谷”。随后，2016 年 10 月，京津冀、上海、河南、重庆、沈阳、内蒙古六个大数据试验区获批建设。

2022 年 3 月，“东数西算”工程正式启动，成为继西气东输、西电东送、南水北调之外的又一项国家级资源跨域调配战略工程。我国算力资源分布总体呈现“东部不足、西部过剩”的不平衡局面，东数西算工程旨在引导中西部利用能源和气候优势建设算力基础设施，服务东部沿海等算力紧缺区域。该工程规划八个国家算力枢纽节点、建设十个国家数据中心集群，其中总枢纽（全国一体化算力网络国家枢纽节点）位于贵州。

表 10.1　“东数西算”工程节点及对应枢纽集群

枢纽节点	计算集群	枢纽节点	计算集群
京津冀枢纽	张家口集群	成渝枢纽	重庆集群 天府集群
宁夏枢纽	中卫集群	长三角枢纽	长三角生态绿色 一体化发展示范集群 芜湖集群
内蒙古枢纽	和林格尔集群	全国一体化 算力网络国家枢纽	贵安集群
甘肃枢纽	庆阳集群	粤港澳枢纽	韶关集群

10.1.4　大数据的技术特点与理念

（1）大数据的技术特点

大数据具有四类特点，即规模性（Volume）、多样性（Variety）、高速性（Velocity）和价值性（Value），通常被统称为“4V”特点。

①规模性：规模性指数据规模巨大。普通数据的规模通常以 GB、TB（1TB = 1000GB）衡量，而大数据则动辄以 PB（1PB = 1000TB）甚至 EB（1EB = 1000PB）衡量。

②多样性：多样性指数据来源广、类型多、格式不一。在来源方面，传统数据大多依赖于企业内部收集、人工采集录入，而大数据条件下更多依赖于传感器、统计分析 SDK、用户生成、业务系统生成等自动化方式采集，且大量数据来源于业务外部。特别地，“来源广”意味着需要在前端利用多个数据库接收来自客户端（Web、APP 或传感器）的数据，再导入汇总于统一的数据存储集群中，这要求数据库能够承载短时间内的大量并发访问和数据 I/O（输入/输出）。

在数据类型方面，传统数据大多是格式化的文本、数字，而伴随网络技术和传感器技术发展，数据类型大幅扩充，出现了大量非结构化、半结构化数据（详见专题 13 数据结构的分类）。值得一提的是，多样的数据之间并非各自独立，而是暗含一定的关联性，例如你在支付时除了金额外，系统会同时记录支付地点、交易场景（如支付宝会自动将你的账单归类为餐饮、出行、购物等类目）、收款商家信息、人脸识别视频等，这将你的支付行为、消费行为和个人信息关联起来。

③高速性：高速性是指数据处理速度快，这为强时效性业务提供可能。在大数据中，实时数据占据了很高比例，例如交通枢纽的视频监控需要实时完成人脸识别、发现人流中的犯罪分子，打开购物网站时需要实时给出个性化商品推荐，又如金融业务中信息以秒级甚至毫秒级时间统计汇总并更新。

④（低）价值性：大数据的价值密度很低，绝大多数是无价值的数据，例如在一年的防盗监控视频中，真正有价值的视频片段可能只有数秒；又如在数百万笔交易中，可能只有一两笔是可疑的、需要甄别的洗钱交易。因此，使用大数据时需要进行“数据挖掘”，从海量数据中剥离出真正有用的数据，这也是大数据应用的重要方向。

（2）大数据的思维理念

数据规模变化背后，隐含着对待数据的思维理念的转变。主要包括如下四个方面。

①总体替代样本

以往，由于数据难以收集和处理，运用数据的理念是“采样”和“降维”，使用少量样本数据代表总体数据、用数据的若干主要特征来反映总体特征。现在，我们可以以低成本获得大规模数据，采样也就失去了意义，样本即是整个数据总体。在大数据分析中，使用总量数据至关重要，例如想要识别金融支付中的信用卡诈骗行为（异常交易预警）就必须拥有完整的交易记录，忽略任意一笔交易都可能带来损失。

②关注效率而非精度

面对海量数据，大数据处理不过多要求精度，而更注重处理效率。换言之，大数据承认存在不确定性、错误不可避免，但较之于少量错误，速度和效率更具价值。例如，购物网站的“猜你喜欢”功能即使猜错了也没有关系，但若有延迟卡顿则会显著影响用户的购物体验。

③关注相关性而非因果性

分析大数据时更多关注“相关性”，而不强调各因素间的“因果性”。这一方面是因为，大数据信息更新极快，等找到因果关系时，可能信息本身已经过时，或者因果关系已经变动了；另一方面，大数据遵循应用导向，能解决问题即可，探究海量数据间的因果关系既不经济，也无必要。

④平等关系代替层级关系

传统数据处理中，为了便于组织和分析数据，通常会为数据分层分级，例如学校数据会分层为学院、专业、届别、班级等，抑或设定数据的处理优先级。而在大数据环境中，所有数据“众生平等”，通常没有层级、优先级之分，每一个数据都有价值，都能被运用到。

深入理解大数据在金融支付中的应用场景及其能力边界，需要涉猎较多数据科学的概念与范畴，但这已超出本课程的领域。为此，将较为重要的“数据结构的分类”和“关系型数据库与非关系型数据库”两个话题作为独立专题列举于下，供读者参阅。

专题 12　数据结构的分类

依据数据结构化程度的高低，数据可分为结构化数据和非结构化数据。结构化数据指具有固定结构的数据，例如学生信息数据的结构包含学号、姓名、性别、出生日期等内容，这些条目对于任何一个对象（学生）均一样；又如全国企业的财务信息包含年度、营业额、利润额等内容，这些条目对于每一个对象（企业）均一样。结构化数据通常能够以二维表来表示数据间的逻辑关系，一行数据表示一个对象（学生/企业）的信息，一列数据表示一项数据条目。

非结构化数据没有固定的内部结构，无法使用统一的结构来表示，例如文本、图片、音频、视频等。你无法像列举学生信息一样，通过表格化的结构去描述一部电影的内容。对于非结构化数据，我们一般直接整体存储为二进制数据格式。

此外，还存在介于结构化数据和非结构化数据之间的半结构化数据，即具有一定结构性，但结构变化很大的数据。半结构化数据不符合关系型数据库的数据模型，数据的结构和内容混杂在一起，但通常包含特定标记用来分隔语义元素或对内容进行分层。半结构化数据是存在一定的层次结构，但每一层中包含的内容是非结构性的，如网页（HTML 文档）、邮件、日志文档等。直观形象地理解，半结构化数据类似出版的著作：任何一本书都有固定的层次结构，形如“封面—版权页—目录—前言—正文—封底”，但各个层次中的具体信息（本文）无法用结构化的方式记录，只能整体存储；又例如你将一幅图片插入 Excel 表格中，表格本身是结构化的，但单元格中所存储的图片元素是非结构化数据。

非结构化、半结构化数据的存储分析和运用，是大数据技术关注的重点。结构化数据与非结构化数据的最大区别在于检索和分析的便利性，结构化数据易于检索、有成熟的分析工具，而非结构化数据的分析处理存在困难。现实中，绝大多数数据是非结构化的，例如医疗行业的影像资料、教育行业的教学文档、传媒行业的音视频素材、公安执法的视频存档，当然还有金融支付领域中的客户信息等。越来越多行业和组织都在生成和运用海量非结构化数据，这是大数据技术不断演进的内生动力。

专题13　关系型数据库与非关系型数据库

结构化数据使用关系型数据库来存储。关系型数据库使用“关系模型”来组织数据，具体表现为“行”和“列”组合而成的表格，看起来类似于Excel表格样式。信息可以分布在多张“表”中，例如学生信息分布在入学登记表、学期成绩表、毕业登记表中，各个表中的数据通过主键[①]匹配起来，这些表共同组成一个关系型数据库。例如，在“学生信息表”的例子中，各类数据可以通过“学号”这个字段匹配起来，由此将分布于多个表、多个年份的信息归拢展示。关系型数据库容易理解、贴近现实、使用方便、易于维护，但对海量数据的读写效率较低、难以扩展、无法保证高可用性。常用的关系型数据库包括Microsoft Access、SQL Server、Oracle、MySQL等。

非结构化数据无法用二维表来承载，自然也无法使用关系型数据库存储，需要使用非关系型数据库（NoSQL）。非关系型数据库提出了另一种理念，即Key - Value模型，以键值（Key）来建立数据间的关联，用户不需要像关系型数据库中那样进行多表查询，仅需要根据Key来取出对应的值（Value）即可。基于Key - Value模型的非关系型数据库更适合分布式存储数据，因而有更高的并发读写性能，可以存储海量数据，易于扩展；适用于复杂的非结构化数据类型，例如文档或音视频文件，且非常适合存储频繁更改的数据或数据类型会变动的数据。常用的非关系型数据库有MongoDB、Redis、CouchDB等。

① Key，即数据库中某个对象的唯一ID标志，全库中通常顺序递增、不会重复。

10.2　数据的计算与存储：数据中心与云计算

10.2.1　计算与存储的基础知识

介绍云计算技术之前，需要先行给出一些计算机领域的背景知识，这是展开后续讲授的必要前提。

（1）服务器基本常识

数字经济以“计算”和“存储”为底层技术依托。受限于芯片尺寸和制造成本，单个中央处理器（CPU）上的计算核心有限①，在面对高负载任务时无法满足算力需求；单个 CPU 对外通信的带宽有限，无法同时连接过多的内存和硬盘。为此，业界开发了多路主板，可将多个处理器安装在同一块主板上②，通过协同工作获得更强性能，并允许支持更大内存、更多硬盘。

安装多个 CPU 的主板尺寸较大，且硬盘等存储设备也需要占据大量空间。如何安放这些设备？最简单的方法是使用“大号机箱”装载，这就是所谓的“塔式服务器”③。但塔式服务器的问题在于：第一，机箱容量毕竟有限，无法适用于更多路 CPU 的大型主板；第二，空间利用率较低，尺寸规格不统一，不便于堆叠存放。针对这些问题，业界给出了“机架式服务器”的解决方案。机架式服务器又称“刀片服务器”，安装于机架上。机架和刀片服务器具有标准的尺寸单位，以“Unit”（1U =4. 45cm）为基础，服务器高度通常为 2U、3U 或 4U，机架高度按需定制。这种标准化的规格设计使刀片服务器可以紧密

① 2022 年，AMD Epyc 9654P（Zen 4 架构）实现了单个 CPU 最多 96 个物理核心、192 线程。

② 2022 年，Intel Xeon 系列第三代可扩展处理器最多支持八路，即同一个主板上最多可安装 8 个 CPU 实现协同工作。

③ 塔式服务器的布局与家用台式电脑主机类似，只是尺寸更大，从而可以容纳更大规格的主板和更多的硬盘。通常适用于 2 颗 CPU、10 块硬盘左右的计算存储设备。

地排列在机架上，极大地提高了空间利用率，便于集中统一管理。[①]

（2）IDC 机房

服务器工作时会产生大量热量，因而机房需要有良好的通风散热系统；风冷散热容易积灰，这会降低散热效率、导致短路，因而机房须保证无尘环境；服务器需要供电稳定，因而机房要有双路电源，并安装不间断电源（UPS）以维持后备应急供电。对中小企业来说，自行建设和维护机房成本巨大，而且小企业的算力需求可能只需要一两台服务器就能满足，没必要去建设一整个机房。这催生了互联网数据中心（Internet Data Center，IDC）业态，由专业的机房运维商提供场地和运维服务，中小企业只要在其中租用若干机架位置即可，也可直接向 IDC 机房租用成套的服务器。“托管机房”由此诞生，成为最早的数据中心模式，早年间 IDC 通常建立在电信公司大楼中，以便获得更快的主干网接入速度。

注：左上图为塔式服务器，下图为刀片式服务器，右上图为 IDC 机房。

图 10.3　服务器与数据机房

---

① 此外，刀片服务器有更大的空间来容纳主板，因而可支持最多 8 路 CPU；刀片服务器的内部设备布局与塔式服务器不同，硬盘放在最外层，可直接插拔、更换，便于维护。

（3）硬件虚拟化

IDC 机房通常提供标准化规格的服务器，对于小企业来说，租用一整台服务器是不划算的，算力过剩会造成资源浪费；而对大型集团，单台设备满载也无法满足算力需求，可能需要将数百甚至数千台服务器组合成一个整体，才足以承载业务。为此，VMware 开发了面向 x86 架构服务器的“硬件虚拟化”（Hardware Virtualization）技术，在一台或多台实体的宿主机上创造出模拟的计算环境，即所谓“虚拟机”，用户在虚拟机上安装程序、运行服务。例如，可以从一台服务器中划出分出 4 个内核、8G 内存封装成一台虚拟机，用于承载轻量型小任务；或者将数百台服务器组成一个集群，虚拟成一个拥有 5000 个内核、10TB 内存的大型主机，用于承载重型业务。目前具有代表性的虚拟机软件有 VMware Workstation、Oracle VM、Oracle VirturalBox 等。硬件虚拟化技术为云计算的诞生铺平了道路。

（4）分布式数据处理

分布式数据处理技术，就是将数据通过若干个相互联网的计算机组成的集群进行处理。以往，业界使用单一系统（大型机）对大规模数据进行集中式处理，这要求设备具有极高性能，因而硬件成本也相应较高。此外，集中式处理缺乏扩展性，大型机纵然性能强悍，但总有能力上限，无法满足不断增长的数据处理需求。由此，分布式数据处理技术应运而生，这一技术使用大量常见、廉价的 x86 架构服务器组建计算机集群，单一设备算力和存储空间都较为平凡，但通过组合起来共享算力和存储空间，可以实现远远超过大型机的总体性能。在处理数据时，每个设备被称为一个“节点”，程序和数据被分割为一个个小任务，分配给各个节点执行，最终再汇总得到运算结果。

分布式数据处理技术拥有非常不同的开发理念，认为硬件故障是非常常见的情形（而传统集中式处理通常尽力保障系统可靠性），应该由系统自动处理，因而会在系统中添加大量的冗余。事实上，诸如硬盘损坏、服务器故障等情形在分布式系统中非常常见，系统会自动将任务重新分配给集群中的其他设备，由此保证系统连续稳定运行。损坏硬盘中的数据可以通过备份或校验方式自动恢复，只需更换上新硬盘即可。

Hadoop 是分布式数据处理的奠基性框架[①]，目前主流的分布式处理方案均以此为基础。在 Hadoop 框架下，Hadoop Distributed File System（HDFS）模块实现数据的分布式存储，MapReduce[②] 模块实现数据计算等。以 Hadoop 框架为基础，业界开发了大量应用层软件，具有代表性的如 Spark（用于大规模数据处理的计算引擎）和 Storm（分布式实时数据处理）等。

10.2.2 云计算的概念及特点

企业真正需要的是存储、计算的“能力”而不是具体的硬件设备，因而可以将计算和存储过程放在远端完成，只将最终结果传回本地，这里“远端的机房”就是“云”最初的概念。伴随技术演进，云计算的内涵也进一步扩展，“按需购买、动态调整”成为云计算最为突出的特征。

云计算的设想最早由 Google CEO 施密特在 2006 年搜索引擎大会上提出，但并没有给出严谨的定义。一般认为，云计算是通过共享软硬件资源的方式，按需提供计算与存储服务，在这种方式下，用户不必理会底层硬件设备的技术细节，更无须进行运营维护，只需要按需采购云资源即可。云计算模式使用户从硬件运维中解放出来，可以专注于自身的核心业务，且可以快速、便捷地增量扩容。

（1）云计算的需求来源

①算力负载和存储需求动态变化

企业的算力需求动态变化，例如电商网站在“双 11”“6・18”等大促活动时期访问量大、算力需求大，其他时期算力需求小；又如，铁路“12306”购票网站在春运时期负载大、平时负载小。如果企业按照峰值负载

① 在计算机的语境下，框架（Framework）指一簇提供基础功能的软件产品，即用于支持软件运行的底层软件。

② 实际上 Google 先提出了 MapReduce 算法（论文），Hadoop 做了编程实现。

去采购服务器，那么大多数时期会出现设备低负载、算力闲置的现象，造成资源浪费；但若按平均负载去采购服务器，则在峰值时期无法承载大量的业务需求，造成系统宕机、客户排队的情形。

企业算力负载变化极快，有时候需要在分钟级时间内完成系统扩容。硬件设备的采购、安装、调适需要较长时间，无法满足快速扩容的需要。

②无法准确预判算力需求

对于初创企业、新兴业务，初创期并不确定自己未来是否能做大做强，因而不便贸然投资购置服务器，这会占用初创公司的大量宝贵资金，且一旦业务失败就会带来较大的沉没成本损失。

③企业缺乏硬件运维能力

伴随业务发展，企业需要不断增强计算和存储能力，因而会持续购置各类硬件设备，还需要组建运维团队来安装、配置、测试、运行、升级以及保证系统安全。这些工作专业性强、开销巨大，而且会分散企业精力，使企业无法聚焦于主营方向。

为解决以上需求，业界研发了云计算技术。

（2）云计算的特点

①成本优势

对于中小型公司，可以向商业性云计算服务商购买虚拟机或其他类型云服务，省去了采购、运维服务器的成本，只需按需求量付费购买计算服务，业务成本显著下降。

大型互联网集团通常自建云服务，这也可获得更低成本。大型互联网公司存储天量数据、面对海量计算需求，这需要规模庞大的数据中心来承载，而其总部通常在一线城市，城区土地有限、能源昂贵，并不适合建设数据中心，因而通常将数据机房建设在远端（如贵州、内蒙古等），运用当地廉价的土地和能源，并通过集中统一运营管理来降低运维成本，集团内的各个业务线按需使用集团计算资源。

②灵活弹性

当企业需要更多算力、更大存储空间时，不必自己去购置新的硬件设备、等待设备安装，只需要购买相应的算力或存储服务即可，因而特别适合成长期企业、负载动态变化的业务的需求。

③安全稳定

实务中，大量服务器组成集群，通过虚拟机方式提供云服务，并拥有充足的冗余备份。当一台设备损坏时，系统可以自动将虚拟机切换到集群中的其他设备来承载，确保服务不中断。

④底层硬件解耦

用户关注的是“算力”而非具体硬件实现方法，云服务使底层硬件与应用层软件环境解耦，用户不必关注底层硬件的信息，只要保证服务兼容性即可，这使得底层硬件升级更为便捷。事实上，云服务已经经历了从 IBM 服务器向 x86 架构服务器集群迁移的历程，目前正在向 ARM 架构迁移（ARM 有更好的性能功耗比优势）。主要厂商目前积极通过自研 CPU 降低数据中心的成本，如阿里自研倚天 710CPU 并已大规模应用，且宣布未来至少 20% 新增算力使用自研 CPU，且这种架构级的大幅改变并不需要用户配合调整。自研 CPU 带来成本节约，并最终降低用户的使用成本。

10.2.3 云计算服务商及典型业务

全球较为知名的云计算服务商包括阿里云、腾讯云、亚马逊 AWS、微软 Azure、Google Cloud 等。各类厂商提供的服务大同小异，本小节以阿里云为例对典型云服务进行简要介绍。

（1）云服务器 ECS

云服务器即弹性计算服务（Elastic Compute Service，ECS），形象地说就是将若干 CPU、内存、硬盘打包成一个“虚拟机”提供给用户，用户可以将其当作真正的独立主机一样运用，通常用于承载网页或 APP 访问。云服务器的“弹性”体现在，其算力（CPU 核数）、内存等均可以按需购买、平滑升级、按小时数付费，调整极为灵活。2022 年阿里云已可以在 3 分钟内交付 50 万核 CPU。

在价格方面，作为直观示例，2022 年 11 月时一台英特尔至强白金 8269 处理器、2 CPU 内核[①]、2. 5 ~ 3. 2GHz 频率、2G 内存、内网带宽 1. 5Gbps 的云服务器，定价 60 元/月。以上参数是决定云服务器价格的主要参数，且可以自由灵活调整每一项性能需求。外网带宽和存储空间按需另购。

（2）高性能计算 HPC

高性能计算（High Performance Compute，HPC）可提供5000 核级别的计算集群，按核、按秒计费，通常面向科研、工业设计、影视传媒、动画渲染等行业提供高性能计算服务。

在价格方面，作为直观示例，2022 年 11 月时一丛英特尔至强白金 8369 处理器、128 CPU 内核、2. 9 ~3. 5GHz 频率、512G 内存、内网带宽 64Gbps 的超算集群，定价 51. 52 元/小时。

（3）对象存储服务

对象存储服务（Object Storage Service，OSS）提供数据存储服务，适用于热对象（频繁访问的数据）、低频对象（单月不到 1 次）、归档对象（90 天不到 1 次，访问前需 1 分钟解冻）、冷归档对象（单年不到 1 次，访问前需 12 小时解冻），越“冷”的存储越便宜。通常作为附加功能包与云服务器实例一同购买，用于存储网站用户数据、内容数据或 APP 业务数据等。

在价格方面，作为直观示例，2022 年 11 月时标准类型（热对象）0. 12 元/GB/月，但批量购买时有大幅折扣，约 919 元/TB/年。归档存储更便宜，约 270 元/TB/年。

---

① Intel Xeon 8269 处理器物理上有 26 个内核，运用虚拟机技术使云服务器独享其中 2 个内核。

（4）负载均衡 SLB

负载均衡（Server Load Balancer，SLB）将流量分发到不同的后端服务来扩展应用系统的服务吞吐能力，这可以降低访问延迟、绕过单点故障。例如在网络游戏业务中，用户会被分配到最邻近的接入节点，以降低游戏的延迟；又如在视频聊天业务中，用户会被分配到带宽充裕、负载较低的节点，以提升网速、避免卡顿。

（5）内容分发网络 CDN

内容分发网络（Content Delivery Network，CDN）将静态内容（图片、视频）预先存储在靠近用户的服务器中，可以提升跨地域、跨运营商通信时的网络性能，如加快网页打开时间、避免在线播放影片时卡顿。CDN 和 SLB 的区别在于，SLB 是通过分布式的云服务器来承载业务本身，而 CDN 只是对静态内容进行缓存。

（6）DDoS 防护

网站或网络服务运营过程中常会受到 DDoS 网络攻击[①]，DDoS 防护功能可以过滤掉攻击流量、保留正常的访问请求，避免网络攻击导致的延迟增加、访问受限或业务中断。

上述六项是最具代表性的云服务业务，涵盖计算、存储、网络、安全等主要领域，其余业务类型大多是在此基础上进行的深化和细分。

除商业用途外，目前也有面向个人用户的云服务，这主要聚焦于云存储领域，具有代表性的是“网盘”类服务，如百度网盘、坚果云、微软 OneDrive、苹果 iCloud 等；此外还有各类设备商面向本品牌用户提供的云存储服务，如各类手机厂商提供通讯录和相册同步功能的云端空间。

① DDoS 即“拒绝服务攻击”，又称“洪水攻击”，是互联网上最为常见的一类攻击手法。攻击者运用自己控制的大量电脑（俗称“肉鸡”）向网站发送海量访问申请，挤占掉网站的服务器资源，从而使真实的用户无法正常访问网站。

专题 14　云计算与“去 IOE 化”

早年间，无论是金融机构、互联网企业，还是专业的数据中心，都使用IBM 小型机、Oracle 数据库和 EMC 高端存储设备来搭建计算环境，这三者被并称为“IOE”。三家企业凭借技术优势和垄断地位，以高额定价攫取了云服务行业中的大半利润，成为大型集团、互联网公司、云服务商和金融企业沉重的成本负担。

阿里巴巴是较早提出去 IOE 化的厂商，希望将 IBM 大型机替换为由大量 x86 架构服务器组成的集群，将 Oracle 数据库替换为自研的分布式数据库，进而以分布式数据库为依托替换掉 EMC 存储设备。2010 年，总师阳振坤加入阿里巴巴，OceanBase 数据库项目立项；2011 年，OceanBase 0. 1 上线，用于淘宝收藏夹等低负载项目；2014 年，OceanBase 0. 5 上线，承载支付宝交易系统，负担“双 11”的 10% 流量；2015 年，网商银行成立，OceanBase 成为全球首个应用在金融核心业务系统的分布式关系型数据库；2016 年，OceanBase 1. 0 在支付宝账务系统上线，支撑 12 万条/秒支付峰值；2017 年，支付宝把包括账务库在内的所有核心数据迁移到 OceanBase 上，创造 4200 万次/秒数据库处理峰值纪录；2018 年，OceanBase 2. 0 版本正式发布，向外部开放并重点降低金融行业转换数据库的难度，被南京银行、苏州银行、人保健康险等采用；2020 年，中国工商银行将对公（法人）理财系统从大型机迁移到 OceanBase，标志着 OceanBase 的性能和可靠性得到世界一流金融机构的认可。

2019 年，阿里巴巴的飞天（Apsara）云操作系统已可以支持组建 10 万台服务器节点的单个集群，算力远远超过任何大型机；2020 年，OceanBase 数据库在 TPC－C 测试中取得全球第一，每分钟存取 7. 07 亿条数据，超过 Oracle 数据库的 3024 万条。目前，公有云服务已被各行业、各领域广泛采用，IOE 套件已被大多机构裁汰。

注：2013 年 5 月 17 日，阿里集团最后一台 IBM 小机在支付宝下线。

图 10.4　阿里巴巴最后一台 IBM 小型机下线

10.3　人工智能

10.3.1　人工智能的概念

人工智能（Artificial Intelligence，AI）是指由人制造出来的“机器”所表现出来的智能，是一种利用计算机程序来模拟人类智慧的技术，属于计算机科学的一个分支。人工智能除了依赖计算机技术之外，还有赖于医学、神经科学及统计学等技术的进步。

美国 MIT 教授 John McCarthy 在 1955 年将人工智能定义为“制造智能机器的科学与工程”，Andreas Kaplan 和 Michael Haenlein（2019）将人工智能定义为“系统正确解释外部数据，从这些数据中学习，并利用这些知识通过灵活适应实现特定目标和任务的能力”。一般而言，人工智能泛指可以模仿人类思维认知功能的机器，可以从过去的经验（训练数据集）中学习，作出合理决策并解决问题。

人工智能有多个分支领域，技术上相互关联，但又各不相通，涉及范围极广。具有代表性的包括：

（1）自然语言处理，运用自然语言（人类交流的语言，而非计算机编程语言）实现人机之间的交流。主要用于机器翻译、语义理解和问答系统，例如 Siri 等语音助手工具、谷歌翻译等均依托于自然语言处理技术。

（2）计算机视觉，使机器获得自动识别图像特征的能力，可以像人一样识别、理解、分析和处理图像等视觉信号。常用于自动驾驶或医疗影像领域。

（3）专家系统，审查和评估当前的情形，作出判断决策并预期可能得到的结果。常用于自动控制系统。

（4）启发式问题解决，基于已有知识、结合一些猜测，寻找最佳解决方案。常用于生命科学、小分子药物设计等领域。

（5）机器学习，从用户输入的数据中获取"知识"，从而能够对命题自动作出判断、输出相应结果。需要指出的是，机器学习时算法得到的"知识"可以超越了人类已有的知识边界，甚至超越人类的理解能力。人工智能可能并不能真正理解这些知识，只是依据输入数据给出输出结果而已。机器学习既是人工智能的一个独立研究领域，也是一种底层的技术方法，用于为其他人工智能应用提供技术支撑。根据学习模式不同，可分为监督学习、无监督学习和强化学习等，根据学习方法不同可分为传统学习和深度学习等。例如，谷歌旗下 DeepMind 公司开发的人工智能 AlphaGo 通过对棋谱的学习（监督学习）和自我对弈（无监督学习）掌握了围棋的玩法，下出了人类棋手历史上未曾用过，也难以理解的布局，并战胜了全球几乎所有的顶级职业棋手。①

人工智能发展的边界何在？学界有两类观点。强人工智能观点认为，人类有可能制造出"真正"能够推理和解决问题的职能机器，并且这样的机器

① 2016 年 3 月，AlphaGo 以 4:1 战胜李世石九段；2016 年 12 月，AlphaGo 在野狐、弈城平台连下 60 局，战胜了聂卫平、柯洁、朴廷桓、井山裕太、柁嘉熹、芈昱廷、时越、陈耀烨、李钦诚、古力、常昊、唐韦星、范廷钰、周睿羊、江维杰、党毅飞、周俊勋、金志锡、姜东润、朴永训、元晟溱等世界冠军棋手，连笑、檀啸、孟泰龄、黄云嵩、杨鼎新、辜梓豪、申真谞、赵汉乘、安成浚等中国或韩国国内冠军或者世界亚军棋手，60 战全胜。

被认为是有知觉的、有自我意识的，尽管知觉和意识可能和人类不同、使用完全不一样的推理方式。弱人工智能观点认为，人类不可能制造出能“真正”地推理和解决问题的智能机器，这些机器只是“看起来”像是智能的，但实际上并不真正拥有智能，也不会有自主意识。目前，依靠神经网络技术的发展，弱人工智能已取得巨大进步，但能否最终生成强人工智能还尚未可知。

10.3.2 人工智能算法

了解人工智能算法，可以更好地理解其在金融业务中的运行模式，也有助于在实务中选择合适的算法模型。现代人工智能算法已极其复杂，但底层原理大致相似。在此，我们尽量简单平白地介绍若干代表性人工智能算法的思想，而不涉及数学细节。

（1）贝叶斯算法：朴素贝叶斯

朴素贝叶斯算法利用统计学中的贝叶斯公式计算后验概率，实务中包含准备、训练和应用三个步骤。以一个例子来解释朴素贝叶斯的算法思想：果园中收获了很多果子，有“好果”和“坏果”，一般橘红色是好果、青绿色是坏果。将所有果子放在输送线上，对每个果子拍照，前1000个果子人工进行鉴别，标记为“好果”或“坏果”，之后的果子根据颜色计算属于“好果”的概率。如果果子足够“红”，那么它就有较高的概率是“好果”；我们可以设定一个概率阈值（例如70%），若达到这一标准则判定为好果。这种分类方法就是朴素贝叶斯方法。在这一过程中，对前1000个果子人工进行标记的过程就是“训练”模型，这一过程有人工干预，因而属于“人工学习”模型。

贝叶斯分类的主要思想是计算后验概率、判断个体有较大概率归属于哪一类。常用的贝叶斯分类器算法有Naïve Bayes、TAN、BAN、GBN等。

（2）神经网络模型

神经网络模型通常用于模式判断，如将手写字符识别为对应字符。例如数字 9，即使由同一个人书写，每次也会有少许差异，神经网络模型可以将这些有差异的手写体识别为对应字符。在技术细节上，神经网络接收输入的图像（如 28 ×28 像素），将这些像素点打散排成一列，如果像素点“亮起”就记为 1；反之记为 0，如此得到一个 784 ×1 的数组，这就是神经网络的第一层。我们知道阿拉伯数字一共只有 10 个，因而在这个神经网络的输出端只有 10 个输出，即 0 ~9。在中间，我们设定若干隐含的神经层，并制定规则：当上一层中某些像素亮起（为 1）时，下一层特定位为 1，否则为 0，并由这一规则确保最终输出端只有正确答案的字符为 1，其余为 0。作为示意，“规则”类似于：如果第 1 层第 1、4、9 位为 1，则第二层第 3 位为 1；若二层 3、6、12 像素为 1，则第三层第 2、13 位为 1……直至输出端正确答案对应的位为 1。接下来，我们的工作就是对这个网络进行“训练”，反推找到这种“规则”。通过人工标记的方法生成一些正确的样本，然后以这些样本训练网络，找到规则，就得到了一个神经网络。以后将图片输入这个神经网络，就会在正确答案的位上输出 1，即可给出结论。

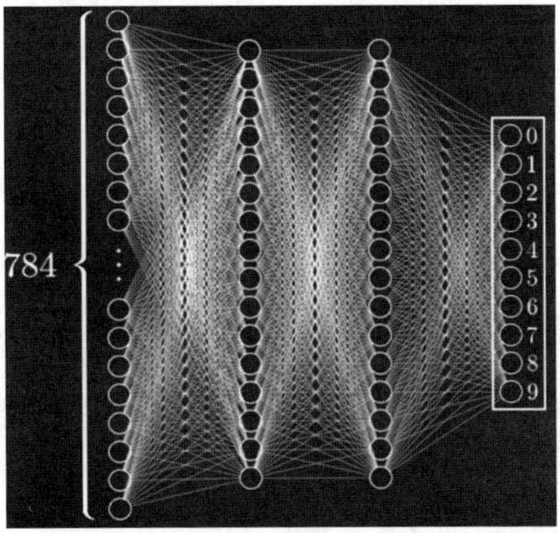

图 10.5　神经网络模型示意图

（3）支持向量机（SVM）

支持向量机是对对象进行分类的方法。例如，想要识别一个物体是汽车还是行人，可以寻找它的若干特征（尺寸、移动速度），把这些参数画在坐标轴中。一般而言，尺寸大、速度快的是汽车，它们会位于坐标轴右上侧；尺寸小、速度慢的是行人，他们会位于左下侧。在两类样本之间，可以画一条分界线，这条“线”就是支持向量机。当发现一个新的对象时，可以测量它的大小和速度，在坐标中划出来。如果在线的右上侧，则归类为汽车；反之，如果在线的左下侧，则归类为行人。支持向量机需要先通过样本训练来画出合适的“线”，标准是使线距离两类对象的距离尽可能的远；如果无法以直线作出区分，就通过坐标变换将参数映射到另一个空间，直至能够完整区分。离线越远的对象，说明它的分类越可信。

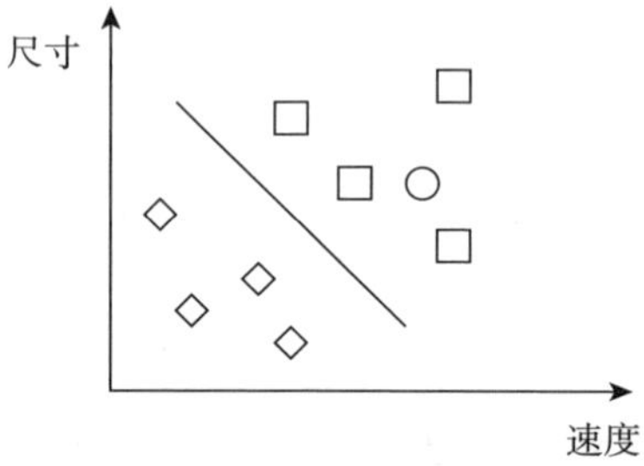

注：以正方形代表汽车，大尺寸、高速度，在右上侧；以菱形代表行人，小尺寸、低速度，在左下侧。新出现的对象以圆形代表，它的参数在线（支持向量机）的右上侧，因而被归类为汽车。

图 10.6　支持向量机示意图

（4）决策树

为达到目标根据一定条件进行选择的过程，就是决策树。例如，游戏中遇到敌人，是选择攻击还是逃跑，如果攻击是选择物理攻击还是魔法攻击，如果魔法攻击是用火焰还是水弹……如此逐级细分、作出决策。决策树模型在机器学习也用于分类，是最为经典的分类模型之一。

构成决策树的元素是“节点”和“边”。节点会根据样本的特征做出判断，如遇到低等级敌人就攻击、高等级敌人就逃跑；若攻击，如果敌人免疫物理攻击就选择魔法攻击……最初的节点称为根节点，其余的称为子节点，不再有分支的节点称为叶子节点，叶子节点代表样本的分类结果。决策树的优点是天然的可解释性，其局限在于，若一个模型极为完美，那它一定是过拟合的，可能无法分类某些新样本，为此，需要对决策树“剪枝”。

10.4　大数据的金融应用

金融业属信息密集型行业，数据规模庞大、IT 基础设施完善、技术水平较高，因而在运用大数据技术方面具有独到优势。利用大数据技术，通过集合海量的非结构、半结构化数据，金融机构对金融消费者的特征和行为进行分析，从而掌握客户消费习惯、预测客户行为，并由此提高金融服务平台的效率、降低经营风险。

在金融行业中，大数据技术主要用于金融业务创新、客户行为分析、金融风险分析、投资预测分析等领域。其中，金融风险分析与防控是最重要内容，风控水平直接影响坏账率和利润，这也是大数据平台建设和数据治理的最重要目标。

10.4.1　大数据在个人征信与小额信贷中的应用

运用大数据技术，个人征信服务商可以集合多维度数据，评判客户的综合信用水平，供金融机构、租赁机构作为参考。以阿里巴巴旗下芝麻信用为例，它以阿里系平台的交易数据和蚂蚁金服的互联网金融数据为基础，综合人脉关系、资产证明、身份证明、行为积累和守约记录五个指标，给出评价个人信用水平的“芝麻分”，经用户授权后提供给外部机构作为参考。大数据征信为互联网小额信贷、免押租赁等服务提供了支撑。

依托个人征信数据，互联网金融机构可以在线向客户发放小额信贷，实现自动核定额度、贷款秒级到账，极大地提升了审核效率、降低贷款发放中的交易成本。在电商与消费信贷领域，具有代表性的业务为蚂蚁金服旗下的“花呗”。依托于阿里巴巴旗下平台的消费场景、客户支付与还款记录、收货地址稳定程度等信息，蚂蚁金服花呗业务向客户提供授信，可在购物时获得类似信用卡的消费信贷。与之类似，京东旗下京东金融推出“白条”，提供相似的消费金融业务。消费金融业务以真实的消费场景为依托，风险相对可控，金融监管政策也较为宽松。

在商业贷款方面，具有代表性的是腾讯旗下微众银行的微粒贷和蚂蚁旗下的网商贷项目。微众银行是纯线上银行，没有线下网点，所有业务均通过APP线上办理。贷款授信实行“白名单”邀请制，基于腾讯的后台数据对用户进行分析筛选、按照内部信用评级模型进行打分，之后用户可在授信额度内申请信用贷款。蚂蚁网商贷则主要面向店铺企业，参考流水数据、客单价、行业类别、预估利润等因素，向网点企业提供最高300万元的授信额度，用于店铺经营周转。①

10.4.2 大数据在保险业务中的应用

在保险经营范围方面，大数据技术帮助保险公司扩大了保险行业的业务经营范围。风险可分为“可保风险”与“不可保风险”，后者难以准确测算，也就无法厘定保险费率，因而不能被保险业务覆盖。在大数据技术帮助下，部分以往难以测算的风险现在可以追踪、测算和定价，这突破了可保风险与不可保风险间的界限，拓宽了保险业务的覆盖范围。

在定价方面，大数据技术可以实现更精细化的保险价格厘定。以车险为例，合理的车险定价应该和驾驶人的行驶里程相关，行驶里程多则价格高；反之则价格低。在以前，由于难以识别每个客户预期行驶里程，这种差别化定价难以实施，只能以所有驾驶者的平均水准估定价格。② 在大数据技术支持下，以Metromile为代表的若干保险公司推出基于汽车监控技术实现的

① 这实质上也可认为是以“店铺口碑”这一虚拟资产作为抵押的贷款。

② 但会通过出险情况、违章情况等驾驶习惯进行定价调整，例如若无出险则次年保险价格适度下浮。

"按驾驶里程收费"车险业务，车险由固定月费和里程费用组成①，由此实现更为合理的个性化计费方案。

在保险风控方面，大数据技术将静态数据风控模型推广到基于跨界数据的动态风控模型，可以更好地实现赔款代位追偿。一个典型案例是，某地某银行向大学生发放助学贷款，存在学生离校后换手机失联、拒绝还款的情形，因而向中国人民保险集团投保助学贷款保险，在学生逃贷时由人保公司向银行支付赔偿。某一年份，约一半的学生毕业后还款逾期，人保公司支付巨额赔偿。因政策要求，人保公司即使亏损也要持续开展此项业务。在大数据技术支持下，人保和某银行联合引入动态风控技术，要求申请助学贷款人员授权其查询支付记录与社会足迹信息，对于消费享乐、大额开支较多、信用记录不佳的客户停贷停保，而支出正常客户可继续承保。

在骗保核查方面，可通过大数据分析识别潜在的欺诈风险，避免错误理赔带来的损失。以 Allstate Corporation 保险公司为例，运用机器学习算法对理赔数据、理赔人信息、网络数据进行分析，训练人工神经网络进行自动化骗保核查，检测出存在较高风险的项目后再转交人工部门进行审阅，由此可检查出更多欺诈行为，减少人工工作量。在这一技术支持下，核查误报率下降超过 50%，索赔成本降低 2% ~3%。此外，部分保险公司还将骗保核查外包给专业的第三方服务商，例如 LexisNexis 数据公司专门从事此项业务，关联了大量美国保险公司的理赔数据，并与公开数据库（犯罪记录、婚姻记录等）匹配，自动整合理赔人相关数据，通过算法监测欺诈行为。

10.4.3　大数据在客户管理中的应用

通过建立分析模型，可运用大数据来预判客户偏好、识别客户价值、预测客户流失，并进行针对性的干预。具体而言，大数据在客户管理中的功用主要包括客户推荐分析、客户价值分析和客户流失分析三项。

---

① Metromile 的定价是，29 美元/月固定费用 +0.06 美元/英里（1 英里 =1609.344 米）里程费用，每日 250 英里封顶，超额不再计费。

客户推荐分析是指，基于客户资金实力、风险偏好与风险承受能力等信息，识别客户的投资偏好与习惯，向客户推荐具有较高契合度的金融产品，引导客户购买、提升转化率。例如，对于年龄较大、资金规模小、每月收支流水少的客户，在主屏推荐低风险的稳健型理财产品，而对于实力雄厚、风险承受力强的客户推荐进取型理财产品。需要说明的是，客户推荐分析中很多数据是来源于金融组织外部的，例如你在汽车 4S 店或房屋售楼处留下联系方式后，银行会预判你可能有贷款业务需求，进而定向对你展开金融营销。

客户价值分析是指，基于大数据对客户群进行细化分类，分析客户价值并着重维护高价值客户。金融机构的资源有限，难以面面俱到地为每一个客户提供高水平服务，因而往往会将客户划分成若干客群，为其中的高价值客户提供更多、更周到的服务。例如，将用户划分为普通用户和 VIP 用户，甚至进一步细分为三星 VIP、五星 VIP 等多个级别，在接待安排、客户经理服务、电话业务接入、节日赠礼等方面给予差别化对待。实务中，除资金规模因素外，银行还会分析客户消费记录，例如经常有五星级酒店、机票、境外消费的客户通常是高价值客户，即使目前在本银行资金量不大，也会给予优待礼遇，以期未来能有机会争取客户将资金转移至本行。

客户流失分析是指，建立客户流失预测模型，对存在较高流失风险的优质客户制定挽留政策。① 通过大数据排查客户行为，可以识别出其中的异常情况，例如客户资金量下降、交易减少等，此时可推出针对性挽留举措，例如给予专属理财产品（收益率高于均值、只向邀请用户开放）、加强客户沟通、指派专属客户经理、节假日赠送小礼品等。实务中，招商银行通过大数据和客户流失预警模型，对于预测流失率前 20% 的客户发放高收益理财产品，使金葵花客户（高端理财客群）的流失率降低 7%。

① 这一策略较早由中国移动提出。中国移动通过分析客户通话量和流量使用情况，预判客户存在转网可能，就会通过向客户赠送免费流量、存费赠费等方式挽留用户，但要求一定时间的合约在网时长。

10.5 云计算的金融应用：以中国工商银行为例

如专题 15 中所言，为提升系统性能、降低业务成本，中国各金融机构都在加快“去 IOE 化”步伐，将业务“上云”，并以分布式架构服务器替代集中式的大型机。2020 年，中国工商银行对公（法人）理财系统从 IBM 大型机 + Oracle 数据库迁移到阿里云的 OceanBase 数据库，成为云计算在金融领域运用的标志性案例。①

中国工商银行原有的 IT 架构为，硬件方面使用 IBM 大型主机搭建核心系统，软件方面使用 Oracle 数据库和 IBM WAS（Websphere Application Server，应用服务器）搭建 OLTP（Online Transaction Processing，联机事务处理）服务，这成为银行柜台和网上银行服务的底层 IT 技术基础。客观来说，这套方案同行业领先，但科技成本也较高。

随着业务规模扩张，工商银行传统 IT 架构面临四大挑战：（1）在处理能力层面，系统采用集中式架构设计、单一系统垂直扩展模式，扩展能力有限，而大数据时代对海量数据的分析和存储需求对于系统可扩展性提出更高要求。（2）在运行风险层面，银行要求 7 × 24 小时不间断运行的高可靠性，而集中式架构存在运行风险，虽然有业务备份，但一台大型机损坏仍然可能对业务稳定运行产生较大冲击。（3）在快速交付层面，原有系统中各应用模块内部、应用与应用之间耦合度高，各模块之间相互调用、牵一发而动全身，导致软件开发和产品交付周期长，这与现在模块解耦、敏捷开发、快速迭代的开发理念相悖。（4）在成本控制层面，大型机运维费用昂贵，Oracle 数据库的软件许可费用高昂，这已成为难以承受的成本负担。此外，以淘宝“双 11”为代表的外部业务需求为中国工商银行 IT 系统提出更高要求：2019

① 本案例来源于中国工商银行软件开发中心经理魏亚东先生的分享。魏亚东先生为中国工商银行软件开发中心三级经理、资深架构师，工行杭州研发部数据库专家牵头人和开发中心安全团队成员，负责技术管理、数据库和安全相关工作。

年，支付业务峰值流量达到 54.5 万笔/秒，这些指令最终都会传输给包括工商银行在内的金融机构，而这已逼近银行承载能力的极限。

表 10.2　中国工商银行服务上云转型历程

时间节点	进程	时间节点	进程
2016 年初	分布式原型研究	2018 年 8 月	PLTP 分布式数据库研究
2016 年 12 月	开放平台数据库转型规划	2018 年 10 月	高可用、运维能力提升 MySQL 云化部署
2017 年 5 月	分布式应用上线	2018 年 12 月	资源使用效率提升
2017 年末	开源 MySQL 能力建设	2019 年 1 月	MySQL 云化及自助能力建设
2018 年 5 月	基于中间件 MySQL 分布式上线	2019 年 11 月	国产分布式数据库 GaussDB 试点上线

将业务需求拆解成技术需求，工商银行提出建设分布式数据集群的核心诉求与策略：(1) 要求具备企业级的业务支撑能力，能够做到高并发、可扩展和海量数据的存储与访问，能实现“同城双活”备份。(2) 大幅降低使用成本，为此硬件方面选择通用的 x86 架构服务器，软件方面尽量选择基于开源软件进行二次开发，降低对商业性产品的依赖。(3) 提升数据库运维自动化和智能化水平，并与自身系统进行适配性定制。(4) 确保系统稳定可靠。① (5) 自主可控，不会受到断供或制裁的影响。

基于上述技术需求，按照先易后难、先“软”后“硬”的原则，工商银行首先对数据库进行技术选型，以替换掉原有 Oracle 数据库。新数据库方案要求能够承载原有的 OLTP 服务，属于 NewSQL 类数据库，支持分布式架构且自主可控。经比对，最终确定采用 MySQL 数据库方案。MySQL 数据库是一项基于 GPL（General Public License，通用公共许可协议）的开源数据库技术，开源保证了其安全性，且允许免费使用和客制化修改。此外，MySQL 生态成熟、市场占有率不断提升，符合技术演进趋势。

① 2015 年，支付宝系统瘫痪登上微博热搜；2013 年，工商银行 IBM 主机宕机登上央视“新闻联播”。

更换为 MySQL 数据库后，新系统并没有立刻“上云”，仍然在传统硬件架构上运行，即一个物理机运行一个节点。这带来两方面问题：第一，数据库节点独占硬件，低负载时硬件空闲、节点工作量不饱和。实务中，每个数据库实例普遍小于 500G，系统资源利用率低下。第二，数据库超过一定容量需要分库、备份，数千台硬件设备也需要大量运维工作，管理繁杂。发展两年后，MySQL 数据库节点已经增长至数千个，机房和设备成为瓶颈，迫切需要提升硬件资源利用效率。

再后来，工商银行开始对数据库实行云端部署，利用云计算技术实现弹性伸缩和动态扩容。通过将一定的算力、内存和硬盘“打包”成虚拟机，可以动态调整系统资源分配，数据库节点运行在云化的虚拟机而非物理机中，由此将硬件资源利用率提升 4 倍以上。在运维方面，由于虚拟机可以生成容器镜像，因而可以利用镜像一键部署，极大地减少了配置系统环境的工作量。

工商银行的云计算转型已取得突出成效。目前，已有超过 200 个应用“上云”，涉及个人、对公、基金等核心业务，高灾备等级应用占比达到 53%。在 6000 多个 MySQL 节点中，云化部署节点已超 4300 个，其中高灾备等级节点占 87%。MySQL 核心交易量日均 7 亿笔，峰值交易量 1.5 万笔/秒，承受住了“双 11”和春节高峰期考验，确保了高可用性，且拥有进一步扩容的空间。通过合理的架构设计，实现“两地三中心”安全备份，确保高可用性。与此同时，虽然业务量保持每年 20% 以上的高速增长，但主机并没有扩容，投入反而还逐年降低；商业性数据库使用量零增长①，甚至有所下降。

① Oracle 数据库须按节点数购买许可证。

第 11 章　加密技术与金融支付安全

在金融支付过程中，我们常会面临如下几项难题：

（1）身份识别问题：怎么证明“你是你”？

在支付过程中可能存在伪造身份的情形，需要采用适当的技术实现身份鉴权。

（2）信息完整性问题：怎么证明“这些话和你说的一样”？

信息在传输过程中可能会遭到篡改，例如一份 100 页的复杂的合同，在中间偷偷修改几个字符、调整小数点的位置，难以直观识别出改变。由此，需要采用适当的技术来确保信息完整、未经篡改。

（3）信息保密问题：怎么确保“别人看不到”或“别人看不懂”？

信息在传输过程中可能会遭到泄露或窃取，需要采用适当的技术确保其他人“看不到”，或者即使能看到也无法理解。

（4）不可抵赖性：怎么确保双方都不可抵赖？

在线金融支付过程中双方并不见面，需要采用适当技术手段确保达成的支付交易在日后双方都不可抵赖。

现代密码学为我们提供了解决上述问题的工具①，这也是本章我们要讨论的内容。

① 当然，这些问题也可以通过非密码方式解决，例如使用短信验证码或“口令”来识别身份，但这些手段通常无法解决诸如信息完整性、不可抵赖性等问题。

11.1　密码学基础

11.1.1　密码学的基本概念

密码学（Cryptography）的词源来自希腊语 kryptós（隐藏的）和 grápheín（书写），顾名思义，这一方法最初用于以隐匿的方式记录信息。如 Ronald Linn Rivest[①] 所言："密码学是关于如何在敌对环境中通信的学科。"

在密码学意义上，"加密"是指将普通信息（明文）转换成不可直接识读的资料（密文）的过程，只有拥有解密的算法和密钥，经由解密过程，才能将密文还原为可正常读取的明文。

在进一步讲解之前，需要先行明确明文、密文、算法、密钥等基本概念，并和日常口语中的"密码"一词作出区分。明文是指你想要传达的原始信息，例如给别人的一封信、用于进入系统的通行口令（Password）等。密文是将原始信息按一定规则处理后，得到的无法被直接识读的信息。加密算法是一类函数，以明文作为函数的输入值，就能得到密文输出。密钥是用于加解密算法的秘密参数，只有通信者拥有，在解密时必须输入正确的密钥才能完成解密，否则解密函数会无解或给出毫无意义的输出值。密码学意义上的"密码"和日常口语中的"密码"概念并不相同：日常中讲到"银行卡密码为 123456"时，这里的"123456"是你要向银行系统传递的原始数据，属于明文。在你输入键盘后、向银行后端系统发送前，"123456"会被使用 4096 位的密钥加密成真正的密文，这些密文看起来像一串乱码，无法被人类直接识读。

我们以一个具体的例子来展示明文、密文、算法和密钥：

明文：123456

① Ronald 是密码学专家、美国麻省理工学院教授、图灵奖得主，他与合作者共同提出了知名的 RSA 加密算法（该算法名称中的 R 即来自 Ronald）。

算法：AES 加密算法[①]

密钥：ssldIOLSDJ123m

密文：GKu0D8nTiKi2WULIkXBL/g ==

在这个例子中，明文“123456”被使用密钥加密成了密文，而密文看起来像乱码，与原始信息“123456”看起来完全无关。如果没有密钥，则几乎不可能从密文中反推得到明文。

接下来的问题是，银行如何判断你输入的密码是否正确？事实上，银行本身并不存储你的密码（明文），它只记录你加密后的密文。在你每次输入密码（明文）取款时，银行会使用相同的密钥对其进行加密、得到密文，并将这一密文与用户开户设定密码时生成的密文进行比对，若相同则说明输入的密码（明文）正确。在整个过程中，银行只存储密文、比对密文，这避免了员工监守自盗的内控风险。这也是银行密码（明文）丢失后只能重置、无法找回的原因，因为银行本身并不知道你的密码（明文）如何。

11.1.2 古典密码学

密码学经历了从古典密码学到现代密码学的演进。古典密码学即传统意义上的“加解密”，寻找信息保密传递及其破译的方法。在这一阶段，编码和破译依赖于设计者（或解密者）的创造力和技巧，出现了大量“开脑洞”的密码算法。常见的算法主要有如下几类。

（1）符号化表记（阴符）与信息分散（阴书）

符号化表记是以符号来代指信息，如周朝《六韬·龙韬》中记载，姜子牙向周武王提议使用符号来表征军事战况：

太公曰：“主与将，有阴符，凡八等。有大胜克敌之符，长一尺。破军擒将之符，长九寸。降城得邑之符，长八寸。却敌报远之符，长七寸。警众

① 本例中 AES 加密模式为 CBC，填充方法为 Pkcs7，密文编码 Base 64。你可以尝试复现这个加密结果。

坚守之符，长六寸。请粮益兵之符，长五寸。败军亡将之符，长四寸。失利亡士之符，长三寸。诸奉使行符，稽留，若符事闻，泄告者，皆诛之。八符者，主将秘闻，所以阴通言语，不泄中外相知之术。”

此外，宋朝军事通信时使用“字验”，即发送一首诗，在某个字上做一小标记（如加个小点），事先约定每个字对应的情形。符号化表记适用于实现约定的情形，可传达的信息量有限，且缺乏灵活性。

阴书则是将一段完成的信息拆分成多个部分分开传递，只有完整获得各个片段才能还原出整体信息。《六韬·龙韬》中记载：

武王问太公曰：“……符不能明；相去辽远，言语不通。为之奈何?”太公曰：“诸有阴事大虑，当用书，不用符。主以书遗将，将以书问主。书皆一合而再离，三发而一知。再离者，分书为三部。三发而一知者，言三人，人操一分，相参而不相知情也。此谓阴书。敌虽圣智，莫之能识。”

（2）隔字加密与替换式密码

这两种是较为经典的古典加密方法。隔字加密将明文隐藏在一长串字符中，每隔若干个字符取一个字符。实际上，这种做法最早是将信息写在腰带上，解读时取一根粗细合适的木棍，将腰带缠在木棍上，要解读的信息自然上下排列对齐。例如，对于密文：KGDEINPKLRIJLFGOKLMNISOJNTVWG，每隔四字取一字符，即可得到明文：KILL KING。

替换密码将字母用其他字母或符号进行替换。恺撒密码是替换式密码的典型代表，据传由古罗马皇帝恺撒发明，用于和将领通信。该密码将每个字母向后推移三位，类似 A 用 D 表示、B 用 E 表示、C 用 F 表示……更复杂的替换式密码通常编制密码表，以乱序的方式实现字母替换，或使用图案进行字母替换，如图 11. 1 所示。

早期替换式密码大多是“一对一”替换，因而可以使用字频分析的方式破解。每个字母在语言中出现的频率是不同的，例如英文中字母 a 较常用，而 v 较少用，由此可以通过统计各字符出现的频率反推出其指代字母。字频是客观的，只需稍加尝试，即可使用字频攻击破解几乎所有的“一对一”替

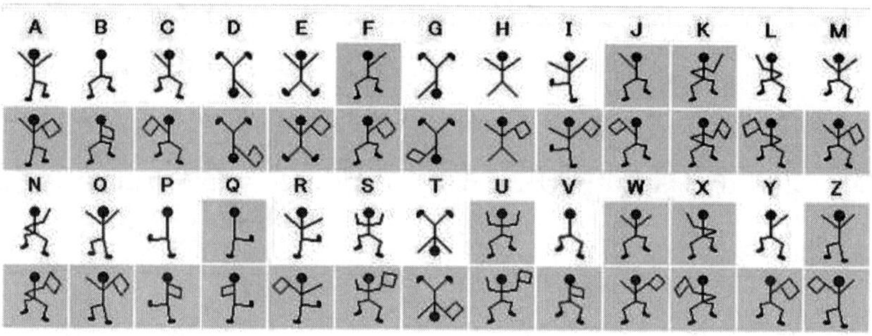

注：图为替换式密码的密码表，本方案来自柯南·道尔创作的福尔摩斯系列小说中的《跳舞的小人》，以小人图案代表字母，举旗表示此处有标点符号。

图 11.1　替换式密码

换式加密。①

不安全的弱加密算法会带来虚假的安全错觉，这反而会增加安全风险。②为了抵抗字频分析、提升加密强度，人们又提出多字母加密法，明文和密文字母之间以“多对多”的形式替换，因而字频均匀、加密强度极高。第二次世界大战期间，德国开发出 Enigma 密码机，采用替换式多字母加密法，一共存在约 1.059 亿亿种可能的密钥组合，成为古典加密方法的巅峰。

注：左图为 Enigma 密码机，是迄今为止最为强大的古典方式加密机。中图为德国海军的 Enigma 密码本，使用可溶于水的颜料印刷，记载着每日的密钥；右图为阿兰·图灵领衔开发的、用于破解 Enigma 密码机的 Bombe Machine，其以电子化方式破译密码、穷举式寻找当日密钥，可视为计算机的始祖。

图 11.2　Enigma 密码机、密码本与 Bombe Machine

① 另外，对失传文字（如古埃及象形文字）的破译也使用字频分析策略。

② 例如“中间人攻击”，别人使用你的加密方法向你发送伪造的信息，你就会更容易轻信而受误导。

11.1.3 现代密码学

随着“电子”战胜“机械”，最强大的经典密码机也被破解，传统加密技术走到尽头。与此同时，伴随计算机技术的发展，信息以二进制形式保存，加密内容不再限于文字字符，以语言学为基础的加解密方式均告失效。在此背景下，诞生了现代密码学。

现代密码学成为一门系统的科学，以数学为基础，融合了计算科学、信息论、工程学、抽象代数、数论甚至量子物理等领域的专业知识。现代密码学和古典密码学最显著的区别在于，现代密码学以数学算法本身（而不是确保算法不泄露）来保证安全性，此即克劳德·香农（信息论创始人）所言“敌人知道加密系统”的含义。事实上，现代加密算法大多是公开的，关键在于加密算法能够实现加密时只消耗少量算力，而暴力破解则需要消耗大量算力资源，以至于在耗时和经济上不可行。

11.2 消息认证码技术/哈希算法（MAC/Hash）

消息认证码技术（Message Authentication Code，MAC）又称数字指纹、文件摘要技术，是现代密码学中最为重要的技术之一，也是其他众多加密应用的基础。由于消息认证码算法通常使用密码散列（Hash）函数，因而一般被称为 Hash 函数、哈希值等。遵从惯常语言表达习惯，本节以 Hash 代指消息认证码技术。但在此明确，严格来讲 MAC 是一项技术，而 Hash 是实现这一技术的算法，二者本质上并不能等同。

Hash 函数不是某一个函数，而是一类函数的统称。Hash 的本意是密码散列，所谓“散列”，就是将数据通过运算变为另一“固定长度”的值。例如，MD5 算法是具有代表性的 Hash 函数，对于任意长度的输入，经 MD5 运算后都会固定产生 128 位长度的散列值（Hash Value）：无论输入的是一个字符、一张图片还是一部高清电影，经运算后输出值总会是 128 位长。需要说明的是，这里的 128 位长度是指二进制下的 128 位（0，1）序列，为求简便通常会换算为32位的16进制数表示。Hash函数运算效率极高，在普通家用电脑上也可以达到约3秒1G数据的处理速度。

Hash算法用于确认信息的“一致性”和“完整性”。举一常见场景为例：你要去软件商店下载某银行的APP客户端，如何确认你下载到的是银行官方发布的文件，而不是被劫持修改过的文件？Hash函数就可以解决这一问题。Hash值是对原始信息（如APP）进行运算得到的一小段信息，类似于数据的“指纹”。原始数据有极微小（即便是1bit）的变动，Hash值都会出现显著改变，以至于和原来的Hash值完全不同。由此，可以将原始信息（APP）和Hash值一同传送给用户，用户自行对收到的APP文件进行相同的运算、得到Hash值，与银行官方公布的Hash值进行比对，如果结果相同，就说明数据没有变化，原始信息（APP）是可信的；反之亦反。

举一实例来展示Hash的特征：

MD5("The quick brown fox jumps over the lazydog") = 9e107d9d372bb6826bd81d3542a419d6

MD5("The quick brown fox jumps over the lazycog") = 1055d3e698d289f2af8663725127bd4b

使用MD5算法计算上述两句话的Hash值，两句话中绝大多数字符都相同，只有最后一个单词“dog”和“cog”中有1个字母的差异，但二者输出的Hash值则迥然不同，毫无相似性可言。

Hash函数存在两项主要特征。第一，它是一种校验算法而非加密算法，只能单向操作、无法逆操作，即无法通过Hash值还原出原始数据。显然，你不可能通过128位的（0，1）序列还原出一部高清电影的信息量。第二，Hash函数发生“碰撞”的情形极为罕见。所谓碰撞，指两个不同的输入会有相同的输出。理论上讲，由于输入有无穷多个，而输出最多只有有限个（MD5只有128bit），因而必然会存在无穷多的碰撞。但在实际运用中，发生碰撞的概率极小、以至于几乎不可能遇到，因而可以放心地认为，若两个Hash值相同，则他们的原数据也相同。①

① 这也是网盘类软件实现文件“秒传”功能所使用的技术。在上传前，网盘软件校验文件的MD5值，若云端已经有相同MD5值的文件，则直接“标记”一个路径指向既有文件，而不必重新上传该文件。

11.3　非对称加密与数字签名

11.3.1　非对称加密的概念

加密算法对称可分为“对称密钥加密”和“非对称密钥加密”两大类。惯常表述中常省略“密钥”二字，简称为“对称加密”和“非对称加密”。

对称加密是指，加密密钥和解密密钥是相同的，通信双方必须持有相同的密钥才能完成加解密。例如，古典密码中的替换式密码就是对称加密，双方需要持有相同的密码本，才能实现加密通信。

非对称加密是指，加密密钥和解密密钥不同。在这套加密系统中，存在两类密钥，即“公钥”和“私钥”。公钥是公开发布的密钥，用于加密，任何人都能够用它来给明文加密；私钥只由你自己持有，用于解密，使用它才能够从密文中解读出明文。最早提出的非对称加密算法是知名的 RSA 算法，该算法至今仍被广泛使用。

为什么要使用非对称加密？这源于对称加密在实际应用中存在两大难题。

（1）密钥管理难题

在通信网络中，对称加密所需的密钥数量随通信节点数呈指数级增长，难以管理。例如，在 500 人的通信网络中，若使用对称加密，用户两两之间需要一个密钥，由排列组合知识可知共需要 $C_{500}^{2}=124750$ 个密钥；如果通信网络增加至 2000 人，那么密钥量就会暴增至 199.9 万个。如果使用非对称加密，那么 2000 人的通信网络中就只需要 2000 对公钥—私钥即可，例如每个人向甲发消息都使用甲的公钥加密，而甲使用自己的私钥解密，由此解决密钥管理难题。

（2）密钥分发难题

两个人需要密钥才能进行加密通信，那么如何把密钥告诉对方？在使用对称加密时，这会产生一个悖论：你需要先有一个安全的加密通信渠道，才能发送加密通信用的密钥。又或者，你可以使用非加密渠道发送密钥，但密钥可能外泄、使用该密钥加密的信息也都不安全了。而对于非对称加密技术，由于使用公钥加密、私钥解密，公钥被第三方获取并不影响加密的安全性（事实上，公钥通常都是公开可见的），由此解决了密钥分发难题。

11.3.2 非对称加密算法

1976 年，Whitfield Diffie 和 Martin Hellman 提出“公开密钥密码学”的概念，在其开创性论文中首次提出了公钥（Public Key）和私钥（Private Key）的概念。1977 年，Ronald L. Rivest、Adi Shamir 和 Leonard M. Adleman 三人共同提出 RSA 算法，这是首个公开的非对称加密算法[①]，获得广泛使用。

在非对称加密算法中，公钥和私钥是一对数值不同，但数学上相关的数字，通常基于数论问题成对生成。例如，RSA 算法基于大数因子分解问题生成公私钥对，DSA 算法使用离散对数，国密算法使用椭圆曲线，等等。以大数因子分解为例，一个基本的数学事实是，给出两个素数，很容易算出它们的乘积；但反过来，给出一个乘积，很难反向算出它的素约数，或者说无法在可接受的时间内得到结果。这从数学（运算的时间复杂度）上保证加密难以被攻破。举一实例：

素数一：12026655772210679470465581609002525329245773732132014742758935511187863487919026457076252932048619706498126046597130520643092209728783224795661331197604583

素数二：80025114265964243518292670995316513904480541534523211853507468453062775858566738980487404134394423568606307655456003530493453249130564481744870172358288 57

① 实际上，1973 年英国情报机构数学家 James Ellis 已独立提出非对称密钥密码学及其算法，但被列为机密，未公开、未使用。1997 年，相关档案解密。

乘积：962434502408578061152389146535063748341583564048966782324
364895397072982951461866486249022667018074640504222764555885763255
0580505372438110295219068694716543405451731421295141483526834359885
7262391650557622442365143234544938191197022779961943177620015742269
99676509936070746434926789755115528628440946851631

在 RSA 算法中包含一个素数表，每次从中随机抽取两个素数，以此为基础计算构建公钥—私钥对。素数一和素数二是 RSA 素数表中的两个大素数，将这两个素数相乘，计算难度并不大，普通家用电脑就可以瞬间完成。但若反过来给你二者乘积（这是一个 308 位的数字），令你求解该乘积由哪两个素数相乘得到，则只能逐个遍历所有数字，直至找到大素数为止，计算过程将极为漫长。

专题 15　RSA 加解密操作

有较多网站可提供在线 RSA 加解密服务。进行 RSA 加解密操作，需要首先生成公钥—私钥对。形如：

-----BEGIN PUBLIC KEY-----
MFwwDQYJKoZIhvcNAQEBBQADSwAwSAJBAJeBpC/n/7BI/OKIMQS8TghOVvO
PxIlOSyU0gdkUHbKbr6QeIOwGNs1W42gzDEFJNLI8z/6xWNVt8sDYGrMA6zsCAw
EAAQ==
-----END PUBLIC KEY-----
-----BEGIN PRIVATE KEY-----
MIIBVQIBADANBgkqhkiG9w0BAQEFAASCAT8wggE7AgEAAkEAl4GkL+f/sEj8
4ogxBLxOCE5W84/EiU5LJTSB2RQdspuvpB4g7AY2zVbjaDMMQUk0sjzP/rFY1W
3ywNgaswDrOwIDAQABAkBF7lcErcc9bVMclNRbZTd3agGEhrWm0vaog6Xztu9GQ
xRuDq2CHgS4bVxdtZpn2hUyOJd73H7EKqtR6PxffEqhAiEAxgX4IlYDLSvTcG3iuri
bDAyriKEfeU40GfLyHmh9S4kCIQDD3S/dpFoUOPrrnVMcOQqHqiOjGTludaDK+J
218bd7owIhAJWoSUHZ84ieCKx9v88SWcuff7xA2UKagfHilG261obRAiEAvadYqPJy

svA1r54IEuT82D6cAVr0bIwD5WX1OG9U7qcCIHqxJgCtQmvPTIcSHgsNEGey5FsB
X4h4Gh4GwtNyjPDT
-----END PRIVATE KEY-----

公钥和私钥看起来类似以上样式，以“BEGIN PUBLIC KEY”“END PUBLIC KEY”等作为开始与结束的标识符。本例为512bit模数下生成的公私钥对，在更高的1024 bit、2048 bit、4096 bit下生成的公私钥对会更长，安全性也相应更高。

在加密时，输入公钥（需保留头尾标识符）和要加密的字符串（明文），执行加密运算后即可得到对应密文。以前述密钥为例，用公钥加密字符串“《现代金融支付》”，可以得到密文：

b6fB9i8eu5kEgne5lEWlHrtSFtTtMzIu+R/YOqXFZzawES2nS6WybqeCY8Bxy/zv-
Lq+Ld2wuEbkP0MNhTeje3w==

与之相反，使用私钥和上述密文，可以解密得到对应明文。上例是真实的加密结果，你可以自行尝试用私钥解密。

另外需要说明的是，由于RSA算法会有随机数填充，因而即使公钥、明文都相同，每一次执行加密操作后生成的密文也各不相同，但都能够正常解密得到明文。

11.3.3 非对称加密的应用：数字签名

现在，我们已经了解了Hash函数和非对称加密技术。将这两项工具结合，我们就能得到另一项强大的工具：数字签名。数字签名技术可用于确认文件发布者的身份，解决本章开篇时提到的身份识别问题。

首先需要说明的是，数字签名是一种基于密码学的校验算法，而不是将手写签名扫描成数字图像。我们通过一个案例场景来介绍数字签名的实现方法。设想你收到A公司发来的付款通知函（一个PDF文档），要求你向A公司账户支付100万元，这份通知函以电子邮件形式发送。问题在于，你如何确认这份通知函真的由A公司开出，而不是诈骗者盗用了A公司的邮箱账号？如果转账之后 A 公司不承认，咬定自己从没有发过这封邮件怎么办？

数字签名就旨在解决这一问题。首先，A 公司在发送付款函 PDF 之前，计算出 PDF 的 Hash 值。其次，使用非对称加密算法加密这个 Hash 值，但将非对称加密“倒过来用”：将加密密钥留作私钥，用以加密 Hash 值，将解密的密钥作为公钥公开。[①] 最后，把 PDF 文档和加密后的 Hash 值（密文）一起发送给你，实务中加密后的 Hash 值（密文）会内嵌在 PDF 文档中。你收到 PDF 文档后，可以使用公钥解密出 Hash 值，并与自行计算得到的文档 Hash 值比对。

在这一过程中：（1）你能使用公钥解密出 Hash 值，说明密文必然由对应私钥加密生成，而私钥只有 A 公司自己有，这证明必然是 A 公司进行了数字签名操作。（2）A 公司对此 Hash 进行加密，说明 A 公司必然事先拥有这份文档，如此才有可能生成这一 Hash 值，佐证该文档事先由 A 公司拥有。（3）你自行计算 PDF 文档的 Hash 值，和解密得到的 Hash 值进行比对，若一致，则说明文档未经过篡改；反之则说明文档遭到篡改。由此，数字签名技术同时解决了身份识别问题、信息完整性问题和不可抵赖性问题。

2000 年，《中华人民共和国合同法》首次确认电子合同、电子签名的法律效力；2005 年《中华人民共和国电子签名法》实施，再次确认电子签名和实体签名具有相同的法律效力。特别地，相关法律规定签名人不能因私钥被盗而主张签名无效，这确保了数字签名技术在实务中的可靠性。

目前，数字签名技术广泛用于电子合同、转账命令、文档程序分发等场景，用于验证发件人的身份。

---

① 公钥和私钥是应用层面的概念，而不是数学概念。生成的密钥对中一者用于加密，另一者用于解密，你公开何者，它就是公钥，自己保留的就是私钥。在加密通信时，公开加密用的密钥作为公钥；而在数字签名时，公开解密用的密钥作为公钥。

11.4 公钥的可信来源：数字证书与 CA

11.4.1 数字证书基础知识

所有基于非对称加密技术的安全应用都会面临同一个问题：你如何确信自己获得的公钥真的是发布者的公钥？单从技术层面说，你无法区分收到的公钥是发布者给你的“真公钥”，还是攻击者给你的“假公钥”。例如，攻击者可能会声称自己是 A 公司，用自己的（假）私钥签署一个付款函，然后给你一个对应的（假）公钥，引诱你使用这个（假）公钥去验证签名；又如，加密通信过程中“中间人”可以引诱你使用假公钥进行加密，并用自己的私钥解密，从而截获你的通信内容。如果不能事先鉴别公钥所有者的身份真伪，那么所有建立在非对称加密体系之上的安全措施都将变得不可靠。

为了解决“公钥身份”这一问题，业界提出可以由专业的第三方发行密钥，以其公信力证明“你的公钥是你的公钥”，这一方案就是数字证书（Digital Certificate），也称公钥证书（Public Key Certificate）。数字证书是证明某人或某组织（如银行、企业）是公钥拥有者的电子文档，这一文档可信地记录了类似“A 公司是甲证书的所有者”“B 银行是乙证书的所有者”这样的信息。

数字证书本质上是一个由第三方权威机构做了数字签名的公钥，证明你（如银行、企业、网站）是这个公钥的所有者。颁发数字证书的“第三方权威机构”被称为认证中心（Certificate Authority，CA），它会调查申请人是不是自己所宣称的真实身份。对于低安全级别的领域，如个人网站或企业，申请数字证书时 CA 会要求你提供相关材料，证明这个网站或企业确实由你运营①；对于高安全级别的领域，如银行、金融支付机构，CA 会实地探访核

① 对于网站，主要做法是证明“你拥有网站域名解析的控制权”。通常 CA 会生成一组随机数，要求企业在域名解析中将此随机数设定为 CNAME 记录，若企业可以完成此操作，说明申请人确实是网站的实际控制人，即可颁给数字证书。这个过程可自动化地在半小时内完成。

查，确认申请人真的是该机构的官方工作人员，之后将签发的数字证书（含公钥）交付给你。对于特别重要的金融机构，交付数字证书的过程是线下的、物理的，直接将装有数字证书的 U 盘当面递交给申请人。

数字证书的内容主要包括：（1）公钥拥有者的身份识别信息，用于声明本证书颁发给何人；（2）证书发行者信息，用于声明本证书由哪一家 CA 颁发；（3）数字签名，由 CA 签署、证明公钥的真实性；（4）公钥本身；（5）有效期，过期后该证书及其内含的公钥将失效。此外，数字证书文件中还包含部分辅助信息，如版本号、序列号等。

数字证书的典型应用是验证网站身份以避免钓鱼网站欺诈，并为客户与网站间的通信提供加密保护，这特别适用于网上支付业务场景。以支付宝官网[①]为例，在访问网站时，浏览器会自动获取到网站的数字证书。对于大多数主流浏览器，此时会在网址栏处显示绿色可信标记，证明网站已通过数字证书身份验证，且你与网站间的通信被加密；而对于仿冒网站，由于无法提供可通过数字签名验证的数字证书，浏览器会给出警告。如图 11.3 所示，点击左图“证书信息”按钮，即显示证书详细信息，如中图所示；点击中图“详细信息”选项卡，即可显示证书的详细内容，如右图所示。详细信息页中会包含签名算法、颁发者、使用者、有效期、公钥、公钥参数等诸多字段。

金融支付领域全链条、全场景的通信都会使用数字证书进行加密，如上例中你在支付宝网页中输入的卡号、密码等信息会用数字证书的公钥加密后再发送至支付宝的服务器，又如各类 APP 与服务器间的加密通信。在操作系统中，数字证书存储于独立的“数字证书存储区”，和文件存储系统相对独立，由此确保证书安全。

更进一步的问题是，你如何确认数字证书是真的？是否会存在一种可能，有人颁发假证书、认证假公钥，借此截取你的信息？事实上，这种可能性客观存在，为此业界给出了“信任分级层次体系”（信任树）的解决方

① http：//www. alipay. com.

注：图为 360 极速浏览器 + Windows 10 操作系统环境下查看支付宝 * . alipay. com 数字证书的界面，其他系统环境下可能略有差异。限于篇幅，此处只展示了公钥字段，可自行尝试查看其他字段信息。

图 11.3　数字证书

案。为理解这一方案，我们先给出一个更贴近生活的例子：

校长办公会作出决定“明天放假”，并将这一消息告知院长→院长将消息告知系主任→系主任告知辅导员→辅导员告知班长→班长转发给各位同学（你）。

在这个流程中，你完全没见过校长，也没有列席校长办公会，但你有充分的信心相信班长传达的“明天放假”这则通知。原因在于，如果流程中有某人传递假消息，那么他的上一级就会撤销他的权能。这形成了一种“信任链”，可信赖的人所信赖的人也是可信赖的人：校长是可信赖的（因为他本身就有决定权）；校长信任院长，因而院长也是可信的；院长信任系主任，因而系主任也是可信的……辅导员信任班长，因而班长也是可信的。

与这一逻辑类似，在操作系统（如 Windows/Linux/iOS/Android）和浏览器（如 Chrome、Firefox 及基于其内核的“换皮”浏览器）中会内置少量受信任的、被公认为绝对可靠的证书，被称为“根证书”。根证书由久负盛名的大型 CA 直接签发，预置于系统中，其自身就是信用的来源（类似于上例中的“校长”），而不需要由别人证明它可信。需要说明的是，并没有一个机构来裁决何者可以作为根证书，因为根证书本身就是信用的来源，通常只取决于 CA 的商业信誉。实务中，操作系统开发商（如微软）或浏览器开发商（如谷歌）会自行选定若干大型 CA 的证书作为根证书，各家厂商认可的根证书列表并不完全相同。根证书列表动态维护，如果某家根证书 CA 出现严重风险事件，如私钥泄露，则厂商会从列表中吊销其根证书。

数字证书体系遵从“根证书—中间证书—用户证书”的层级结构。根证书颁发机构通常为大型 CA，他们向中间证书颁发机构颁发中间证书；中间证书 CA 通常为中小型 CA 或大型 CA 的细分业务条线，向最终用户颁发证书。证书可以多级嵌套，如中间 CA 再按地域分为亚洲区/欧洲区/北美区等。在系统中，证书会以路径进行存储，显示其上下级逻辑关系，如图 11.4 所示。

注：左图为支付宝域名 * . alipay. com 的数字证书，其根证书为 DigiCert Baltimore Root，经两级中间证书 CA 最终签发用户证书；右图为百度域名 . baidu. com 的数字证书，其根证书为 GlobalSigh Root CA – R1，经一级中间证书 CA 最终签发用户证书。

图 11.4　数字证书路径

数字证书包含使用期限（时间戳），过期会自动失效。[①] 如果发生风险事件（如私钥被盗）导致某个证书不再可信，那么它的上一级 CA 可以通过将其添加到“证书吊销列表”的方式撤销该证书，这会使该证书及其所有下级证书一并失效。“证书吊销列表”会在操作系统或浏览器更新时一并更新。

11. 4. 2　我国的数字证书认证机构

如前所述，认证中心 CA 为业务实体颁发数字证书，是确认用户身份的

① 这也是校验数字证书需要保证系统日期正确的原因。如果你电脑的日期错误，那么在打开网页时可能会弹出证书无效的错误提示。

第三方权威机构，承担数字证书核发、更新、撤销、验证等职责，维护信任分级层次体系。与证书层级相对应，CA 体系也分为多个层级，最顶层为根 CA，持有根证书，其下是运营 CA。根 CA 并不直接面对客户，而只向运营 CA 签发中间证书；运营 CA 面对最终客户，具体开展认证业务。在我国，出于国家安全考虑，根证书均由政府机构管理、政府背景机构充当根 CA，而境外根证书则由专业的运营服务公司管理并充当根 CA。

金融业务和非金融业务具有不同的安全要求，因而根 CA 也相应分为金融根 CA 和非金融根 CA 两类。在我国，金融根证书由中国人民银行管理，授权中国金融认证中心（China Financial Certification Authority，CFCA）[①] 作为唯一的金融根 CA。1998 年，首都电子商务工程领导小组会议决定，由中国人民银行牵头组织全国商业银行联合共建 CFCA，作为我国金融行业统一的第三方安全认证机构；1999 年 CFCA 项目正式启动，2000 年 CFCA 系统开通运行，2004 年 CFCA“国家金融安全认证系统”正式对外提供服务。

我国金融 CA 体系采用“统一品牌、联合建设”的方针。金融根证书由中国人民银行管理，CFCA 作为根 CA；工行、中行、农行、建行、交行、招商、华夏、中信、广发、光大、民生等等大型商业银行建设“品牌认证中心”，由银行卡信息交换总中心承建，作为运营 CA。人行负责审批和认证各品牌认证中心（运营 CA），审核通过后由 CFCA 向品牌认证中心颁发证书；品牌认证中心作为运营 CA，具体负责数字证书体系的建设、运行和管理，向最终持卡人、商业用户和支付网关颁发数字证书。

非金融领域的根证书由国家密码管理局负责管理，具体包括社会公众应用根证书、公务人员应用根证书和设备应用根证书三者。[②] 我国非金融领域 CA 市场已实现商业化运营（政务证书除外），截至 2022 年 11 月，我国共有 70 家运营 CA 服务商。例如，国务院办公厅机关服务中心是公务人员应用类运营 CA，向政务类应用颁发数字证书；泰尔认证中心有限公司是社会公众

① 官网，http：//www. cfca. com. cn/。

② 国家电子认证根 CA 可见国家密码管理局相关页面，http：//www. rootca. gov. cn/。

应用类运营 CA，向商业用户（主要是通信服务商）颁发数字证书。

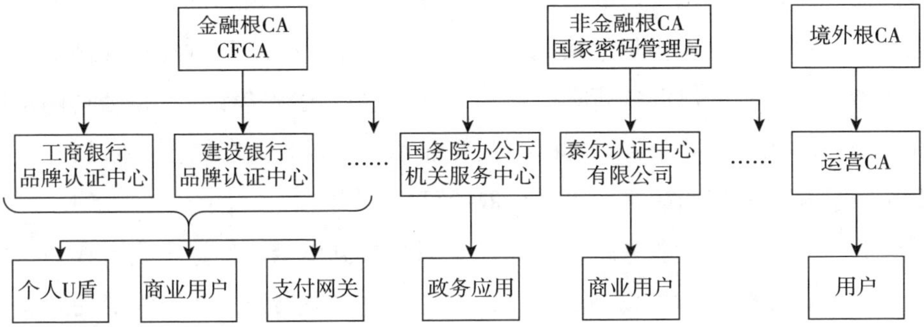

图 11.5　认证中心（CA）市场结构

值得一提的是，我国 CA 签发的证书已全面换用国密算法 SM2，早期颁发的使用 RSA 算法的证书均已被吊销失效。

专题 16　国密算法

国密算法是国家商用密码算法，由国家密码管理局发布，包括四类算法。

SM1：对称加密算法，算法不公开，嵌于加密芯片 SE 中。

SM2：椭圆曲线公钥密码算法，算法公开，用于非对称加密，比 RSA2048 更快、更安全。

SM3：密码散列算法，算法公开，用于计算 Hash 值。

SM4：分组数据算法，算法公开，对称加密，多用于通信领域。

11.4.3　数字证书的应用：银行 U 盾

数字证书用于可信身份鉴识，在金融支付领域的典型应用是银行 U 盾。银行 U 盾又称 USBKey、网银盾、支付盾，用户在银行线下网点通过身份鉴权后由柜台发放，内部存储着用户个人的数字证书（也有部分银行需要客户自行下载导入数字证书）。这份数字证书由银行品牌认证中心（运营 CA）颁发给用户，用以鉴别用户的身份。由于数字证书具有极高的安全性，使用 U 盾数字证书授权的操作都可被视为用户本人操作，因而 U 盾拥有最高的安全级别权限，几乎能够办理所有的业务、可以进行大额转账，且是公司网银操作、对公转账的必要条件。同时，数字证书以离线方式存储在类似 U 盘的设备中，这从物理层面防止信息遭窃取的可能。

在网上银行办理业务时，用户将 U 盾连接到电脑，经过密码鉴权后，驱动控件可以读取其中的数字证书信息，只有数字证书匹配才能完成后续支付操作。U 盾中有类似 NFC 芯片中的安全模块 SE，所有机密信息的存储、加解密计算、签名认证操作都在 U 盾内部安全模块中进行，只对外回馈最终结果，而处理过程隐藏于“黑箱”。由于包括数字证书在内的机密信息都不经过计算机主机的处理，这进一步降低了信息窃取的可能。

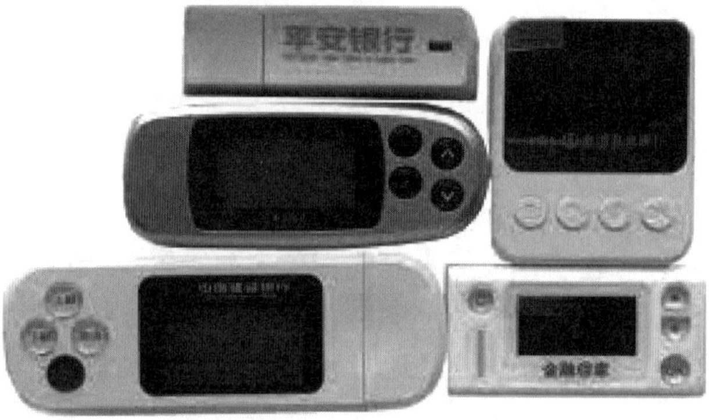

图 11.6　各种类型的银行 U 盾

部分 U 盾带有独立的显示屏，在支付时会显示金额、收款人等相关信息，并需要在 U 盾上点击按钮确认才能完成支付。最终支付指令以 U 盾处理和显示的内容为准，因而即使电脑被恶意软件劫持、在电脑屏幕上显示了虚假的信息，用户也可以通过独立于电脑的信息显示和确认操作来规避欺诈攻击。

11.5　金融支付安全

11.5.1　网络安全的基本概念

按照国际标准化组织（ISO）的定义，网络安全是指“为数据处理系统建立和采取的技术与管理的安全保护，保护网络系统的硬件、软件及其系统中的数据不因偶然或恶意的原因而遭到破坏、更改、泄露，系统连续可靠、正常地运行，网络服务不中断”。从这一定义中可见，维护网络安全：（1）方法包括技术手段（如加密算法）和管理手段（如加强公司内控、对抗社会工程学攻击）；（2）对象包括硬件、软件及数据；（3）目标在于确保系统物理安全（不遭破坏）和逻辑安全（数据的篡改与泄露）。

网络安全应该具备如下五方面基本特征。

（1）保密性：信息不泄露给非授权用户、实体或过程，或供其利用。

（2）完整性：数据未经授权不能进行修改，确保信息在存储和传输过程中不被篡改、破坏和丢失。

（3）可用性：当需要时数据可以被授权实体访问并按需使用。①

（4）可控性：对信息的传播及内容具有控制能力。例如，设定信息的访问权限，只授权部分用户访问敏感信息；又如，将用户划分为普通用户（User）和管理员（Administrator、Super User 或 Root）等级别，分别授予不同权限，这在管理系统和数据库系统运维中非常重要。

（5）可审查性：可以对数据做安全审计，定期审核数据文档、寻找隐藏的攻击线索，或在受到攻击后进行追溯。通常系统会对关键操作、访问记录日志文件（Log），记录操作细节，可通过分析日志文件寻找未授权的、异常的操作。

① 某些攻击并不是旨在破坏你的数据，但是能使你无法访问服务器，造成数据不可用，如 DDoS 攻击。

实务中，安全和便捷通常难以兼顾，越安全的系统越烦琐难用，因而通常会在上述五个领域中确定最为重要的方面，着力关注于此而适当放松次要方面，以求在安全和便捷之间取得适宜的平衡。关注方面的侧重点取决于用户群体，对于个人和商业企业，通常更侧重于个人隐私，确保商业信息的机密性、完整性和真实性，主要对抗窃听、冒充和篡改；对于云服务商、通信服务商、数据库运维、网站等用户，更侧重于操作控制，监测对数据的访问和读写是否获得授权，并确保系统的可用性；对于“军警政安”类用户，通常更侧重安全保密和访问控制，避免机要信息泄露。

11.5.2 常见攻击技术及防范

按攻击类型划分，攻击可分为“被动攻击”和“主动攻击”。被动攻击类似于“窃听”，并不主动发起攻击，而是在暗中监视数据传输[①]，例如流量分析攻击。主动攻击则是通过特定的恶意软件对目标对象发起攻击，如通过键盘记录器窃取账号密码、通过木马程序窃取数据等。

（1）网络攻击

网络攻击第一步通常进行网络扫描，主动发送一些探测数据包，根据返回的信息获得被扫描设备的情况，例如服务器是否开机、端口是否打开、软硬件版本信息等，在这一过程中探测到服务器是否存在未修复的系统漏洞。若发现漏洞，第二步即以系统漏洞为突破口，进行提权（获得高等级账户权限）、远程登录、远程执行代码或脚本注入，由此获得服务器的控制权限。第三步利用自己获取的权限访问服务器资源，窃取数据或执行其他攻击操作。

防范网络攻击，需要及时为服务器安装系统补丁以修补漏洞，同时应用防火墙和访问控制系统，阻绝非授权的访问和操作。

（2）口令攻击及其防范

网络攻击非常频繁，大量网站遭攻击后数据库被窃取（俗称拖库）并在

① 例如，可以通过电磁感应原理，在不破坏线缆的情况下截获通过铜线传输的通信信号。

暗网出售，这些数据库中包含着网站收集的用户账户信息。用户的账号、邮箱、电话等信息通常以明文存储，受攻击后会直接泄露。密码通常以密文形式存储，不会直接泄露①，但依然存在风险。泄露信息大致如图 11.7 所示。

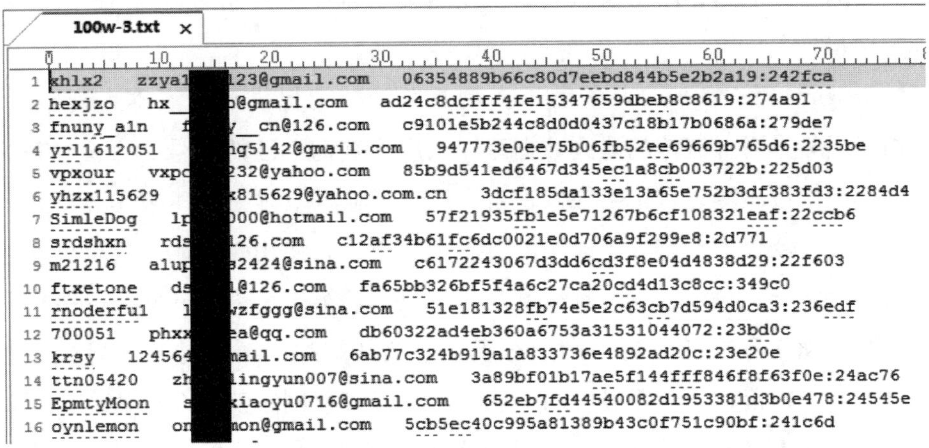

```
100w-3.txt
khlx2     zzya1[redacted]123@gmail.com     06354889b66c80d7eebd844b5e2b2a19:242fca
hexjzo    hx_[redacted]b@gmail.com    ad24c8dcfff4fe15347659dbeb8c8619:274a91
fnuny_a1n    f[redacted]y__cn@126.com    c9101e5b244c8d0d0437c18b17b0686a:279de7
yrl1612051    [redacted]ng5142@gmail.com    947773e0ee75b06fb52ee69669b765d6:2235be
vpxour    vxpc[redacted]232@yahoo.com    85b9d541ed6467d345ec1a8cb003722b:225d03
yhzx115629    [redacted]x815629@yahoo.com.cn    3dcf185da133e13a65e752b3df383fd3:2284d4
SimleDog    lp[redacted]000@hotmail.com    57f21935fb1e5e71267b6cf108321eaf:22ccb6
srdshxn    rds[redacted]126.com    c12af34b61fc6dc0021e0d706a9f299e8:2d771
m21216    a1up[redacted]s2424@sina.com    c6172243067d3dd6cd3f8e04d4838d29:22f603
ftxetone    ds[redacted]1@126.com    fa65bb326bf5f4a6c27ca20cd4d13c8cc:349c0
rnoderful    l[redacted]wzfggg@sina.com    51e181328fb74e5e2c63cb7d594d0ca3:236edf
700051    phxx[redacted]ea@qq.com    db60322ad4eb360a6753a31531044072:23bd0c
krsy    124564[redacted]mail.com    6ab77c324b919a1a833736e4892ad20c:23e20e
ttn05420    zh[redacted]lingyun007@sina.com    3a89bf01b17ae5f144fff846f8f63f0e:24ac76
EpmtyMoon    s[redacted]xiaoyu0716@gmail.com    652eb7fd44540082d1953381d3b0e478:24545e
oynlemon    on[redacted]mon@gmail.com    5cb5ec40c995a81389b43c0f751c90bf:241c6d
```

注：上图为一个泄露数据库的示例，每一行为一位用户的信息，包括用户名、邮箱地址和密码（密文）。

图 11.7　泄露的数据库信息

获得用户密码的密文后，可以使用寻找碰撞的方式获得对应的密码明文，此即“口令攻击”。网站加密保存密文通常使用 MD5、SHA1 等算法，攻击者通过不断尝试常用密码的方式，寻找与密文相匹配的密码（明文）。实务中，攻击者会将常用密码按照出现频率由高到低罗列，组成“密码词典”②，以提升破解效率。对于独特的、不在密码词典中的密码，则采用暴力破解，即逐一穷举尝试所有可能的字符组合，直至找到密码为止。但这一做

① 大多数规范化的网站并不保存用户密码（明文），而只保存加密后的密文，当客户输入密码登录时，网站用相同的散列算法计算密文，和自己保存的密文进行匹配，若一致则说明用户输入的密码正确。这也是密码遗失后只能重置、不能找回的原因。另外，如果某网站允许你找回原密码，说明这一网站明文存储的你的密码、安全性较低，需加以防范（如单独设置密码）。

② 网络上有很多常用密码词典包，在 GitHub 上还有开源的密码词典项目，包含约 4000 万个常用密码。

法不经济，只在特定针对性攻击时才会采用。此外，有专业的服务商提供“密文反查明文”业务，根据自己积累的明文—密文数据库提供查询服务。[①]由于大多数用户会在所有的网站和服务中使用相同的账号密码，因而一旦一家网站的密码泄露，攻击者就会尝试用这套密码登录其他网站或 APP，这被称为“撞库”。

Google、微软、Firefox 等若干大型互联网公司提供账号泄露查询服务，他们广泛收集网上流传的泄露数据库，供用户查询自己的账号是否曾经在这些数据库中被泄露过，也会在发现自己用户面临风险时提醒其修改密码。[②]

防范口令攻击，有效手段主要有三类。第一，使用强密码，要求同时包含大小写字母、数字、符号且长度在 8 位以上。第二，为不同安全等级的网站或服务设定不同的密码，例如对于金融类网站和网银支付类 APP 使用 A 密码，对于邮箱、社交账号使用 B 密码，对于一般网站使用 C 密码，对于低安全级别场景（不可靠的网站、论坛）使用 D 密码。第三，使用密码管理器类软件。[③] 密码管理器类似于一个“密码本”，可以帮助你生成和记录复杂的密码，用户可以为每一个网站、每一个 APP 都分别设置不同密码，而不必自己记忆。这一方案安全级别最高，但代价在于一旦密码管理器主密码遗失，你在其中记录的所有密码也将难以找回。此外，在服务器端也可采取若干策略防范口令攻击，主要包括如下三类。第一，对用户账户绑定常用设备，在新设备登录或 IP 异地登录时要求额外验证，这确保即使攻击者获得了用户密码也无法轻易盗取客户资金。第二，对于关键操作要求二次校验，如网银类 APP 对于低风险业务（如查询余额）只需要输入“登录密码”，而在对外支付时则需要进一步校验“支付密码”或短信验证码。第三，采用其他辅助特征进行风险验证，例如当账户于凌晨时段在异地新设备登录时，即

① 例如，某服务商积累了 90 万亿条记录、数据量在 500TB 以上，密码反查成功率在 95% 以上。对于不在数据库中的密文，也可以运用大型计算集群通过碰撞方式在 3 ~4 天内找到明文。

② 例如，Firefox 的账号泄露查询服务为 https：//monitor. firefox. com/。

③ 较为知名的密码管理器如 1Password、Kaspersky Password Manager 等，部分主流的浏览器也会自带密码管理器功能。

使密码正确，系统也可予以临时冻结，待再次鉴权排除风险后才能进行资金对外支付。

（3）病毒程序

计算机病毒是指在用户不知情或未批准的情况下，能自我复制传播的电脑程序，往往会影响受感染电脑的正常运作，用于窃取信息或执行其他非法操作。计算机病毒大致可分为三类。第一，木马类程序（Worm）和间谍软件（Spyware），用于执行远程控制和窃取数据，例如控制受感染的电脑，对其进行截屏、记录键盘操作，并将信息发送至指定服务器；也可将受感染的电脑用作“肉鸡”组建僵尸网络用于 DDoS 攻击。第二，有害软件（流氓软件），不在窃取数据，目的通常在于推送广告或引导用户下载其他软件，由此获得广告收入和软件推广分成。第三，脚本病毒（宏病毒），此类并不寄存于文件的可执行脚本中，例如 Excel 的 VBA 宏中。

计算机病毒可以盗取支付密码。当你在浏览器中键入账号密码等信息时，一方面，输入框中的信息会暂存于内存中，病毒可以使用程序钩子越权访问浏览器的内存空间，查看输入框中的信息；另一方面，这些信息使用键盘输入，因而可以被键盘记录器所记录。计算机病毒获得这些信息后，会隐秘地建立通信链接，将其发送至攻击者的服务器。

基于以上攻击路径，防范计算机病毒窃取支付密码可以从三个方面着手。第一，从源头上避免病毒程序截取输入框中的信息。为此，各银行网银在登录时均要求安装“登录密码控件”，如图 11.8 所示，安装成功后用户在“控件”而非浏览器窗格中输入密码，控件会将密码加密后再存储于内存中，避免程序钩子获取到明文密码。应对键盘记录器，可以使用屏幕虚拟键盘输入密码，大多安全软件均自带这一功能，且可以阻止其他程序访问虚拟键盘的内存地址。

第二，安装使用防火墙类软（硬）件。防火墙根据预定的策略监测数据往来传输，只有获得授权的程序才可以将数据发送出去，而未知或未授权的程序不能对外通信。由此，即使恶意软件获取到了你的密码信息，也无法将其对外发送到攻击者的服务器，你的密码仍然是安全的。值得一提的是，防火墙既可以是软件程序，也可以是硬件设备，网络机房等场景下通常会采用硬件防火墙，两张网卡分别与内网（服务器）和互联网相连，按照既定规则过滤网络流量。

注：图为中国农业银行登录界面，密码栏处提示下载安装密码控件；右图为 Kaspersky 安全软件自带的安全键盘。

图 11.8　网上银行登录密码控件与虚拟键盘

第三，安装使用杀毒软件。杀毒软件用于侦测和移除电脑病毒和恶意程序，通过对内存、文件、邮件、程序行为进行监控，寻找恶意程序并予以清除。退一步讲，即使不足以彻底清除顽固病毒，依靠内存防护、软件行为判断等策略通常也可以保护内存中的密码等敏感数据不被泄露。杀毒软件防范病毒攻击主要有两类技术。一是特征码技术，通过“蜜罐”[①] 获得最新的病毒样本，识别提取其特征码并更新加入病毒库，查杀时将文件与病毒库进行比对。随着病毒数量的增多，特征库不断积累、日益庞大，扫描识别效率下降，这一技术路线的重要性已逐渐弱化。二是行为判断（启发式扫描），分析程序的行为，看程序是否有调用敏感 API、异常内存访问、修改系统注册表、自我复制等行为，若有则加以阻止。更进一步地，行为判断技术演进出云查杀和主机入侵防御系统（Host Intrusion Prevention System，HIPS）两项技术，前者将程序发送到云端、通过在云端虚拟机中模拟运行来分析其行

① 故意安置的、充满各种漏洞的服务器，引诱外界攻击。

为，判断其风险性；后者在本地执行行为判断、识别风险程序。这类方法依赖程序“行为”，因而有能力防范完全未知的新病毒。

最后，作为用户，只使用来源可靠的程序和 APP、访问可信的网络站点，启用金融支付服务的二次验证，有助于保护金融支付安全。

下篇

数字货币及其应用

第12章 “去中心化”数字货币（上）：数字货币是如何运作的？

12.1 基础背景知识

理解数字货币，需要首先掌握一些底层基础知识。这些知识主要包括前一章节讲授过的 Hash 算法、公钥与私钥、数字签名，以及指针、链表、区块链、共识机制等。限于篇幅，本节只对部分概念进行回顾与介绍。

（1）Hash 函数

Hash 函数又称数字摘要、数字指纹，是一类特殊的函数。对于任意的输入，Hash 函数都会给出固定长度的输出，输入数据发生极微小的变化，输出结果都会非常显著地改变。[①] 这里的“任意”包括任何类型、任何长度，你可以输入一个字符、一张照片或一部高清电影，Hash 函数都会给出相同长度的输出。较常用的 Hash 函数有 MD5、SHA1、SHA256 等，例如 SHA256 算法会固定给出 256 位长的输出，数字货币使用的便是 SHA256 算法。Hash 函数非常高效，即使在普通家用电脑上也通常可以达到 3 秒 1G 的运算速度。

Hash 函数有三个重要特性：无碰撞、隐秘性、解密友好。这三项特征对于实现数字货币至关重要（具体机理留待后续讲授）。

① 例如，对于一部超清电影，你改变了其中 1bit 的数据，即使这完全不影响实际画面表现，也会导致文件的 Hash 值完全不同。利用这一特性，Hash 函数常被用作文件完整性校验。详见第 11 章相关内容。

①无碰撞性

无碰撞性是指，很难找到两个不同的输入 $x \neq y$，使它们有相同的输出 H（x）＝H（y）。这里需指出，“找不到碰撞”不等于“没有碰撞”，因为可能的输入有无穷多，而输出只有有限多个，因而碰撞必然存在且有无限多个。以 SHA256 为例，随机尝试 $2^{256}+1$ 种输入，必然会发生碰撞；随机尝试 2^{130}种输入，由概率论知识可知会有 99.8% 的机会发现碰撞。事实上，数字货币就是以“找碰撞”的方式进行挖矿，谁最先找到近似的碰撞，谁就在本轮中挖矿成功。[①] 只是寻找碰撞所需的算力需求太大、花费时间太长，以至于可以认为在可接受的时间尺度内不存在碰撞。

利用无碰撞特性，可以快速对比两个大文件（例如数百 G 的数据库文件）是否相同。由于碰撞极为罕见，我们可以很自信地认为，若两个 Hash 值相同 H（x）＝H（y），那么他们的源数据 x 和 y 也理应相同。由于 Hash 值数据量很小（通常为 128 位或 256 位），因而可以快速地进行比较。

②隐秘性

隐秘性是指，告诉你 Hash 值，无法从中反推得到原始信息。显然，你不可能从 256 位的 0～1 字串中，反向倒算出来一部高清电影。严谨地定义，隐秘性是指如果从具有最小熵的概率分布中选取对象 r，给定 H（r | x），那么难以找到对应的 x。这里的“最小熵”可以理解为样本分布极为平均，因而抽到每一个对象的概率几乎都相同。

利用隐秘性，Hash 函数可以实现“零知识证明”，这常用于“数字信封”技术。为便于理解，你可以将数字信封类比理解为真实的信封：你把一段信息写在纸上、装入信封中封好，不告诉别人里面具体的内容是什么；日后在合适的场合，你可以当众打开信封，证明“我早就知道××信息”。例如，设想你从事科学研究工作、初步获得一项新发现，你需要证明自己当前

① 数字货币挖矿并不是找到完全相同的碰撞，而只是找到“较为接近”的碰撞，即 256 位中约前 60 位符合要求即可。找到完全相同的碰撞几乎不可能，从人类发明计算机至今，生产的所有电脑的算力加起来，发现碰撞的概率低于地球今天被小行星撞毁的概率。

已经获得新发现（以免被别人抢先发表），但又暂不便于对外公开具体内容。此时，你可以将自己的发现记录在文档中，算出文档的Hash函数，并将这个Hash公布出去。由于Hash的隐秘性，别人无法根据Hash值反推出你的文档内容，因而你的发现依然是保密的。待研究全部完成后，你公开这个文档，别人可以自行验证文档的Hash值，若和你早先公开的Hash一致，即能够证明彼时你已经拥有这个文档、知道文档中的发现。更进一步地，你可以对Hash值加密（简单的对称加密即可），因为密钥仅由你个人持有，这可证明你是Hash值（密文）最初的发布者，这实现了身份认证。由此，数字信封技术允许你宣告自己掌握某个信息，但可以暂时不公布信息具体内容。

专题17　数字信封的技术细节

为便于理解，前述关于数字信封的介绍进行了简化。严谨来说，数字信封的运用流程是：

处理信息（msg），得到承诺（commitment，简记为com）和密钥（key）

(com,key):=commit(msg)

这里的“承诺”就是“信封”本身，将得到的“承诺”对外公开，就像向别人展示密封的信封一样。

待合适时机、需要公开证明你拥有这一信息时，就要“验证信封”，其本质上是看承诺、密钥和信息是否匹配。在这一过程中，你展示密钥key和信息msg，让别人可以做相同的运算，看能不能得到你曾经公开的承诺com

match:=verity(com,key,msg)

若能，说明你确实拥有信息、且这一信息是由你公布的，因为密钥key仅由你所有。

实务中，会对原信息计算Hash值，记为Hash1，接着随机生成一个256位的随机数，作为密钥key，加在Hash1后。之后，对（Hash1+key）这个整体再计算Hash值，记为Hash2。这个Hash2就是承诺com，它同时包含了来自源文档（Hash1）和密钥（256位随机数key）的信息。只有拥有密钥

key，才能生成它；你能公开 Hash2，证明你必然拥有 key，说明你是最初的作者，实现身份认证。

③解密友好（Puzzle - friendly）

解密友好是指，对于每个可能的输出值 y，如果 k 是从高度低熵的分布中抽取的，那么很难找到合适的 x 满足 H（k | x） = y。用通俗的话说，虽然碰撞存在，但寻找碰撞极其困难，很难找到特定的碰撞，你只能逐个尝试、遍历整个数据空间，而没有捷径。

（2）指针与哈希指针（Hash Pointer）

指针（Pointer）就像一个路标、指示牌，指向某个位置。在计算机术语中，指针通常指向一个内存地址或者一个数据块的位置。

哈希指针（Hash Pointer）将 Hash 和指针两个概念相结合。设想你存储了一些数据，计算这些数据的 Hash 值，以这个 Hash 值作为数据的“门牌号”。日后，当你想要指代这一簇数据的时候，就可以告诉系统“去取出 Hash 值为‘××××’的数据块”。在这里，Hash 指针就是指向这个信息存储位置的路标，它告诉我们某处有个信息、信息的 Hash 值是“××××”。Hash 指针的便利性在于，它在“指路”的同时可以确保数据未被修改，因为数据一旦被修改，Hash 值就会变动，从而与 Hash 指针这个“路标”的方位不同。

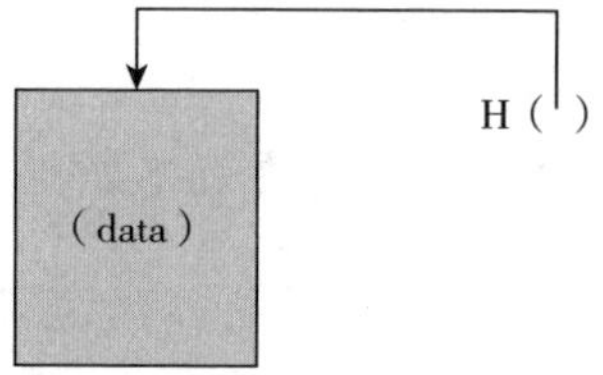

图 12.1　哈希指针（Hash Pointer）

（3）链表

链表是一种数据结构。在物理层面，数据以 0 和 1 的形式存储在磁盘中，但磁盘存储数据并不一定连续、顺序。例如，可能的情形是先写入 10

个数、然后在第 3 个数前插入一个数、再删掉中间第 5 个数、再将第 2 个和第 8 个数交换位置……如果以连续、顺序形式存储数据，那么每次增、删、调序操作后都需要重新排列所有数据，例如删除一位数据就需要将后续所有数据向前提一位，磁盘需要反复读写，耗时费力。

链表是一种适用于存储非连续、非顺序数据的数据结构，数据元素的逻辑顺序通过链表中的指针链接次序实现，而不以其在磁盘中存储的物理顺序实现。链表由一系列结点（链表中每一个数据块称为结点）组成，每个节点包括两个部分：一个是存储数据元素的数据域，另一个是存储下一个结点地址的指针域。在链表中插入数据时，不必（物理意义上）按顺序插入，只要让前一个节点的指针指向新数据节点即可，由此大大降低了插入数据操作的时间复杂度。但代价是，当你需要寻找一个数据时，需要遍历整条链表才能确定目标节点的位置，因而随机读取操作会较慢。

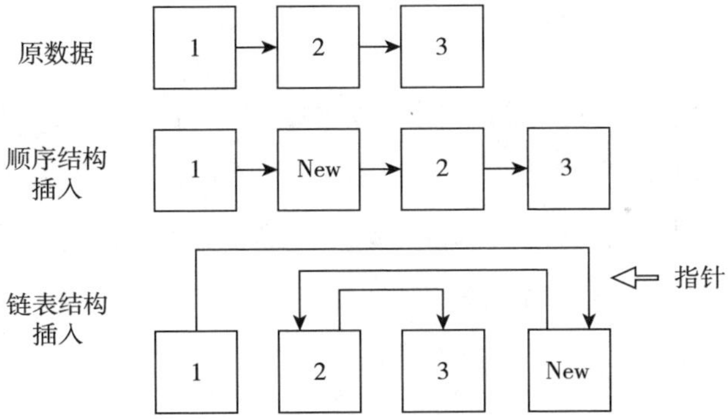

图 12.2　链表数据结构

（4）数字签名

数字签名是运用非对称加密方法实施文件签名的技术，用以证明你是文件的原作者并保护文件不被篡改。大致策略是，首先计算文件的 Hash 值，之后用私钥对 Hash 值加密，并将密文和公钥公开。只有你拥有私钥，这证明你是文件的原作者；别人用公钥解密后得到 Hash 值，可自行计算文档 Hash 值并比对，如此实现防篡改。

存在多种数字签名（非对称加密）算法，如基于大质数分解技术的 RSA、基于椭圆曲线算法的 SM2 等。数字货币使用椭圆曲线数字签名算法 ECDSA（Elliptic Curve Digital Signature Algorithm）。数字签名可以和 Hash 指针相结合。给 Hash 指针签名后，不仅保护了 Hash 指针，还保护了它所指向的数据；更进一步地，对区块链最后一个区块的 Hash 指针签名，就能够保护整条链。

12.2 区块链

区块链是一种防篡改的数据结构，被形象地称为“分布式账本”。需要说明的是，虽然数字货币运用了区块链技术、区块链也由此为人所熟知，但区块链本身是作为一项独立技术而存在的，与数字货币并没有绑定关系。区块链可以应用于供应链管理、金融支付、可信凭证传递等众多场景。

12.2.1 区块链的概念

区块链将“哈希指针”和“链表数据结构”合二为一，以链表为基础，但将头部的指针换用为哈希指针。如图 12.3 所示，在区块链中，每一个区块（类比于链表中的节点）由两部分组成，数据主体和位于头部的指针，这个指针中存储着它前一个区块的 Hash 值，即通过 Hash 指针指向前一个区块。通过这种形式，一个个区块被连接成链式结构，即所谓“区块链”。

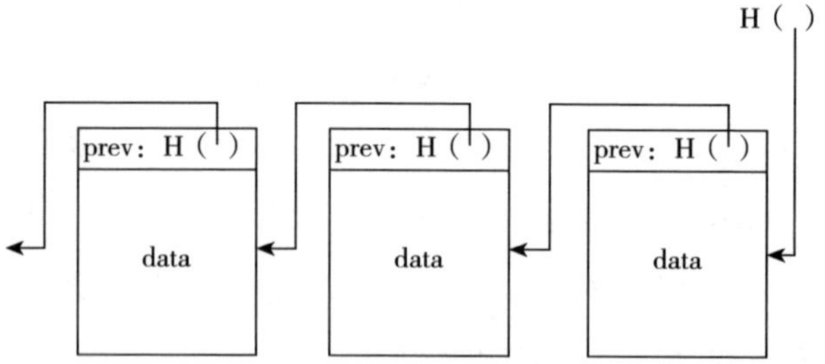

注：prev：H（　　）表示前一个区块的 Hash 值，此即 Hash 指针，存储在区块的头部。

图 12.3　区块链结构示意图

区块链可以存储数据，构建无法篡改的数据记录。防篡改是指，你可以在链的末尾添加新区块（数据），但你无法修改之前已经上链的区块，即无法从中间部分更改区块链。为理解区块链实现防篡改的机制，我们反向思考，看一下如果更改中间某个区块的内容会发生什么情况。

设想我们更改了区块链中间某个区块 A 的内容。A 区块数据变动会导致它的 Hash 值 H（A）相应变化，从而和后续的 B 区块头部指针不一致。由此，B 头部的 Hash 指针找不到 A 区块，链“断裂”了。那如果也同步修改 B 头部的 Hash 指针呢？这会进一步导致 B 区块变动，Hash（B）改变，从而使 C 找不到前一区块……如此层层递推，想要篡改区块链中 A 的数据，需要逐一将后面所有区块全部修改，直至修改到最新的区块。但最新的区块是共知的，人们很容易发现你得到的最新区块和其他所有人都不一样，从而识破篡改。

反过来，如果逐一向前追溯修改呢？设想更改了区块链中间某个区块 C 的数据内容，如果要保证后续的 D 能链上 C，那么就要求 C 的 Hash 值不变。理论上说，这可以通过修改 C 的头部、寻找碰撞的方式实现。C 的头部存储着上一个区块 B 的 Hash 值，且不论碰撞的难度，即使找到合适的碰撞，也会导致 C 的头部指针 H（B）和真实的区块 B 的 Hash 值不同。为此，需要向前追溯，更改 B 的内容，进而碰撞得到 B 的头部；再前溯更改 A 的内容，碰撞得到 A 的头部……这个过程一直持续下去，直至追溯到链的第一个区块，即创世区块，但创世区块是所有人共知的①，同样可以很容易识破你的链被篡改。

因为区块链无法篡改、数据以“区块”的形式逐个添加到链上，因而特别适合于多个主体之间分布式存储数据。例如，以“链”作为账本，交易时每个人将交易信息打包成一个区块、添加到链的末尾，这一思想催生了以数字货币为代表的数字货币。又如，以“链”作为供应链管理记录，物流中的

---

① 例如，数字货币的创世区块中的数据内容是 The Times 03/Jan/2009 Chancellor on brink of second bailout for banks。这是 2009 年 1 月 3 日当天报纸的新闻标题。每一个区块链中，第一个区块都是公开的，这保证了无法向前追溯篡改。

每一环节都将本环节的信息打包成一个区块、添加到链尾，在货物缺损时可以通过区块链追溯每个环节，明确责任。

12.2.2 区块链的核心特征

区块链具有以下特征。

（1）“去中心化”

区块链数据的记录、存储、验证、维护和传输过程都允许基于点对点（P2P）的分布式系统结构，不需要有一个中心机构来管理或提供信用背书。好处在于，部分节点的损坏或关闭并不影响整个区块链网络的正常运行。而且没有任何单一的实体可以删除、篡改或阻止你在链中记录内容。

（2）信任可靠

你可以无条件相信区块链中记录内容的可靠性，它无法被篡改，这由数学算法所保证。举例来说，你在网盘中存储文件，当你重新下载它时，你凭什么相信这仍然是你原来上传到网盘中的那份文件？理论上说网盘服务商有可能、有能力偷偷删改你的文件。但使用区块链技术，没有人可以删改链中存储的数据。

（3）难以篡改

这是区块链技术的核心特征，由每个区块头的 Hash 指针所保证。

（4）可追溯

区块链使用链表结构，每个区块都通过 Hash 指针指向前一个区块，因而数据可追溯。

（5）数据安全

区块链可以借助“零知识”证明、非对称加密、P2P 共识算法等技术，抵御来自外部的攻击，保证数据安全性。

（6）信息透明

区块链数据对每个节点完全公开，任一节点都可以拥有整条链的完整数据，信息高度透明，所有操作和行为对所有人是可见的。

12.2.3 区块链的分类

按照“链”在多大程度上开放，区块链可分为公有链、私有链和联盟链三大类。

（1）公有链

公有链（Public Blockchain）的特点是，区块链完全公开、对所有人开放，每个人都可以参与其中，在链中添加新的区块信息。任何一个节点都可以参与信息的记录和维护，每个人都可以获取、下载和监督区块链中记录的数据。数字货币作为一个分布式账本，就是采用公有链的形式，每一笔使用数字货币进行的转账或交易都被完整记录在数字货币的区块链中。

也需要指出的是，虽然你可以在公有链的末尾添加新区块，但别人并不必然要认可你添加的区块，可能会忽略你的区块，在前一个区块后接续记录，从而绕过你添加的区块。此时，你添加的区块就成了孤儿块，并没有真正被区块链所记录。

（2）私有链

私有链（Private Blockchain）是不对外开放的区块链，其参与者仅限于组织内部，并且对添加区块、查看完整记录有权限控制，只有获得授权的节点才能添加新区块或查看数据。与公有链相比，私有链交易速度快、隐私程度高，常用于金融机构交易验证、集团内部供应链物流追踪等场景。

（3）联盟链

联盟链（Consortium Blockchain）介于公有链和私有链之间，是由多个组织或个人联合参与、需要获得准入和授权才能使用的区块链。一般而言，联盟链有预先确定的若干个中心节点，用于对全链进行记录和维护，而普通参与者只参与交易。联盟链弱化了中心化特征，但兼具安全、效率和成本三方面优势。联盟链通常适用于企业集团、产业组织、园区经济等场景。

12.3 公钥即身份

去中心化数字货币使用数字签名的公钥来表征和识别用户身份。你可以近似地理解为，数字签名的公钥就是一个人在匿名的[①]点对点（P2P）网络空间中的“身份证号”，是唯一可以在网上识别你身份的凭证。点对点（P2P）网络是指，网络中用户间两两直接相连，各用户身份都是完全平等的，而没有任何中心化的节点充当管理者。

在详细解释“公钥即身份”之前，我们先来思考这样一个问题：如何令人相信匿名P2P网络上的一条消息是由你发布的？你可以用自己的私钥给这条消息签名，然后将公钥和消息一同发布，其他用户可以使用公钥进行校验，能通过校验说明公钥是正确的；而公钥对应的私钥只有你个人拥有，这证明消息是由你签署发出。在其他用户看来，网络世界中唯一能够识别你是信息发布人的线索就是公钥，由同一个公钥签署的消息可认为是由同一个人发布；而对于你来说，凡是能够使用这个公钥进行校验的消息，你都有资格宣称它由你签署发布，因为只有你拥有对应私钥。由此，公钥也就成为个人（或组织）在匿名的网络世界中的标识。

公钥—私钥对可以大量地、“零成本”地生成，这意味着你在匿名网络上的身份也可以大量生成；每生成一个公钥—私钥对，就相当于给自己创建了一个新的网络身份。例如，你在匿名网络中用公钥A发布消息A、用公钥B发布消息B、用公钥C发布消息C，即使现实中这些消息都由你发布，但在技术层面看来这些消息由三个不同身份的人分别发布。

在“公钥即身份”机制下，匿名P2P网络中生成新身份的过程是去中心化的，并不需要你在某个网站或APP上提交信息、由服务商为你注册账户，

① 只有匿名网络才有身份识别问题，对于实名网络，大可以直接使用身份证号或者手机号来区分用户。

也没有任何机制能够核查到你的真实身份。[①] 换言之，你并不需要凭借某个服务商的“认证”来证明“我是我”，也不可能被阻止创建身份账户，没有人能够确切知道若干个密钥背后是不是同一个用户，也没有人能够对此进行监督、管理或负责。

回到金融支付业务中来。与所有金融支付业务一样，数字货币的支付本质上也是发送一条“支付声明”，区别仅在于，现实世界中的支付声明类似于“我向张三转账 10 元”或“我向银行账号 AAA 转账 10 元”，而在匿名的网络中这条支付声明看起来像“我向公钥为 BBB 的人支付 10 元”。

数字货币网络是一个匿名的 P2P 网络，当然也采用了“公钥即身份”的身份识别机制。在数字货币网络中，数字货币地址，也即你的“收款账号”，本质上就是你的公钥（或公钥的 Hash 值）。显然，遵循公钥的一般化特征，这既可以确认你收款人的身份、实现转账支付，也可以确保支付的隐秘性，因为数字货币地址本身和你现实世界中的身份完全无关，不会泄露你的任何信息，无法追溯，甚至即使找到了你本人也无法证实地址属于你。[②] 这种过度的隐私化常被犯罪分子利用，数字货币因而被用于洗钱、犯罪融资、恐怖主义融资或跨国军火贸易。

12.4 一个简单的加密货币

（1）规则一：定义谁可以发行货币

例如，规定甲可以发行这种新数字货币[③]，那么甲可以写一段话，为它添加个编号，再用私钥（Private Key，PK）签名。这段由甲签了名的信息，

① 与之相对，在中心化的网络中，服务商可以拥有你的实名信息，甚至可以在后台通过身份证号或电话号码等匹配识别出若干账户背后是同一个人，并且有能力予以全部封禁。

② 但观察者可以通过你的行为推断出一些间接线索。例如，你长期使用某个数字货币地址支付在线购物订单，那么可以合理推断出网购的收货地址就是你的地址，继而确认你的身份。在打击数字货币犯罪时，这也是最常用的办法。

③ 这个例子中的“甲”既可以是个人，也可以是组织机构，甚至可以是具有官方背景的国家央行或财政部。

就是数字货币。为理解这一点，可回顾本书第 1 章的相关内容：货币本质上是一种“共同信念”，你相信它是货币、别人也相信它是货币，那么它就是货币，而无论其材质是黄金、青铜还是纸。只要所有人都相信这段由甲签署数字签名的信息是货币，那么这段加密字串就完全可以当作货币来使用。为了区分不同的币，需要给其添加唯一的编号，记为 uniqueCoinID（uCID），这类似于人民币上的冠字号。币由甲的私钥签署，每个人都可以使用对应的公钥来验证其真伪。

这笔交易被称为“创币交易”（Type：CreateCoins），这个币没有前溯来源，而是“无中生有”地凭空创造而出。

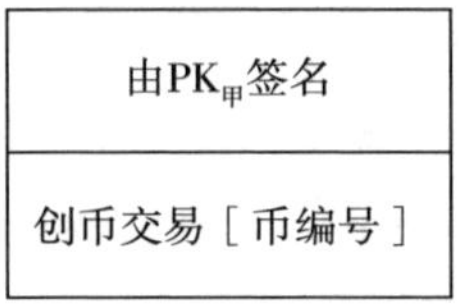

图 12.4　数字货币的结构示意

（2）规则二：拥有数字货币的人，可以将它转交给其他人

甲凭空创造（发行）了一个币[①]，例如 uCID 编号为 001，现在要将它支付给乙。甲可以写下一则声明：“甲把拥有的币（uCID = 001）支付给乙。”甲对这则声明加一个 Hash 指针，指向甲的币（uCID = 001），这则“声明”就是一个新的信息块。甲对支付声明用私钥签名，现在币（uCID = 001）就归属于乙了。所有人在看到这个编号为 001 的币的时候，都会知道它归属于乙，因为甲签署了声明，确认把这个币支付给了乙。这个过程可以一直持续，实现一枚数字货币的支付流转。

注意到，在上述设定中潜藏着一个安全性问题：双重支付。双重支付是指将同一笔钱支付给了两个人，类似于“一物双卖”。甲可能签署两个声明，将币（uCID = 001）分别支付给乙和丙。从形式上来看，两个声明都带有甲

① 可类比于央行印制了新钞。

的数字签名、技术层面是合规的，但双重支付显然是一种攻击手段，应该采取适当机制加以规避。

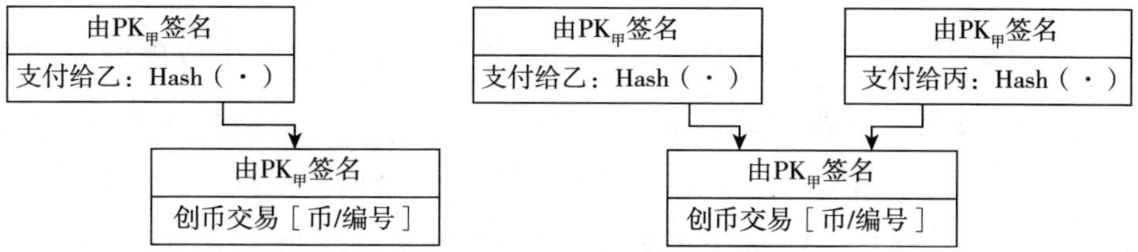

图 12.5 数字货币支付（左）与双重支付攻击（右）

如何应对双重支付攻击？可以采用区块链技术加以解决。具体来说，给每一笔交易添加时间戳（表明支付先后顺序），然后将所有交易逐笔、完整地公布出来，并以 Hash 指针链接，以区块链的方式记录为“公开账本”。每个人（例如丙）都可以查看所有的支付记录，他会发现甲支付给自己的币（uCID =001）曾在此前就已经被支付给乙了，由此发现并抵御双重支付攻击。实务中，将逐笔交易作为独立区块会显著拖慢速度，因而通常会先收集若干笔（数字货币为约 3000 笔）支付交易，再整体打包成一个区块加入区块链，区块中包含每一笔交易的编号、价值、收款人（公钥地址）等信息。

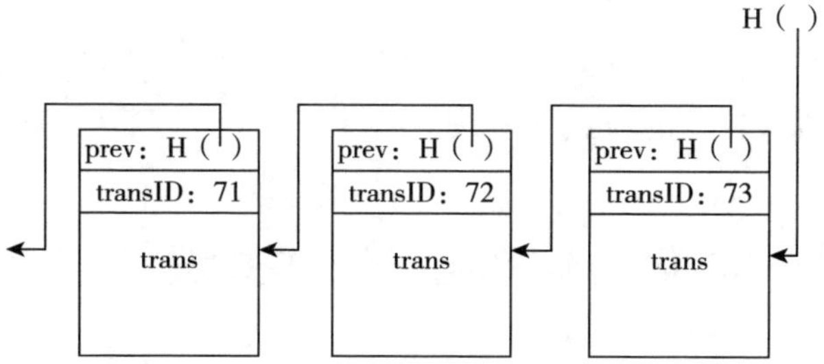

图 12.6 区块链结构示意

（3）规则三：支付找零

支付时会遇到找零问题，例如购买 2 元的商品，你支付一张 10 元纸币，卖家会向你找零一张 5 元、三张 1 元。现实中，货币面值是标准化的，例如 1 角、5 角、1 元、5 元、10 元……100 元，因而定价和找零也是以这些面值来标准化的。

在数字货币中，每个币是独立的、特异的，并没有“单位面值”的概念。例如甲签署支付声明，付给你币（uCID = 001）的币值为 3.4，那么这个币的价值就是 3.4 单位；乙签署支付声明，付给你币（uCID = 002）的币值为 1.7，此时你将分别拥有价值为 3.4 单位和 1.7 单位的两个币，而不是价值为 5.1（3.4 + 1.7）单位的一个币。

在交易时，将整币拆零、散币凑整，可以通过一笔支付交易（Type：PayCoins）来实现。以拆零为例，若你需要向丙支付 2 单位数字货币，你可以签署一个支付命令：“在甲给我的币（uCID = 001）中，将 2 单位转给丙，命名为币（uCID = 003），将 1.4 单位转给我自己，命名为币（uCID = 004）。”这样一笔交易将摧毁原有的 3.4 单位的币（uCID = 001），重新生成一个 2 单位的币（uCID = 003）和一个 1.4 单位的币（uCID = 004），并分别支付给丙和自己。换言之，数字货币中并不存在真正意义上的找零，因为数字货币本身就允许任意拆分，你在支付之前就先行摧毁了整币、创造新的零币，并将恰当金额的新币支付给对方。只要摧毁币的价值和生成新币的价值相等，所有看到这条指令的人都会接纳和认可这笔交易，也就会承认新创造的两个零币的价值。与之类似，零币凑整也可通过签署支付命令摧毁零币、生成整币并转回给自己的方式来实现。

12.5　“去中心化”体系与分布式共识

一个很重要的问题是，新币从何而来？在上一小节的例子中，我们假定由一个独立的主体“甲”（可以是个人、组织或政府部门）来发行创造新币，由甲的私钥签署的币都是真币。如果甲诚信、按照约定的规则发行货币，那么这种数字货币是可靠的。但也存在另一种可能，甲违背承诺、滥发货币，扰乱了货币市场的秩序。后一情形一旦发生，用户对这种数字货币的信任就会崩塌，这种货币也将很快被用户抛弃。

即便是政府，也难免有滥发货币的冲动，更何况不受约束、追求私利的个人或企业。为此，我们希望数字货币的发行体系能够实现“去中心化”，即新币并不是由某一个中心节点来发行的，而是由整个匿名 P2P 网络、基于某种算法而内生产生，任何一个恶意节点都无法滥发货币，或者即使节点滥发货币、新币也不被整个支付体系所承认。

“去中心化”货币发行体系是可行的，中本聪在《数字货币：一种点对点电子现金系统》（*Bitcoin：A Peer - to - Peer Electronic Cash System*）一文中提出了解决方案，即“分布式共识”，这一方案极为精妙，通过加密技术和激励建立起一个“去中心化”的货币支付体系，进而创生出数字货币。单纯在技术（协议）层面，数字货币接近于完全的“去中心化”：① 任何人都可以运行数字货币节点，没有技术与设备门槛②；数字货币网络是一个 P2P 网络、用户之间点对点连接，没有中心化节点；网络对所有人开放，每个人都可以加入数字货币网络；完全开源；理论上每个人都可以维护数字货币系统、更新协议、产生新的区块链分叉。③

12.5.1　“去中心化”体系所需解决的关键问题

在“去中心化”货币发行与交易体系中，需要解决以下几个关键问题。

（1）谁来记录账本?

在中心化环境下，由服务商记录交易信息，例如银行会记录每个账户的交易情况。但在“去中心化”体系下，如何实现公认、可信的支付记录?

---

① 也需要说明，数字货币的去中心化并不是绝对的，它在技术上是“去中心化”的，但在实践中存在交易所、大型矿场、矿池、钱包服务商等中心化节点。

② 你甚至可以在自己的笔记本上运行一个完整节点。

③ 但这种可能只在理论上存在。现实情况是，你更新协议或创建分叉后，其他用户通常并不会跟进；只有受全网信任的核心开发人员更新系统，才能取得全网算力的普遍信任，从而切换到新的协议或分叉上。

(2) 谁来认证交易的有效性?

在中心化环境下，有专业机构或政府部门来认证交易的有效性，例如银行以其信誉为支付的真实性背书，且会受到银保监会、银行业协会的监管。但在去中心化环境中，每个节点都是平等的，没有人有高人一等的监督权力，那么该如何证明记录账目的真实性?

(3) 谁来创造新货币?

在中心化环境中，存在一个货币发行者，如人民币由中国人民银行统一发行。在去中心化环境中，应该由谁来发行货币?

(4) 谁来决定数字货币系统的改变和演进?

任何系统都需要维护和更新，例如制定新规则、添加新算法新功能等。在人人平等的“去中心化”环境中，该如何决定数字货币交易系统的更新与演进?

除了这些协议层面的困境之外，还存在市场层面的协商问题：如何确定不同币种间的汇率？钱包软件如何在遵守协议（以保证兼容性）和提供个性化功能间取得平衡?

设计“去中心化”的货币发行与交易体系，就要提出一种方案，妥善解决上述问题。对此，中本聪在“白皮书”中提出了“分布式共识”方案，这被大多数“去中心化”数字货币所采纳。

12.5.2 分布式共识

“去中心化”数字货币得以实现的技术基础是“分布式共识”。形象地说，分布式共识就是指通过某种机制确保“大家都相信这件事，没有人和大家不一致”。匿名 P2P 网络中各节点人人平等，因而没有可信的权威作出认证或裁决，只能依靠某种机制来确保所有人都“不得不”承认相同的事实。对于数字货币网络，这个所有人都承认的“事实”就是交易账本数据库，以此保证任何一个节点的人都不能作弊，如双重支付或伪造交易。

(1) 分布式环境中的交易机制

我们先以一个简单的案例来讲解分布式网络中的交易机制。在一个匿名

P2P 网络中，甲要向乙支付币（uCID = 001）。[①] 甲会将要支付的数字货币编号（uCID）、收款对象（公钥地址）等支付信息写下来，计算支付信息的 Hash 值，之后将原信息和 Hash 值一起打包成一个数据块，再用自己的私钥签名。随后，将这个签名后的数据块对外广播出去，每个节点都有机会听到这则广播。[②] 可以类比理解为，甲站在（虚拟世界中的）广场上大喊：我要向乙支付 10 元！

其他节点收到甲广播的数据包后，遵循数字签名校验的一般流程，对这则信息进行校验。由于“公钥即身份”，甲的地址就是他的公钥，因而每个收到数据包的人都有能力进行这一校验。若校验通过，则可确信付款人确实是甲（身份校验，由公钥—私钥机制保证），他确实要向乙支付编号为 001 的数字货币（内容校验，由 Hash 值机制保证）。

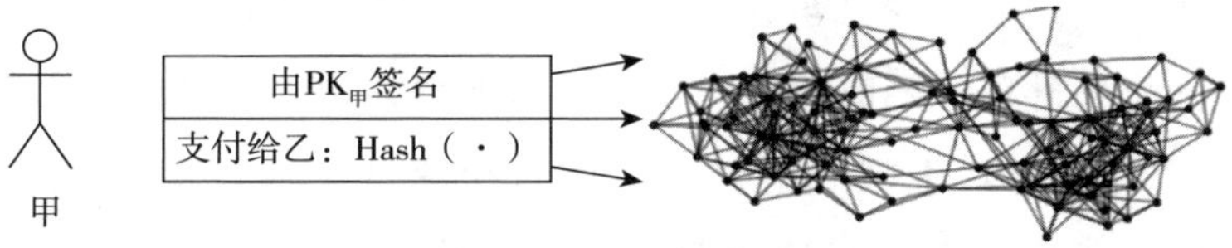

图 12.7 支付消息广播示意

至此，甲已经完成了整个支付流程。注意，在这一过程中乙完全没有出现！那么乙该怎么收款？乙什么时候能收到款?

乙收款依赖于区块链网络达成共识。或者说，等整个网络都承认币归你了，你有拥有了这个币。为理解这一点，我们回顾一下第 1 章提及过的“石币”。在密克罗尼西亚群岛的雅浦岛上，当地居民使用一种巨大的石圆盘作为货币，这些石圆盘极为笨重庞大、难以搬运。交易时，居民并不需要真正交付这些石币，而只要告诉对方“位于 × × 位置的石币原来是我的，现在交

① 注意，数字货币交易中支付的并不是“金额”，而是指定具体要支付哪一个币，这由币的编号 uCID（类似人民币的冠字号）确认。

② 实际能否听到取决于对方是否开机、网络环境、在网络拓扑中的位置等因素。但至少听到广播的可能性是始终存在的。

给你了”即可。只要双方认可、其他岛民承认，这笔交易就算达成，而石币始终如一地放置于原位。货币的本质是共同信念，在区块链网络中，只要所有人都相信“编号为001的币归乙所有”，这笔交易就达成了。在这一过程中，乙可能本身不在线、没有听到广播、不在区块链网络节点中，甚至已经不在人世，但无论如何，乙都能收到编号为001的币，因为网络中所有人都承认这个币归属于乙。

这引出来一个新问题：分布式共识该如何形成？如何让整个网络都达成共识、承认币归属于乙？

（2）分布式共识的形成

在数字货币网络中，会有节点时刻监听广播，把上面例子中提到的这些交易广播集中起来，3000～4000个交易信息打包成一个数据区块。由于每个节点都会听到不同的广播（取决于这些节点在网络中的位置），因而每个区块中包含的交易都各不相同。此时全网尚未取得共识，交易也未真正完成。

数字货币网络基于区块链技术，所有交易区块通过Hash指针组成链表结构，即区块链。新的区块想要被全网承认，就要争取被添加到区块链的末尾，如此即可被所有节点承认，区块中的交易也就会被确认并最终完成。例如，如图12.8所示，A、B、C三个节点各自收集了若干交易记录，打包成了区块，他们需要按照某种规则进行协商，确认何者的区块可以脱颖而出，被追加到区块链的末尾。这个“把谁的区块加在链尾”的规则，被称为共识协议（Consensus Protocol）。如果甲的交易不在本次追加到链末尾的区块中怎么办？没关系，这是很常见的情形，甲只要耐心等待下一次机会即可，只要等待时间足够长、发送广播次数和范围足够广，就总有机会完成交易。

存在多种共识协议，具体的技术细节已经超出本教材的范围，从略。

在上述例子中，实现共识的过程可能会面临着一些困难：①节点可能崩溃；②节点可能是恶意的，将伪造交易“上链”；③网络不完美，某些节点没有互相连接，导致传输出错（丢失交易）或传输延迟（已经确认本轮共

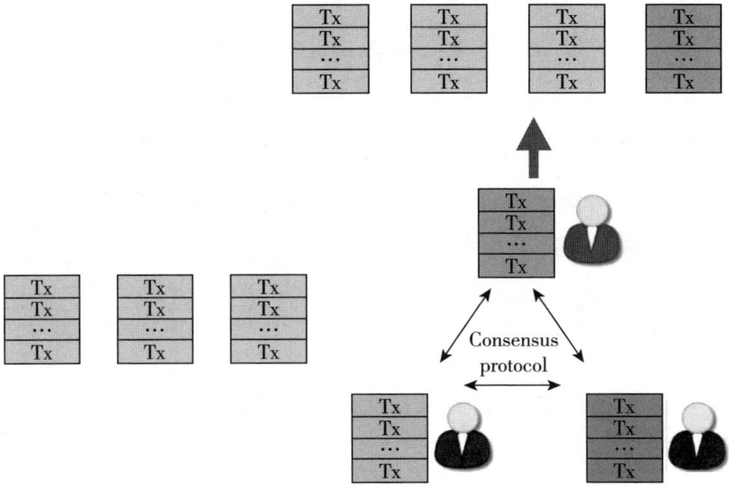

图 12.8 区块共识协商示意

识后才听到上一轮的交易广播）；④没有“全球时间”的概念，无法确认交易发生的先后顺序[①]，这可能导致“拜占庭将军”问题；⑤根据 Gischer - Lynch - Paterson 结论，在最坏情况下只要有一个恶意节点，就可能使全网无法达成共识。为了避免这些问题，就需要寻找一组“好”的共识协议，能够在达成共识的过程中妥善规避上述风险。

专题 18 拜占庭将军问题

一组拜占庭将军分别各率领一支军队共同围困一座城市。为了简化问题，将各支军队的行动策略限定为进攻或撤离两种。因为部分军队进攻部分军队撤离可能会造成灾难性后果，因此各位将军必须通过投票来达成一致策略，即所有军队一起进攻或所有军队一起撤离。因为各位将军分处城市不同方向，他们只能通过信使互相联系。在投票过程中每位将军都将自己投票给

① 即使添加时间戳也无法解决“全球时间”的问题，因为可能存在“表不准”的情形，且难以校验时间戳本身是否真实。

进攻还是撤退的信息通过信使分别通知其他所有将军，这样一来，每位将军根据自己的投票和其他所有将军送来的信息就可以知道共同的投票结果而决定行动策略。

系统的问题在于，可能将军中出现叛徒，他们不仅可能向较为糟糕的策略投票，还可能选择性地发送投票信息。假设有9位将军投票，其中1名叛徒。8名忠诚的将军中出现了4人投进攻，4人投撤离的情况。这时候叛徒可能故意给4名投进攻的将领送信表示投票进攻，而给4名投撤离的将领送信表示投撤离。这样一来，在4名投进攻的将领看来，投票结果是5人投进攻，从而发起进攻；而在4名投撤离的将军看来则是5人投撤离。这样各支军队的一致协同就遭到了破坏。

由于将军之间需要通过信使通信，叛变将军可能通过伪造信件来以其他将军的身份发送假投票。而即使在保证所有将军忠诚的情况下，也不能排除信使被敌人截杀，甚至被敌人间谍替换等情况。因此，很难通过保证人员可靠性及通讯可靠性来解决问题。假使那些忠诚（或是没有出错）的将军仍然能通过多数决定来决定他们的战略，便称达到了拜占庭容错。

在P2P网络中，实现分布式共识还面临额外的困难，即各节点、各用户具有匿名性，没有任何持久的长期身份，可以随时“零成本”地更换公钥（身份）。为理解其难点，我们可以反向思考，假如节点有身份（Identity，ID），事情将会怎样：①共识协议很容易实现，例如可以依据ID制定规则，随机抽取当前网络中某个ID编码的节点，将其区块接入区块链的末尾。而如果所有节点都匿名，这种基于身份抽取上链者的策略将难以实现。②安全性。如果节点都有身份信息，那么可以很容易识别出“多个节点背后是同一个人”的情形，由此规避潜在的欺骗和攻击①，而匿名下则难以识破。

“去中心化”数字货币基于匿名的P2P网络，不存在一个中央权威机构

① 例如女巫攻击（Sybil Accack），通过创造大量的“替身”营造存在很多参与者的假象，或作为恶意节点发送错误信息干扰共识达成。

为节点赋予身份，因而很难进行身份识别；主观上，匿名性本身就是数字货币创设之初的本意，赋予节点身份和其创投初衷相悖。

（3）共识协议

数字货币采取了一种精妙的、反直觉的策略，实现了匿名 P2P 网络中的分布式共识。数字货币的共识形成过程不完全依赖于软件算法，而更多依赖于“激励”。

以往，共识的实现依靠算法的“规定”：事先确定一个规则，按规则选定区块后再上链，这也是惯常的、符合直觉的做法。而数字货币则拥抱“随机性”：并不要求有一个确定性的最终答案，下一个区块是谁都行，无所谓、不重要，只要有新区块接在链尾即可；不要求立刻达成共识，先将区块上链、再寻求其他节点的认可。也正因此，数字货币网络中达成共识是一个“过程”，要花很长时间，通常要 1 小时以上，而且你永远无法 100% 确信自己的交易达成了，只能说随着时间增长，这笔交易被全网承认的概率增加了。

数字货币达成共识依靠“人性”，这类似博弈论中的纳什均衡：没有约定、没有强制性要求，但所有人都不会偏离均衡策略组合，会作出相同的决策（共识）。当然，数字货币采取的策略并不能解决一般性共识问题，而只适用于“货币”领域，正因为货币“值钱”、拥有发币奖励，才能激励众多节点参与这项博弈、遵从博弈规则。

在具体技术层面，典型数字货币通常采用“非即时确认 + 最长链原则”原则，通过“隐含共识”（Implicit Concensus）技术方案，实现了一种没有身份特征的共识（Consensus without Identity）。每一轮（约 10 分钟）中，全网随机选择一个节点（实现随机选择的方法后文讲解），由这个节点单方面提议一个加入主链的新区块。在这个过程中，没有共识算法、没有投票过程，节点被选择单纯只是因为幸运而已。其他节点可以选择“接受”或“拒绝”这个新区块：如果接受，就将新区块加入自己维护的区块链的末尾，以后从这个新区块开始往后扩展区块链；如果拒绝，就“假装没看到”、忽略这个区块，仍然从原有区块链末尾往后扩展区块链，如图12.9所示。作出接受或拒绝的过程并不需要对外广播，这些节点什么都没“说”，而是以实际行动展示了自己接受或拒绝新区块的态度，因而被称为隐含共识。

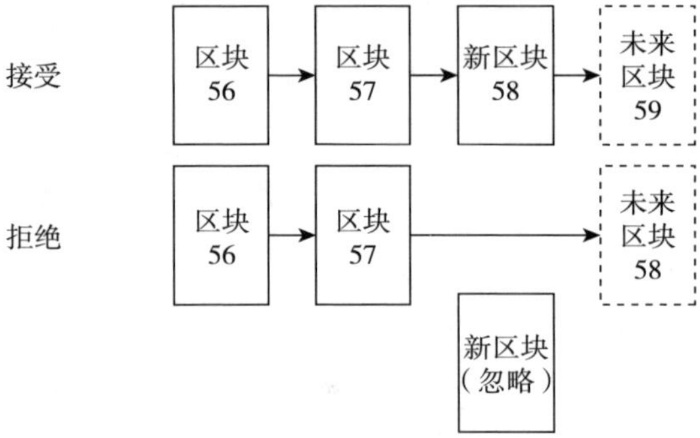

图 12.9　隐含共识示意

具体实现过程的流程如下：

①新交易被广播给所有节点。②每一个节点收集交易记录，打包成区块（block）。③每一轮，随机选择一个节点，允许它向数字货币网络广播自己的区块。④其他节点选择“接受”或“忽略”这个新区块。接受新区块的前提是，该区块中所有的交易都通过数字签名校验，且没有发现双重支付问题。⑤节点通过行动表明自己的态度。

接受：将这个区块添加在自己所维护的区块链副本的尾部，在自己生成的下一个区块的头部添加 Hash 指针，指向这个区块，也即承认这个区块在你前面。

拒绝：忽略这个区块，不做任何处理。

这套策略为什么可行？我们反过来思考，该如何攻击或破坏这个共识过程。

①是否可能窃取别人的数字货币？

不可能，因为支付交易需要私钥签名，各节点会用公钥校验，无法通过校验的支付信息会被忽略。你无法获得别人的私钥，也就无法签发一条窃取别人数字货币的支付信息。

②是否可以拒绝为某个人的交易提供认证？例如制裁某人、将其拉入“黑名单”?

不可能，一方面是因为所有用户都是匿名的、可以任意生成新的身份，你无法识别出具体用户；另一方面，网络中存在大量节点，总有其他节点会接纳包含该用户交易的区块，并确认其交易。

③是否可能出现双重支付攻击?

技术层面本身无法避免双重支付攻击，但这套共识协议可以通过博弈过程来化解双重支付攻击的实际危害，这也是其设计的精妙之处。

我们以一个例子来展示出现双重支付攻击时的情形。设想甲是客户，乙是商家，甲向乙购物、支付货款。甲创建了一笔交易，向乙支付币（uCID = 001），并将这条信息广播出去。会有一个诚实的节点 A 听到这则广播，将支付信息打包到区块里，此时一切正常、没有问题。与此同时，甲又创建了另一笔交易，将同一个币（uCID = 001）支付给自己的小号甲′，另一个诚实的节点 B 听到了这则广播，同样将其打包、上链，这同样也没有问题！因为第二个节点 B 并不知道这个币此前已经被支付给乙了。

站在“上帝视角”，我们能够分得清正义与邪恶，知道第二笔由甲转给自己小号甲′的交易是双重支付攻击，应该被撤销。但在匿名的、所有节点平等的 P2P 网络中，技术层面看两笔交易完全平等，任何节点都无法识别出哪一笔交易是“善”的、哪一笔是“恶”的。此外，由于网络延迟是常态，各节点也无法可靠地区分两笔交易的先后顺序。

双重支付攻击能否成功，取决于数字货币网络最终接纳了哪个区块“上链”。如果数字货币网络最终接纳了 A 节点的广播，币（uCID = 001）支付给乙被普遍承认，则支付成功、一切正常；反之，如果数字货币网络最终接纳了 B 节点的广播，币（uCID = 001）支付给甲′被普遍承认，则双重支付攻击成功。

数字货币解决双重支付攻击的方法非常简单，“多等一会儿”。数字货币网络中，每个节点都会选择拓展“最长有效链”的策略，不然自己的工作就会被忽略和淘汰。在上例中，A 和 B 分别将自己打包的区块上链（彼此不知道与对方发生冲突），但随后总会有其他节点在收集广播时发现这一冲突，此时，该节点会只保留其中已经较长的一条链，而忽略较短的链，以此解决冲突。在记载了“甲向乙付款”信息的区块后，每多增加一个区块，就相当于全网对这笔交易进行了一次“确认”（Confirmation），确认越多链越长，则这条链越有可能成为长期共识链。

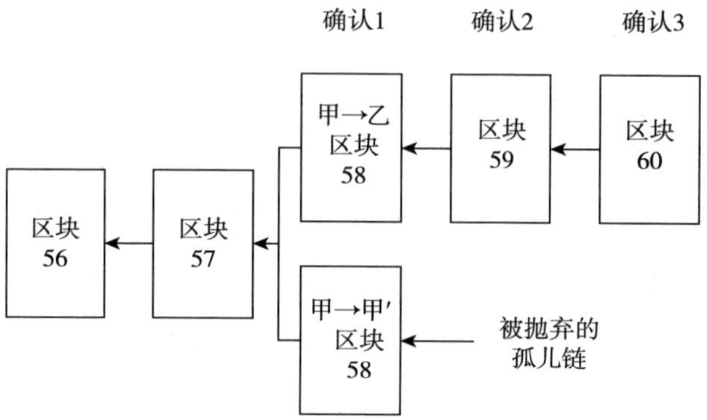

图 12.10　长期共识链示意

对于商家乙来说，他的目标是确保记载有“甲向乙付款”信息的区块留在长期共识链上。乙什么都不需要做，只需静观其变即可，直至载有这一记录的链成为长期共识链后再发货。反之，如果“甲向甲′支付”信息进入长期共识链，乙没有收到币，就要求甲重新发起支付，直至乙收到币的消息进入长期共识链、被全网所承认为止，此后即可发货。一般而言，交易在获得 6 个确认（有 6 个后续区块）后就可视为进入长期共识链。选择“6”并没有特别的技术性原因，只是在时效和安全性之间做出权衡，数字货币网络平均每 10 分钟产出一个区块，6 个区块恰为 1 小时。对于大额支付也可以再多等，待有 8 个或 10 个区块确认后再发货。①

在数字货币的交易机制下，严格来说你永远无法 100% 地确认一笔交易真正完成了，因为完成交易不是 0 ~ 1 状态，而是一个“过程”，只能说“交易已经有较高的概率被普遍承认”。交易后确认的区块越多，则这条链被改写的可能性越小，以至于我们可以非常充分地相信它不会被改写。想要逆转长期共识链，需要动用大量算力和全网进行“赛跑”，且追赶回 6 个区块，这几乎是不可能的。退一步讲，即使真有节点控制了全网 51% 的算力，他大可以在现有的长期共识链上继续“挖矿”以获得正当收益，没必要为了一笔小小的双重支付攻击收入而挥霍巨量算力。

12.6　激励机制与工作量证明

接下来的三个问题是：（1）节点为什么愿意承担工作？（2）如何保证节点诚实地完成工作？（3）如何确定被随机选中、有权向区块链末尾添加新区块的幸运儿？

12.6.1　区块链网络的激励机制：数字货币

在之前的讨论中，我们潜在地基于一个假设，即“节点是诚实的”，或者至少要求恶意节点不超过全网一半。这是个很可靠的假设，但仍然存在风险。那么，我们能否通过给予节点激励或惩罚，来促使他们保持诚实？考虑到匿名 P2P 网络中各个节点没有稳定的身份，也就无法追踪和惩罚，因而我们的切入点应该在“激励”方面，即对诚实提交区块的节点给予奖励。

第一个问题是，用什么来奖励诚实的节点？答案是“数字货币”。正是为了鼓励节点诚实地记录信息、打包区块，我们才创设了数字货币作为奖励，这也就同时回答了“为什么节点愿意承担工作”和“如何激励节点诚

① 由此可见，数字货币系统的交易效率非常低下。设想一下，你在超市付款后要原地等待 1 小时才能确认支付是否成功，这将是难以接受的。

实地完成工作”两个问题。

在数字货币网络中，通常存在两种奖励：

（1）创币奖励

当打包新区块时，允许节点在区块中添加一笔特殊的交易，即“创币交易”（Coin – Creation Transaction），这是每个区块中的第一笔交易。这笔交易“无中生有”地创造出若干个数字货币，将它们支付到节点指定的钱包地址（通常为节点主人自己的钱包）。在数字货币网络中，打包区块并将其上链的过程就是“挖矿”，由此获得的创币交易奖励是挖矿的最主要收入。[①]

以数字货币为例，初始时创币交易奖励为 50 BTC，每挖出 21 万个区块后奖励减半。数字货币算法保证平均每 10 分钟生成一个区块，21 万个区块约需 4 年。2012 年 11 月 28 日，数字货币网络挖矿收益首次减半至 25 BTC，后于 2016 年 7 月 9 日减半至 12. 5 BTC、2020 年 5 月 12 日减半至 6. 25BTC。下一次减半预计出现在 2024 年 5 月 9 日前后，届时挖矿奖励将减半至 3. 125 BTC。数字货币一共会发生 32 次区块减半事件，在所有减半事件结束后，将不会再发生区块减半，同时，数字货币的供应量也将达到上限，不会再有新数字货币被挖出来。由等比数列求和知识可知，这一上限为 2100 万 BTC，预计在 2140 年左右达到。

创币交易和其他交易一样，依靠长期共识链来确认。想要拿到创币奖励，节点必须保证自己提交的区块加入到长期共识链上，而只有诚实，其提交的区块才有可能被网络中的其他节点承认。否则，若节点打包的区块不合规，例如包含无法通过校验的数字签名、双重支付、创币交易金额错误等，那么其他节点就会忽略这个有瑕疵的区块，从原有链的末尾向后延续。因此，每个节点都没有动力说谎，因为这会浪费一次难得的上链“幸运机会”；每个节点也会尽心尽力校验接收到的广播和别人打包的区块，因为若未能发现别人的错误，自己接续在错误的区块后工作，就会导致自己后续工作白

① 另一收入是获得交易的手续费收入，后文讲述。

费、不被全网承认。这解决了第二个问题，即“如何保证节点诚实地完成工作”。

（2）交易手续费

交易手续费是节点打包区块获得的另一项激励。用户在使用数字货币支付时（任何交易者、任何转账交易），都会记载“来源”（From）金额和“付到”（To）金额，二者之间的差额被默认视为支付给打包区块节点的手续费。例如，数字货币第 764898 区块中的第 2 笔交易[①]（第 1 笔是创币交易）为：

From bc1qet5dpxpsmdn83e3kuzw98s93t7sunshnzj99gu|0.89657949 BTC

To 1BpSoMqvQ1Ykxkn7E8k2JN4x1Xen9d6Q7D|0.89624049 BTC

二者之间的差额 0.000339 BTC 即为支付给节点的手续费，按当日币价计算约值 5.61 美元。一个区块中包含约 3000 条交易，若节点成功将自己打包的区块上链，那么它将获得这全部 3000 笔交易的手续费收入。手续费的金额完全自愿，可多可少，也可不给，但节点都愿意优先打包手续费高的交易，以获得更多手续费收入，而少付、不付手续费的交易就需要排队等待，甚至没有节点愿意打包。由此也可看出，数字货币交易过程是充满不确定性的，且缓慢而费用高昂。在所有数字货币挖完（32 次挖矿奖励减半，约 2140 年）之后，交易手续费收入将成为整个数字货币网络的唯一收入来源。

12.6.2 工作量证明

（1）工作量证明方案简介

数字货币网络中存在大量节点，它们生成了合规的区块，那么谁会成为被选中的、有资格将自己新区块添加到链尾的幸运儿？幸运节点不能随机抽取，否则人们可以很容易地通过虚拟机创造出大量节点，以增加被抽中的概率（回顾第 10 章相关知识）。此外，在一个匿名 P2P 网络中也不可能存在一

① 发生于 2022 年 11 月 27 日 19 时 11 分，现金价值以当时币价计。

个中心机构来选定幸运节点，因为所有节点都是平等的。

一个解决方案是：选定“幸运节点”取决于一种“无人可以垄断的资源”，被随机抽中的概率和这种资源成正比。多数数字货币选取 Hash 算力作为“不可垄断的资源”，此即工作量证明（Proof of Work）方案。简言之，各个节点做 Hash 解密（寻找 Hash 碰撞），凭借其算力相互竞争，谁算力大、工作量多，谁就有更大的概率找到碰撞、成为幸运儿，将自己的区块添加到链的末尾并获得奖励。由此，单凭创造大量节点（甚至过半节点）并不能增加你被抽中的概率，因为重要的是算力而非节点数量。

Hash 解密目标是：寻找一个随机数，使 Hash（随机数，Hash 指针，交易记录）非常小。节点打包的区块中主要包含三类内容：（1）一个随机数；（2）指向前一个区块的 Hash 指针；（3）通过监听广播收集的交易记录。这个随机数要满足一定条件，使｛随机数，Hash 指针，交易记录｝这个整体的 Hash 值足够小。例如，某数字货币 Hash 运算使用 SHA256 算法，得到的结果是一个 256 位的二进制数，它所有可能的输出结果构成“值域空间”；全网协商确定一个“目标空间”，它是值域空间的子集（实际上是要求前若干位为 0），且远远小于值域空间。如果你抽取到的随机数能够使 Hash（随机数，Hash 指针，交易记录）落入目标空间，则满足条件，成为“幸运儿”，可以对外广播自己的区块。其他节点会对你的广播进行验证，校验你区块（其中包含恰当的随机数）的 Hash 值是否满足要求，若满足，则会以前文所讲的“隐含共识”方式表达认可。

由于 Hash 不可预期，因而需要不断反复地逐个尝试随机数，直至幸运地找到一个合适的数字为止。例如，如果目标空间是值域空间的 1%，那么平均而言你需要 100 次尝试才能碰巧找到恰当的随机数。当然，实际上目标空间极为微小，2022 年 11 月 27 日，这个“目标空间”的要求是计算得到的 Hash 值（二进制）前 76 位为 0。在这个过程中，目标空间的大小反映了挖矿的难度，目标空间越小，则“碰运气”越困难，挖矿也就越难。

这一方法极为巧妙地解决了“去中心化”下实现“随机性”的问题。

由于 Hash 函数具有解密友好的特性，只能通过穷举的方式找到碰撞，因而各节点找到恰当随机数的过程是真正“随机”的。随机数很难找到，但很容易验证，其他节点只要代入做一次 Hash 运算即可瞬间验证。

（2）工作难度及其调整

数字货币网络需要协商确定一个合适的 Hash 目标空间，如果目标空间过大，那么将很容易找到满足要求的随机数，区块产出太快，这会导致每个区块中包含交易过少、链过于冗长，且过快挖完所有的区块；反之，若目标空间过小，则找到碰撞太难、交易确认太慢。

为解决这一问题，数字货币引入了工作“难度”（Difficulty）的概念，用来表征挖出一个区块所需要的 Hash 运算次数的数学期望值。难度（Difficulty）是一个单位，定义（十六进制）$0x00ffff \times 256^{26}$ 为 1 Difficulty，这一（十六进制）数值写下来是：

0x00000000ffff0000000000000000000000000000000000000000000000000000

1 Difficulty 约等于 2^{32}，或者 4.2×10^{9}。在 2022 年 5 月 1 日时间节点上，数字货币网络挖矿的难度为 29.79T Difficulty①，全网算力为 246.85EH/s②，计算可知这天挖出一个区块所需时间的数学期望约为 506.8 秒，将近 10 分钟。

全网算力是实时变动的，随时都有人开机与关机，挖矿设备不断淘汰与更新，矿工不断加入与流失，这都会导致全网算力变化。为了保证挖出区块的时间间隔稳定，需要定期调整难度。以某数字货币调整难度的逻辑被写在代码中，在每个节点各自独立进行，每产生 2016 个区块，网络中所有的节点都要进行调整难度的工作，规则如下：

Difficulty（新）= Difficulty（原）×（20160/产生前 2016 个区块花费的实际时长）

由这一公式可知，新难度由产生最新 2016 个区块花费的实际时长与期望时长 20160（2160 × 10 分钟/个，约 2 周）比较得出，如果全网算力增长

① 1E = 1000P，1P = 1000T，1T = 1000G，1G = 1000M，1M = 1000K，1K = 1000。

② 全网每秒进行 2.4685 万亿亿次 Hash 运算。

了、过去2016个区块挖得很快，那么等式右侧第二项括号中的部分即大于1，Difficulty（新）会大于Difficulty（原），即挖矿难度增加。此外，为了避免全网难度大幅跳变，这一调整增加了上下限“帽子”，即每次调整上限是增加至原来的400%、下限是减少到原来的25%，以避免难度变动过大。

（3）其他问题

①是否可能出现很长时间都无法找到随机数的情况？

需首先指出，由于Hash函数具有无穷多输入、有限多输出，因而一定可以找到满足条件的随机数。

由于Hash解密是随机尝试，这构成了一个典型的伯努利试验，而且是每秒钟万亿亿次级别的独立随机试验。在伯努利试验中，事件发生的概率服从泊松分布，事件发生随时间的概率密度函数如图12.11所示。从理论上说，会出现超过10分钟的情形，但通常不会超过太久，因为这是小概率事件。

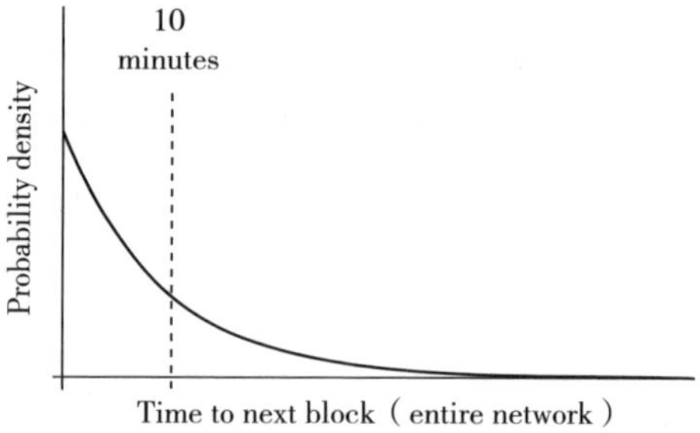

图12.11 挖出区块的概率密度函数

②如果多个节点都找到了满足条件的随机数怎么办？

多个节点都找到满足条件的随机数并对外广播，这在数字货币网络中很常见，处理方法与前文讲述的“双重支付攻击”并没有什么区别，依然会遵照隐含共识的方式来正常处理。某个节点在发现冲突后，无论距冲突发生已经过了多久，都会依照“最长链原则”保留其中比较长的那条链，忽略较短链。

这个短链上的、被忽略的新区块成为“孤儿块”（Orphan Block），虽然被挖出来但却没有被纳入长期共识链，成为无效劳动。这通常源于网络延时和网络位置不佳，很多时候也带有纯粹的运气因素，例如两个块同时被挖出，但一者不够幸运而没有被更多的节点接纳。

③矿工如何决策?

矿工的决策是在挖矿收益和成本之间作出权衡。矿工的成本包括设备购置与更新投入，以及巨额的电费开支，其中电费是成本的重点；矿工的收益来自于创币奖励和交易手续费。

需要说明的是，矿工获得收益的概率取决于自身算力和全网算力的比值，即使自身算力不变，其他人购置或更新设备也会导致自己的收益减少。这产生一种囚徒困境，每个人都不得不持续地购置新矿机，以保持挖出新区块的概率不下降。这一过程会一直持续下去，直至挖矿收益不足以覆盖挖矿成本，从而使部分矿场倒闭、市场出清，留存的矿工的算力份额上升，进而开始新一轮循环。

④存在其他形式的工作量证明吗?

存在。例如 Chia 币不以算力衡量工作量，而以写入的数据衡量工作量，它需要大量的存储空间，使用硬盘来挖矿。

⑤除了工作量证明外，还有其他方案实现数字货币吗?

有，例如“权益证明”（Proof - of - Stake），这也是以太坊 2.0 所采取的方案。简言之，你可以拿出一些币（至少 32 ETH）作为质押来参与一次抽奖，如果中奖则获得奖励，如果没中奖则质押原样归还。这有些类似于我国证券市场上“打新股”，你的资金量越大，那么你就有更多机会中签。另外，以太坊在 2022 年 9 月转向权益证明机制，不再需要浪费算力来进行挖矿，同期，矿机和显卡市场崩盘。

第 13 章　“去中心化”数字货币（中）：数字货币运作机制与改进

上一章中我们了解了数字货币的工作机制。在本章中，我们进一步深入讲解数字货币区块、交易网络与实际运用中的若干技术细节。

需再次说明，本章中的“数字货币”专指匿名网络中的“去中心化”数字货币，其运作方式和法定数字货币有所不同，法定数字货币（数字人民币）留待第 15 章讲授。

13.1　数字货币的交易机制

13.1.1　数字货币交易指令

在支付时，交易网络该如何确定你有多少钱，是否足够支付这笔交易？或者说，其他节点该如何来验证你是否具有支付能力？

一个直观的想法是（注意！这不是数字货币的做法），记录一个账本，通过逐笔收支计算出来你的余额：甲曾经收入 20 元，支出 1 元，再收入 3 元，支出 12 元……此时甲有若干余额，满足支付。这一方案的问题在于，网络想要校验甲的余额是否充足，就不得不从头追溯所有交易，甚至一直追溯到创世区块，这需要处理上百 G 的数据①，算力开销大，交易也过于复杂。

① 数字货币区块链的规模以每 10 分钟一个区块（1M）的速度增加，至 2022 年 11 月约 500G。

为此，数字货币普遍采用了第 12 章第 12.4 节第（3）小节“支付找零”部分中讲授的解决方案，即只记录本次交易的币从哪来、到哪去。这类似于会计中的复式记账法，只要每一笔账目做到“借贷必相等”，那么总体账目就一定是明晰、正确的。

具体而言，在每一笔交易中，都会记录两项信息：

输入（From/Input）：币从哪来，即你对外支付的币是你从哪一笔交易中获得的？

输出（To/Output）：币到哪去，币的支付去向，即收款人的公钥地址。

一笔交易中，“输入”不是具体的交易金额，而是币的来源信息，对此可类比于 12 章案例中的币 uCID 理解；每一个币的价值也不固定，取决于生成它的交易为其赋予了多少价值。输入和输出之间有少许差额，即支付手续费。这一方案的优势在于，只需要校验本次交易用到的币的直接来源是否合法即可：节点不需要追溯整条区块链来判断你的总余额，也不关注你有没有其他币、一共有多少币，而只在意你声明的用于完成本次交易的币是否真实存在、金额充足。

一笔交易中允许有多个输入、多个输出，这和第 12 章案例中的“找零”与“凑整”逻辑一致：若币的来源大于你需要支付的金额，可以将多余金额转回给自己，实现破零；反之，如果单个币的金额不足以完成支付，你可以选择多个地址、多个币（分别用私钥签名）作为输入，以满足交易所需。以具体实例展示，如数字货币第 764983 个区块[①]中的第二笔交易为：

From：bc1qwqdg6squsna38e46795at95yu9atm8azzmyvckulcc7kytlcckxswvvzej

0.58979143 BTC

To：bc1q30ahhuca7san4crtaq2ge9wpn2pkq0ktcllauj

0.22400000 BTC

To：bc1qwqdg6squsna38e46795at95yu9atm8azzmyvckulcc7kytlcckxswvvzej

① 于标准时 2022 年 11 月 28 日 11 时 58 分挖出。

0.36489143 BTC

这样一笔交易包括一笔输入、两笔输出；输出中一笔是支付给收款人的，另一笔则是将找零转回给自己。这种机制也保证了个人财富的隐私性，因为别人无法了解你的财富总额，只能确认在这一笔交易中你用到了多少币。

13.1.2 数字货币脚本

数字货币交易中，除了可以支付到公钥地址外，也可以支付到“公钥地址的 Hash 值”。支付到地址 Hash 值的方式可以隐藏收款人的信息，且同样可以完成支付。原因在于，数字货币的支付过程实质上是在向全网络解释“我用的币从何而来、我要付给谁”，公告收款人的 Hash 值就足以使其他节点确认收款人的身份了，也足以使收款人在下次使用这个币时证明其合法来源。实现类似的操作，所依赖的技术就是“脚本”。

脚本（Bitcoin Script）可简单地理解为，交易的发起者提出若干条件，谁能满足条件，则这些币就归谁。在上述“支付到公钥地址”的例子中，这一条件是“收款人地址的 Hash 值为×××”，满足条件“Hash（公钥地址）=收款 Hash 值”的人就能使用这个币。

运用脚本可以实现智能合约，实现各种进阶功能。主要包括如下几类。

（1）多重签名

多重签名用于实现托管交易，这类似于在支付宝购物时的“第三方担保交易”功能：A 向 B 买东西，A 希望收到货后再付款，B 希望收到钱后再发货。在匿名 P2P 网络中，这种业务需求可以通过多重签名来实现。

具体来说，多重签名在脚本中约定：承认三个合法签名，校验通过其中的两个，即允许支付。这三个合法签名分别来自于买方 A、卖方 B 和中间商 C，三者中有二者签名，则这笔交易即可获得认可。试想可能的情形：

如果交易达成：A 签名，B 签名，则这个币有两个签名、受到全网承认，支付完成。

如果交易失败：A 签名，B 不签名，此时只有一个签名，支付暂未达成，中间商介入。

中间商 C 出面裁决，它可以调查后决定是否签名：

调查显示 A 收到货品，中间商 C 签名、卖方 B 签名，支付完成。

调查显示 A 未收到货，中间商 C 不签名，此时最多只有卖方 B 一个签名，支付失败。

多重签名实现了一种争端解决机制。若交易达成，那么中间商 C 实质上并不需要实际参与到交易过程中，它只在出现争端时加以研判和裁决。也需指出，这种争端解决机制最终依赖于中间商 C 的商誉，而不由算法保证。

（2）绿色地址

绿色地址（Green Address）用于实现快速转账。如前所述，数字货币转账很慢，需等待 6 个区块确认交易，用时约 1 小时，这在实务中是难以接受的。绿色地址运用脚本技术，实现了一种快速转账的方法。

具体而言，在付款人 A 向收款人 B 付款时，寻找一个中间商 C 充当“银行”，这个银行很有信誉，承诺自己不会双重支付。转账时，脚本中写明：由付款人 A 转给银行 C，再由银行 C 转给收款人 B（两步操作写于同一笔支付的脚本中）。在这一过程中，银行 C 的地址称为绿色地址。对于收款人 B 来说，这笔支付经过银行 C 签名，而银行 C 很有信誉，B 愿意相信它不会双重支付，因而不必等待全网出现 6 个确认，可立即视为支付已完成并安排发货。即使因为意外情形导致这个交易区块没有进入长期共识链，你也相信银行 C 会再次发起支付，直至该笔交易成为全网共识为止。

需要说明的是，此处银行 C 的信誉来自于持续经营产生的商誉，而不由算法保证。现实中，最大的两家绿色地址服务商 Instawallet 和 Mount Gox 最终都倒闭了。

（3）销毁证明

销毁证明（Proof of Burn）是指，在脚本中对一个数字货币打上标记，使其无法再对外支付。任何节点都不会承认或处理打上销毁证明的数字货币。这一过程不可撤销，会使这个币永久废弃。

实际运用中，99.9%以上的脚本都是简单的收款人校验，约0.01%为多重签名，0.01%为支付给脚本Hash，剩余大多为销毁证明。原因在于，节点会有脚本白名单（WhiteList），这本意在于避免恶意脚本的危害，但却也限制了脚本的应用。

专题19　智能合约的商业运用

前述这些带有脚本的交易称为“智能合约”，可通过共识机制确保交易（合约）得到执行，而不必依赖于任何中央权威、法律机构来保证强制性。智能合约并非数字货币的专利，任何采用分布式共识机制的区块链网络都可以实现智能合约。数字货币的脚本较为简单、原始，无法设计复杂的合约。但脱离数字货币领域，在实际商用中可以设计和实现有具体业务标的的智能合约。

腾讯公司的区块链业务①主要涉足供应链金融和政务链领域。该区块链的底层技术是腾讯自主研发的Trust SQL平台，通过SQL和相应的API为上层应用场景提供区块链基础服务、承载相应功能。但在实务中，腾讯区块链主要承载数字收藏品（NFL）业务。

IBM公司的区块链业务主要关注于供应链管理，例如IMB与Sonoco（北美的药品零售商）合作，使用智能合约跟踪供应链中温控药品②的配送过程。以往，物流配送各环节中服务商使用自己的系统记录本环节信息，信息的跨主体流转存在信用风险，例如某个环节不诚实地伪造温度记录，并将错误的信息传递给下一环节，且导致责任追溯困难。在区块链技术下，可由设备（含私钥）生成本环节温控数据，以区块链形式实现跨主体间的传递，且信息具有不可抵赖、不可篡改的特点。此外，IBM与家得宝（美国零售商）合作，共同开展供应链管理服务，确认供应商与零售商之间的货品收发数量以避免纠纷。

---

① https：//trustsql. qq. com/index. html.

② 某些药品需全流程低温保存，否则会失去活性。

13.1.3　深入数字货币区块

在每一个数字货币区块中，包含“区块头”和“交易信息”两部分。

我们先介绍交易信息部分。节点收集的交易记录以默克尔树的数据结构存储在区块中，默克尔树的结构如图 13.1 所示。默克尔树是一种二叉树式的数据结构，但真正的信息（交易数据）只存储在最底层子节点（叶子节点）中；每一级子节点存储着两个下级子节点的 Hash 值，如此层层递进；最顶层根节点被称为“默克尔根”，这个 Hash 值运用到了整个默克尔树的所有信息。默克尔树的优势在于，修改任意一个底层数据后，底层数据的 Hash 值改变，带来其上一级 Hash 值改变，进而上级的上级 Hash 值改变……直至最顶层默克尔根改变。通过比对各级子节点的值，可以很容易找到究竟是哪一分支、哪个数据遭到了篡改，将寻找篡改的时间复杂度降低至 O（Log N）。

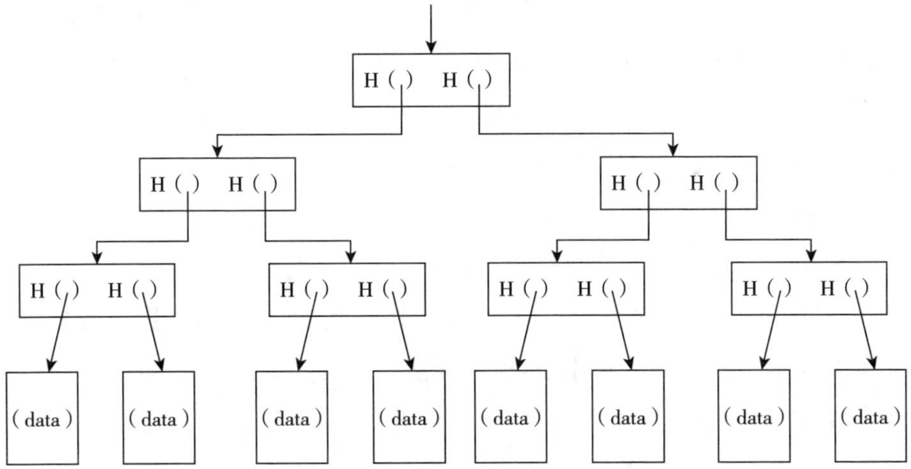

图 13.1　默克尔树数据结构

区块头包含自身 Hash 值、Hash 指针（指向上一个区块）、版本信息、找到的随机数、时间戳、默克尔根等内容。需要强调的是，在挖矿过程中交易信息本身并不参与 Hash 运算，挖矿 Hash 解密的对象只有区块头。但由于默克尔根进入区块头，作为区块头中的一个参数，因而实际上也用到了每一笔交易的信息。只要区块头通过校验，就说明默克尔根正确，进而说明由默克尔根保护的整个默克尔树正确；反过来，若底层交易受篡改，则默克尔根会改变，进而区块头改变，无法通过 Hash 校验。使用这一技术，可以显著缩小保存区块链所耗费的空间，约可将两个月时间的区块信息由 20G 减少至 23M，即减少至原来的 1‰。[①]

13.2 数字货币网络

13.2.1 数字货币网络的运作机制

“去中心化”数字货币基于 P2P 网络，所有节点平等，没有中心化节点，没有主（Master）/从（Slave）节点的分别，没有承担特殊职能的节点。整个数字货币网络随机形成网络拓扑结构，节点“连上谁都行、怎么连都行”。新节点可以随时加入网络、在任意位置（地理位置或 IP 位置）加入网络。如果某个节点 3 小时[②]没有通信响应，网络就会“遗忘”它，不再向它发送广播。数字货币协议在 TCP 协议下的 8333 端口通信。

（1）新节点加入网络

当网络中出现一个新节点时（如矿机开机），它会主动寻找已经存在的节点，称为“网络发现”。为了提高网络发现的效率，在数字货币网络中存在一类特殊的节点，即“种子节点”，大多由矿场、矿池或大型服务商运营。数字货币客户端中记录了 5 份种子节点的名单，这份名单又被称为 DNS seeds，它会提供种子节点的 IP 地址列表。新节点向种子节点发出询问，请求它所知道的节点信息；种子节点响应，答复一份自己所知道的节点的 IP

① 但此时只能校验交易是否正确，而无法查看逐笔交易的详细信息了。这常用于“轻量客户端”。

② 这里的“3”小时并非由数字货币协议约定，只是客户端软件的惯常做法。另一个常用设定值是 90 分钟。

地址列表，通过这种“转介绍”的方式帮助新节点连上更多的节点。

每个节点都倾向于尽可能多地连接到其他节点，以增加收到交易广播的概率，但这取决于网络环境和设备性能，也可自行添加连接数上限。新节点可以连接任意的节点，形成任意形状的网络拓扑结构，且不会对原有节点、原有网络结构产生影响。

（2）节点对外广播交易

我们以一个案例来介绍节点发送交易广播时的网络通信情形。如图 13.2 所示，A 要向 B 付款，这个交易信息通过节点 4 发布（抑或来源于外部网络，最先传递到了本网络中的节点 4）。节点 4 会通过闲聊协议（Gossip Protocol）将这则消息广播出去，告诉与自己相连的其他节点，在本例中即告知节点 2 和节点 3；更进一步地，这两个节点进一步对外广播，即节点 3 告知节点 6 和节点 7，节点 2 告知节点 7。

这里注意，节点 7 分别从节点 3 和节点 2 处收到了两次消息。为了防止消息被无线循环传输，节点在每次传输时都会记录消息的 Hash 值，收到消息时也会校验这个消息自己是否曾经看到过，若看到过则不再转发，避免无限循环形成广播风暴。

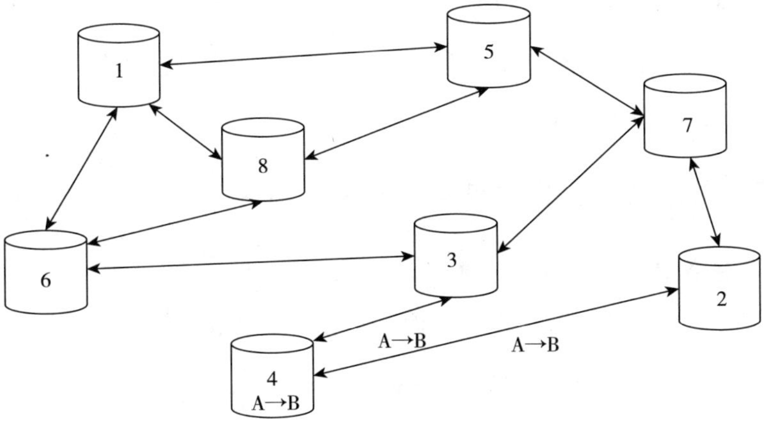

图 13.2　数字货币网络中的广播链路

是否会存在一种可能，即双重支付攻击在最开始时被刻意广播到网络中相距很远的两个节点，这两个节点及其周边网络将这两笔交易都分别打包到区块中并上链，从而产生冲突？理论上说，这种情形会存在，但会很快被纠正，其过程甚至毫无特殊之处。对任何一个节点，在发现双重支付攻击之前，默认操作都是“先看到谁，就承认谁”，将包含这笔交易的区块正常打包上链。而一旦节点发现还存在另一条链、另一个冲突区块或另一笔冲突交易广播，就会遵循“最长有效链”原则保留较长的那条链，将其作为长期共识链，而忽略较短链。面对这种情况，哪条链被保留下来会受到运气、延时、网络结构的影响，通常能够链接到更多节点的节点会拥有优势。

在转发区块时，遵循数字货币运作的一般流程，节点还会进行若干例行校验，主要包括：①区块头的随机数满足难度要求（开头有足够多的0）；②签名有效、所有 Hash 校验通过；③没有发现双重支付攻击；④脚本处于白名单中；⑤区块位于当前的长期共识链后面[①]；⑥区块包含的所有交易都有效[②]，等等。只有在所有校验都通过的前提下，节点才会转发这个区块；若不通过，则忽略这则广播。节点通常会尽责地完成校验工作，因为一旦出现疏忽，就可能导致自己创造一个错误区块，进而导致自己之后的若干工作都不被全网承认，从而白费功夫。相互校验机制确保了即使有一些节点恶意或不负责任地发布或转发了无效区块，其他尽责的节点也能够拦截并阻止这些区块广播在网络中扩散。

13.2.2 数字货币网络的速度与规模

（1）网络中信息扩散的速度

交易信息在数字货币网络中传播扩散，需要多长时间？

---

① 这旨在避免区块链分叉。

② 逐笔校验区块中包含的所有交易需要更多的算力开销，这并不是强制的，通常只有大型矿场或服务商会从事这项工作，目的在于避免自己费力维护的是一条包含错误区块的链。

一般而言，交易信息的传播速度取决于区块的大小①，区块越小、传播越快。这一方面是因为小区块校验速度更快，另一方面是因为某些节点倾向于选择小区块，会设定一个门槛值、优先处理和转发小区块。

图 13.3 展示了数字货币网络中不同大小的区块被广播至全网 25%、50%、75% 节点所需要花费的时间。② 大致而言，对于 200kb 大小的区块，它可以：

在 10 秒内，被广播给全网 25% 的节点；

在 15 秒内，被广播给全网 50% 的节点；

在 25 秒内，被广播给全网 75% 的节点。

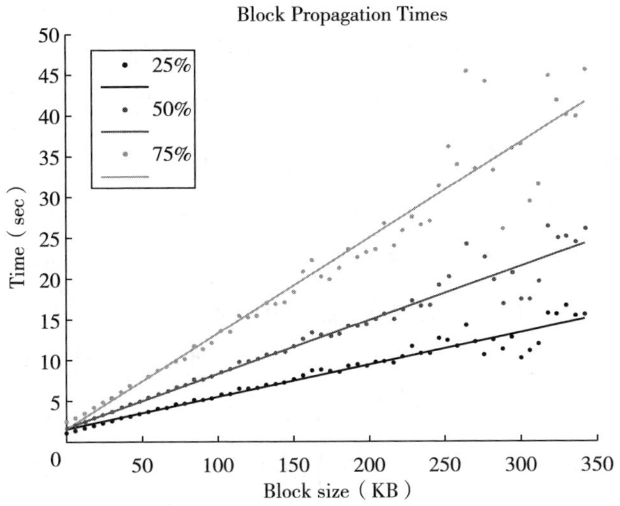

图 13.3　数字货币网络中的信息扩散速度

较之于传统金融支付毫秒级的通信时间③，数字货币广播在网络中传播较慢。这是难以避免的妥协：数字货币协议设计的初衷是实现去中心化架构、避免复杂的网络结构，协议本身并不是为高速交易而设计或优化的。“交易慢”的特

① 区块的实际大小取决于其中包含了多少条交易记录，但上限不超过 1M。

② 这些数据来自 2014 年开展的一项研究，目前的情况可能有变化，此注。

③ 通常 4G 移动网络的通信延时在 20 ~ 30ms。

性源于协议本身，因而不可能被纠正。客观上，广播包到达网络远端的节点可能需要经过多次转发，这种延时是难以避免的。当然，较之于动辄1小时（6个区块×10分钟）的确认时间，这几十秒的通信时延也可忽略不计了。

正是由于交易需要极长的时间等待通信和交易确认，“去中心化”数字货币天生不适合充当日常使用的支付货币，也因此不可能真正替代现实中的货币。此外，数字货币每区块3000~4000笔交易的容量也远无法满足现实世界中的交易需求。

（2）数字货币网络的规模

数字货币网络的规模不可能真正准确地测量，因为它一直在动态变化，也没有权威或中心节点来认证或管理。以数字货币网络为例据估测存在约100万个活跃的IP地址节点，但其中只有5000~10000个完整节点（Full Nodes）。所谓完整节点，指时刻在线、存储了整个区块链所有交易信息的节点，他们验证听到的每一笔交易、转发广播信息给其他节点，通常是交易所、大型矿场或矿池。

完整节点要记录所有的交易信息，这对于存储（约430G）和运算的压力很大。为此，还存在一类轻量节点（Lightweight Nodes），又称为轻客户端或简单支付验证客户端，绝大多数节点采用这种形式。轻量节点并不存储整个区块链，而只存储“自己需要的信息”，即自己关注的特定交易。例如，当别人给你转账时，你只需下载该区块进行校验，并下载后续的6个区块以确保你的交易区块处于长期共识链上，而不需要溯及整个区块链。至于其他人交易如何、其他区块是否正确，这与你无关，你不必为此浪费存储空间和算力。轻量节点的安全性不如完整节点高，但总体够用；运用轻量节点隐含地基于一个前提，即你信任完整节点，从完整节点处获得区块数据广播。轻量节点通常只存储近6天的交易区块，占用容量约2G。

13.3 数字货币协议的更新机制：硬分叉与软分叉

作为投机标的，数字货币非常成功；作为支付工具，主流数字货币具有很大的局限性。创设之初，很多写在协议中的硬特征导致支付网络性能低下。

数字货币网络依赖于共识，任何涉及底层协议的修改都必须得到一半以上节点的认可方能实现，否则采用新协议打包的区块不被采用老协议的节点接纳、会遭到忽略，无法加入长期共识链，交易也就得不到全网认可。问题在于，矿工此前已经投入了大量现实资源（厂房、设备、电费），修改协议很可能会使其承受损失，例如更改加密算法会使原有矿机全部报废①，其他既得利益者或相关方也可能阻挠新协议的上线。

协议难以改进，但并非完全不能改进，例如当出现全网支持的、实现“帕累托改进”的修正时，新的协议受到普遍拥护，被全网至少一半节点接受，即可实现改进。本小节我们讨论如何实现这一改进过程。

专题20 数字货币协议的局限

（1）交易过慢：数字货币平均10分钟挖出一个区块，每个区块大小限制不超过1M，而每笔交易至少包含250B的信息。可计算得到，整个数字货币网络平均每秒最多只能承载6.6笔交易（全球）。作为参照，2020年天猫“双11”活动时期订单峰值为58.3万笔/秒。又如，2020年我国银行业办理支付业务3547亿笔，如果以数字货币作为货币、由数字货币网络来承载支付业务，这大约需要处理1606年，要从公元416年（东晋时期）一直处理到现在，那时陶渊明（365—427年）还活着。

（2）加密算法的局限：数字货币签名所使用的加密算法是硬性写在协议中的，采用椭圆曲线非对称加密算法（ECDSA），使用代号P256的特定椭圆曲线SEC P256。硬性确定加密算法带来潜在的风险，假如未来这一算法遭到破解，或电脑解密算力取得长足进步②，则整个数字货币网络都将伴随基于

① 为实现极致性能，矿机通过专用硬件电路实现加解密和Hash运算，这极为高效，但无法灵活调整。

② 量子计算机或许有能力实现破解任何经典密码的目标。

数字签名的信任机制崩溃而崩溃。

（3）签名数量限制：每个区块限制最多不超过20000个签名。

（4）货币可分性限制：每个数字货币的最小金额为0.00000001BTC，而不能进一步细分。

（5）总量限制：数字货币总量上限为2100万BTC，算法保证币的总量不可能进一步增长，因而天然具有严重的通货紧缩倾向。

（6）激励递减：挖矿奖励由50、25、12.5、6.25、3.125……持续递减，挖矿奖励减少会降低节点（矿工）的积极性。部分节点会因收入下降、无法支付电费开支而关机，这使数字货币网络呈现自限性，即发展得越久、越广，反而会导致没人愿意参与其中。在所有区块奖励挖出之后，整个数字货币网络成为零和游戏，可能因没人愿意开机处理交易而彻底崩溃。

为维护公信力，“去中心化”数字货币大多选择开源，存在一个社区来维护协议，其中的活跃者大多为具有声望的早期用户、大型矿场、矿池或钱包服务商。这些群体会协商更新协议，当达成一致后，会向全网发出呼吁：“在×年×月×日×时，我们将采用新版协议，也请其他节点切换到新版本中。”我们思考一下，此时可能发生何种情形。

（1）硬分叉

新版协议公布后，部分节点更新至新版本协议，另一部分节点没有更新协议。这可能因为后者没有留意到版本更新通知，抑或收到通知但反对新版协议，主动选择留在旧版协议、通过“隐含共识”的方式表达自己的反对意见。

以图13.4所示的网络为例，节点3、4、5、7、8更新至新版本协议（例如替换为一种新的签名算法），而节点1、2、6停留在旧版本协议。节点4用新协议创建了区块24，将它广播出去。

①相邻节点3同样采用了新协议，它会接纳区块24，将其正常上链；

②相邻节点2没有采用新协议，它理解不了区块24的内容，或者认为这个区块无法通过签名校验，因而会拒绝接受区块24，依然在原来的区块

23 后面继续挖矿。

对于本例，网络中 1、2、6 节点都不会接纳区块 24，以及之后采用新协议的区块。最终，采用新协议的节点会接纳新版区块，而节点 1、2、6 会卡在旧版本的区块链上。网络分裂成两部分，且这种分裂永远无法重新弥合：在旧节点升级版本之前，他们会继续拒绝新版本的区块，而只要错过一个区块，就再也接续不上区块链了，因为后续区块的 Hash 指针无法找到缺失的那个块。[①] 这些节点也可以选择永久停留在旧版本上，不再更新协议，他们从此与采用了新版本协议的网络相隔离，各自维护一条前半部分相同、后半部分不同的链。这一过程，称为“硬分叉”。

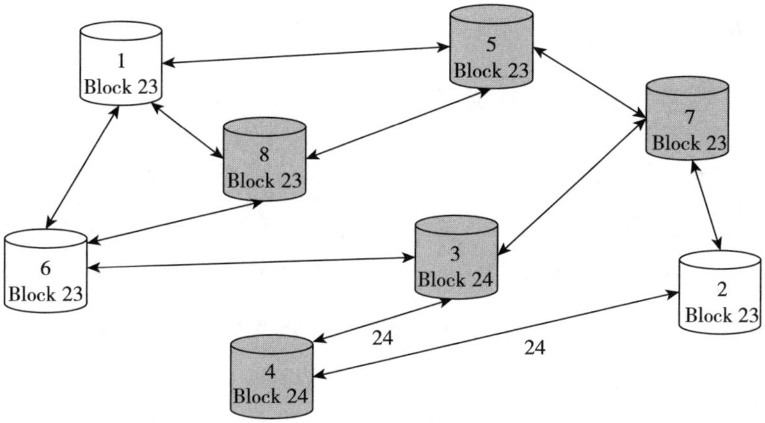

图 13.4　硬分叉示例

（2）软分叉

大多数情况下，以硬分叉方式变更协会引起争议和矛盾、令社区撕裂，最终损害所有人的利益。此外，大型矿场还担心硬分叉会降低数字货币的价值，因为数字货币本身没有内在价值，“值钱”完全依赖于玩家的投机炒作，硬分叉后一部分矿工和投机者转向新币种，这会导致原币种失去炒作热度，

① 当然，这些节点也可以充分信任其他节点、原样照搬其他节点的区块链，把缺失的那个区块找回来，以此完成修正。

从而价格下跌。①

为避免出现永久性分叉，业界提出了“软分叉”（Soft Forks）方案。软分叉是指，在数字货币协议中添加新功能、新特性，但只能使验证规则更加严格。由于新版本协议更严格、旧版本协议较宽松，因而运行旧版协议的节点必然可以兼容遵循新版协议节点所挖出的区块。待整个区块链网络中有过半的节点运行新版协议后，由若干大型矿场或服务商牵头，不再承认旧版协议挖出的区块、将其忽略，由此使整个区块链网络完全切换到新版本协议上。此后，即使旧节点挖出区块，也会因为无法被过半节点承认而成为无效区块，无法进入长期共识链。这产生一种激励，促使旧节点尽快更新到新版本协议，以恢复正常的挖矿工作。②

专题 21　数字货币的硬分叉与软分叉

数字货币历史上出现过一次硬分叉，旨在将每个区块的容量由 1M 增加到 8M，由此将全网交易速率由约 7 笔/秒提升至约 60 笔/秒。这项硬分叉计划由比特大陆旗下的矿池 ViaBTC 提出：从 2017 年 8 月 1 日 20 时 20 分起，遵循原协议挖出的区块，仍然为数字货币；采用新协议挖出的区块，接续在原有数字货币共识链后，被称为“数字货币现金”（Bitcoin Cash）。数字货币现金以数字货币的共识链为基础，分叉前已经存在于链上的交易都完整保留，这意味着每个数字货币投资者的账户上会同时出现与数字货币等额的数字货币现金，且无论你是否接受、是否知晓，它都在共识链上。由于原有数字货币投资者并没有出现损失，还额外获得了数字货币现金，因而这项硬分叉得以实现。

数字货币通过软分叉进行过多次更新，添加了若干新功能，例如支付到脚本 Hash、多重签名机制、在区块中添加额外的元信息（币基参数 Coinbase

① 在数字货币现金开始挖矿当天，数字货币价格跌了 6%。

② 即使旧节点没接到通知，它在发现自己挖出的区块始终不被其他节点承认时也会主动去查找问题。

Parameter，位于区块头）等。从理论上说，添加一种新的加密算法，且同时兼容旧算法，这种更新可以通过软分叉的方式实现。

有一些更新只能通过硬分叉实现，而无法通过软分叉实现，例如向协议中添加新的脚本代码、改变区块大小限制、bug 修正等。例如，目前数字货币存在已知的堆栈脚本 bug，但无法进行修正，因为共识网络认为因这种小 bug 进行硬分叉是不划算的。

第 14 章 “去中心化”数字货币（下）：数字货币的存储、运用与交易

在第十二章与第十三章中，我们讨论了数字货币区块、网络、协议等技术问题。货币归根结底为“人”服务，重要的是人对币的运用，而不是网络节点的行为。本章回归本源，讨论人的操作和行为，即用户该如何存储、运用与交易，最后简要介绍矿场和矿池的运作模式及其环境能源危害。

14.1 钱包软件与在线钱包

回顾之前的课程，当你想要使用一枚数字货币进行支付时，需要以下信息：

（1）公开的区块信息，用以证明币的来源，例如你获得这枚币的区块高度及交易序号（类似于币的编号 uCID）、币值等。

（2）自己的私钥。交易指令需要由自己的私钥签名，证明这一交易确实由你做出。

公开的区块信息可以随时从区块链中检索到、不必担心存储问题，因而存储数字货币的关键在于保存和管理私钥（key management）。如何使用数字货币，这一问题实质上等价于如何存储和使用私钥。

存储私钥需要满足三个目标，即可用性、安全性和便捷性。

（1）可用性：当你需要时，你能够取回私钥，从而可以完成支付；

（2）安全性：其他人无法获得你的私钥，因而无法盗用你的币；

（3）便捷性：提取私钥的过程足够简便。

遗憾的是，这些目标间通常会存在冲突。

最简单的私钥存储方法，是将私钥数据写入文件，保存在电脑、手机等本地设备上。密钥本质上是一串文本，你可以将它以 txt 格式文本文档方式存储在电脑上。但这存在两方面问题：第一，以文本形式记录的私钥不直观、难以交互，且使用和管理不便；第二，密钥的可用性和安全性完全取决于设备本身，一旦发生设备丢失、硬盘损坏、重装系统、误删除、恶意软件攻击等事件，私钥可能丢失，从而使你的数字货币无法使用。①

为了解决这两个问题，人们提出了钱包软件和在线钱包的解决方案。

14.1.1　数字货币钱包软件

钱包软件（Wallet Software）用于管理用户私钥和发送交易指令，具有友好的用户交互界面（User Interface，UI）。每种数字货币都有自己的相适配的钱包软件。

专题 22　钱包软件 Bitcoin Core

具有代表性的钱包软件如 Bitcoin Core，这是一个具有半官方性质的数字货币客户端②，最为知名和常用。

Bitcoin Core 本身并不大，仅约 20 兆，但区块链数据会占据大量空间。程序安装完成后，会下载整个数字货币区块链，这包含了从 2009 年初创时至今所有的交易记录，至 2022 年底约 430G，且持续以 1 兆/10 分钟的速度增长。完整节点会保留这些数据，而对于轻量节点（信任数字货币网络的普通用户），通常只保留最近若干天的区块链信息，例如只存储近 6 天的区块链，占用约

① 如果你遗失密码，数字货币并不会真正意义上的消失，在区块链中始终记录着你拥有这个币，只是你无法再凭私钥证明“我是我”，从而无法使用它们了。

② 网址 www. bitcoin. org。数字货币开源，由社区共同维护，因而并不存在一个真正“官方”的客户端。

2G 空间。但无论如何，你都要下载所有的区块，并从创世区块开始对它们进行一轮完整的校验（轻量节点验后即删），以确保你正确地加入了长期共识链。

Bitcoin Core 主界面简洁明晰、功能简单，只包含“概况”“发送”“接收”和“交易记录”四个选项卡，如图 14.1 所示。在概况选项卡中，展示了你所有账户（公钥地址）所拥有的数字货币余额，包括当前可用的余额和等待余额（刚完成交易、待得到 6 个区块确认）。发送选项卡用于对外转账，在“付给”栏中填写收款人的公钥地址，填录金额、手续费等信息，点击发送即可发出转账广播。接收选项卡中可以生成自己的收款地址（公钥），别人可以通过这个地址转账至你的钱包。

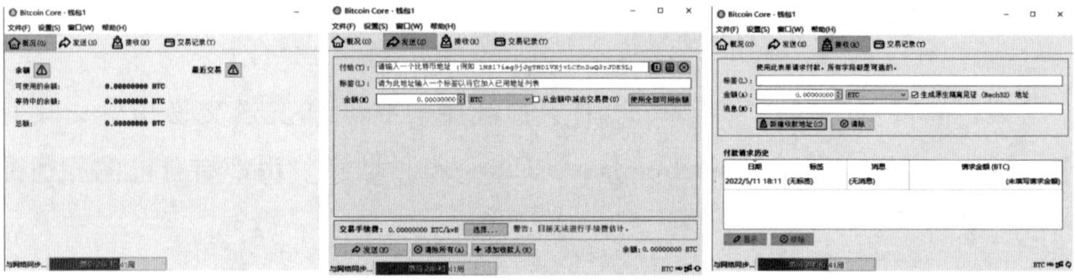

注：左中右三图分别为概况、发送、接收选项卡。

图 14.1　Bitcoin Core 主要界面

钱包软件可以实现一些进阶功能，具有代表性的包括公钥管理与密钥分存。

（1）公钥管理

钱包软件可以自动生成和管理大量的公钥—私钥对，用户不必自己关注背后的技术细节。利用此技术，用户可以为每次收款新建一个独立的公钥（收款地址），以此隐藏自己的身份和财富总额；该方法还可以提升财富安全性，一个私钥失窃不会影响其他数字货币。

数字货币的公钥（收款地址）以 base58 格式展现，包含如下字符：

123456789ABCDEFGHJKLMNPQRSTUVWXYZabcdefghijkmnopqrstuvwxyz

其中，没有大写字母 O、数字 0，没有大写字母 I、数字 l，以避免混淆。

在使用中，钱包软件可自动生成公钥（收款地址）二维码，如图 14.2 所示。

图 14.2 公钥二维码

（2）密钥分存

如前所述，一旦设备丢失、私钥会无法找回，所有的钱包及数字货币都会丢失。如果在不同地方存储多个备份，那么被盗的可能性会上升，导致安全性下降。为解决备份和安全之间的冲突，可采用密钥分存技术。

密钥分存技术运用密码学方法，将密钥切分成众多小片段，拥有其中的部分片段即可恢复出整个密钥。例如，将密钥切分成 10 段，拥有其中 7 段即可恢复整个密钥。利用这种技术，丢失少量密钥段并不会使你失去数字货币，你依然能找回密钥；别人窃取若干密钥段也无法解译出整个密钥，不影响整体安全性。

利用密钥分存技术，还可以实现密钥共享。例如，四个合伙人进行集体决策、决定数字货币用途，四人分别持有四个片段，由算法保证拥有其中三个即可恢复完整密钥。如此，当出现意见不一致时，需且只需三人同意，即可还原密钥并签署支付命令。

钱包软件需要定期联网以同步区块链变动。以前述 2G 存储空间、保留近 6 天区块为例，如果连续 6 天没有上线，那么新近产生的区块的 Hash 指针将找不到前项区块，链“断裂”了。为此，需要下载整条区块链、从头开始进行一次校验，以同步至最新区块。

14.1.2 在线钱包

本地钱包软件需要占用较大空间存储区块链，因而不适合移动设备使用；需要保持在线状态以同步区块，一段时间离线后就要重新下载校验整条区块链。这些要求对用户并不友好，限制了其使用场景。为此，服务商提出了在线钱包业务。

在线钱包在功能上类似于本地钱包，但数据存储和校验均在云端完成，用户通过浏览器、客户端或 APP 登入账户，管理自己的钱包信息、发起支付指令。在线钱包实质上只是一个用户交互界面，真正的数字货币处理过程均在服务商的后台进行，在线钱包仅用于展示信息、收发指令。甚至，某些在线钱包的用户没有自己的个人私钥，数字资产只是在网站上的“记账”而已。图 14.3 为某在线钱包服务商的界面，展示了客户账户中持有的美元、英镑、欧元和数字货币资产。在线钱包服务通常由交易商提供，在帮助用户管理数字货币资产的同时也提供买卖交易服务。

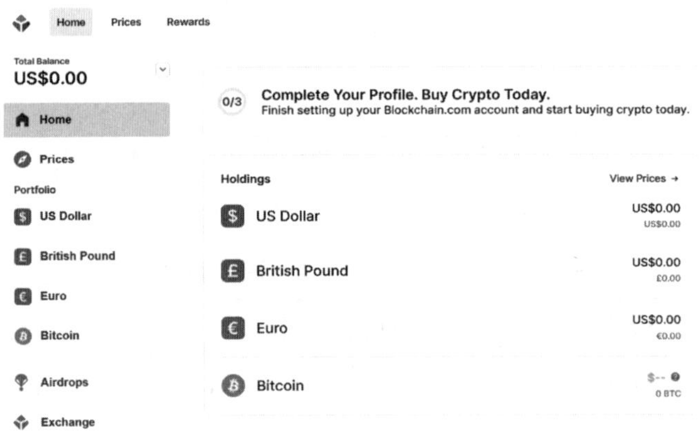

图 14.3 在线钱包界面示例

在线钱包的优势在于简便易用，使用体验与银行类金融服务近似，便于使用手机、浏览器等来管理自己的数字货币资产，进行支付交易。但劣势在于，在线交易钱包牺牲了安全性，你的数字货币资产实质上由钱包服务商所管理，一旦服务商破产倒闭、卷款“跑路”，你将损失所有的资产。目前，已经发生过多起因服务商受网络攻击或挪用资金导致用户亏损而破产的情形，在所有案例中用户几乎都无法拿回任何补偿。

14.2　数字货币交易所

数字货币交易所与现实中的证券交易所类似，通过竞价机制撮合买卖双方交易。客户同时在账户中存储数字货币与法定货币（通常为美元、欧元、人民币等），这些钱款保存在交易所的托管账户中。① 客户发布买卖委托单，也可按现价直接交易，由交易所“坐庄”在数字货币账户和法币账户间记账划转，实现货币双向兑换。

从理论上看，交易所本应在每一笔交易完成后进行支付结算。但事实上，为了降低交易成本，在客户提现回本地账户之前，并没有发生真实的数字货币交易结算。一切交易都先由交易所自行记账，以此节省交易手续费（回顾：每一笔数字货币交易都需要向矿工支付高额手续费），只有在客户最终提现时，交易所才会进行真实的交割，并支付一次手续费。

部分数字货币交易所也提供线下支付服务，服务模式类似于 POS 机收款或条码支付，这与教材第 7 章相关内容近似，区别只在于支付币种由法定货币变成了数字货币。在支付时，卖家可设定以何种数字货币收款，若客户账户中有对应数字货币且余额充足，则直接从中扣款完成支付；若余额不足，也可按时价折算为法定货币金额，从法币账户扣款，自动购币并完成支付。

交易所将数字货币与现实世界中的经济联系起来，承担数字货币交易、支付等职能。坏处在于，交易是数字货币网络中（经济意义上）的中心化节点②，存在潜藏风险，例如可能遭受挤兑、倒闭、卷款“跑路”、资金受黑

---

① 大型数字货币每个托管账户地址可有超过 10 万枚数字货币。

② 在技术层面上，交易所是“去中心化”的，和其他节点并无不同；在经济层面上，它是中心化的，承载了很多客户的资金和信息。

注：图为由 Achemypay 提供的数字货币线下扫码支付业务示意，该服务商提供包括数字货币、以太坊在内的众多主流数字货币支付业务。

图 14.4　数字货币扫码支付业务示意

客攻击而失窃等，这会给用户带来巨额损失。

数字货币交易所缺乏监管。在现实世界中，证券交易所、货币汇兑机构受到政府职能部门的监管，需要满足准备金要求、接受反洗钱和反恐怖融资监管；数字货币交易所游离于政府监管视野之外，也在事后难以惩罚或救助。

14.3　数字货币挖矿、矿场与矿池

在第 12 章中，我们介绍了工作量证明机制，数字货币通过寻找满足条件的随机数（Hash 碰撞过程）来确定谁打包的区块可以加入长期共识链，这个“收集交易、打包区块、寻找随机数”的过程，就是“挖矿”。具体而言，挖矿工作主要包含如下内容：

（1）加入网络、成为节点，收听交易广播，检验听到的每笔交易的有效性。

（2）收听新区块、维护区块链，贡献“共识”。

（3）收集交易信息，将其打包成新区块。

（4）【最重要】寻找合适的随机数，使自己打包的新区块满足一定要求。

（5）将自己打包的、符合要求的区块对外广播，等待被网络接受。

在这一过程中，最困难、最耗费算力的过程是寻找一个随机数，将它作为区块头中的一个参数，对区块头计算 Hash 值，使此 Hash 值小于难度（Difficulty）限值。寻找随机数的过程没有捷径，只能遍历所有可能性、逐个尝试。此外，如图 14.5 所示，一旦收听到一笔新交易广播、将其记录下来，那么存储交易数据的区块体就会改变，默克尔根相应改变（可回顾 13.1.3 章节相关内容），而默克尔根进入区块头、其改变会带来区块头改变，故需要从头开始尝试寻找随机数。

为了尽快计算 Hash 值、寻找随机数，我们需要采用专用的高性能硬件设备，这被称为“矿机”；大量矿机集中挖矿，组成“矿场”；分散式的小矿工集合算力共同挖矿、按算力参与收益分成，这称为“矿池”。本节中，我们介绍这三个概念。

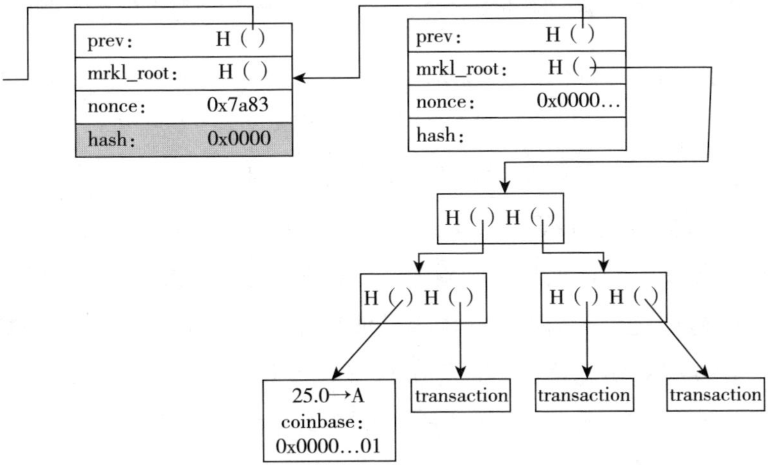

图 14.5　区块链的数据结构

14.3.1 挖矿硬件设备

家用电脑中，承担计算功能的组件主要是中央处理器（CPU）。CPU 为“通用计算”设计，即广博而不专精：优势在于“什么都能算”，可以处理各类计算任务，但代价是效率不高。另一类计算组件是图像处理器（GPU），它是电脑显卡的核心。GPU 最初为图像计算设计，采用高度并行化的硬件架构，单核算力低，但核数极多，在进行大规模并行计算时拥有更高的算力和效能。在 2022 年，家用 CPU 的巅峰为 AMD 7950x[①]，拥有 16 个核心、频率 5.5 千兆赫兹，而家用 GPU Nvidia 4090 拥有高达 16384 个核心、频率 2.6 千兆赫兹。显卡在应用于挖矿时，可以达到 120M Hash/s 的算力水平。[②]

注：左图为 Intel 12900K CPU，中图为 AMD 7950x CPU，右图为 NVIDIA 4090 显卡（内含 GPU）。

图 14.6 CPU 与显卡

GPU 虽然有高度并行的运算架构，但本质上仍属于通用设备，并没有为挖矿进行特殊优化。为获得更高的 Hash 算力，厂商设计了专用运算芯片、生产专用挖矿设备，这被称为“矿机”。矿机的底层芯片不是 CPU 或 GPU，而是现场可编程逻辑门阵列（FPGA）或专用集成电路（ASIC）。这两种芯片都是在硬件层面实现算法，即把算法直接设计在电路中。FPGA 是一种半定制化的电路，拥有比 GPU 更高的运算效率和能耗表现，特别是针对数字

① 另一款年度旗舰处理器是 Intel 13900 K，拥有 8 个大核（5.4GHz）和 16 个小核（4.3GHz），跑分优秀，但为了兼顾小核而砍掉了 AVX512 指令集，且在实际使用中常面临大小核调度问题，算力发挥不稳定。

② NVIDIA 3090 应用于以太坊 ETH 挖矿。NVIDIA 4090 刚推出市场，挖矿算力暂缺。

货币数据层面的运算；电路可以进行编程，在一定程度上改变算法。ASIC 则是从物理层面专门为特定的挖矿算法而设计，算法由硬件单路直接实现，因而专精于某一种币的挖矿工作，极为高效，但算法不可更改。ASIC 矿机的算力可以达到 100 + THz 的级别，比 GPU 高六个数量级（100 万倍）。

14.3.2　矿场及其能源耗费

数字货币挖矿过程极其费电，设备运行及冷却都需要消耗大量电力。为此，大型矿工会选择在电力资源丰富地区建设矿场，如水电资源丰富的云贵川地区、火电资源丰富的内蒙古等。这些地区电价低廉、气温低便于散热。矿场和电厂签约，以低廉价格直购电力，部分矿场主还会买下小水电站，专门用于满足自身挖矿能源需求。

图 14.7　水电站旁的矿场

注：左图为矿场内景，矿机置于联排机架上工作；中图和右图为矿场外景，使用水幕帘降低进风温度、使用抽风机排出高温空气。

图 14.8　数字货币矿场内外景

据剑桥大学另类金融投资中心（Cambridge Centre for Alternative Finance，CCAF）数字货币电力消耗统计数据①，在2022年12月1日时点上，全网预估数字货币挖矿电力需求功率9.37吉瓦，年均电力消耗量82.15TWh，累计消耗电量405.39TWh；2021年5月10日，挖矿电力需求达到历史峰值15.8吉瓦。作为对比，三峡大坝全功率运行时发电功率为22.5吉瓦，2021年实际发电量103.649TWh，数字货币挖矿耗电量约占三峡大坝发电量的八成。2021年，数字货币能耗超过瑞典全国内耗，居全球第27位。一个值得思考的问题是，我们真的有必要耗费如此多的能量来完成“金融支付”这一简单任务么？如果耗能如此高昂，那么数字货币的先进性体现在何处？

本着节能降耗、对环境负责的态度，我国出台一系列限制数字货币挖矿的政策规章。例如，内蒙古自治区要求挖矿企业在2021年4月底前全部退出，时年5月18日公告设立“虚拟货币挖矿企业举报平台”，5月25日发布《内蒙古自治区发展和改革委员会关于坚决打击惩戒虚拟货币“挖矿”行为八项措施（征求意见稿）》，多措并举打击数字货币挖矿活动。此后，我国境内基本不再存在挖矿活动，矿工大多转移至俄罗斯、北美等地区。

14.3.3 矿池

在数字货币挖矿过程中，是否挖出矿是个0~1状态：或者挖出一个区块、一夜暴富②，或者没有挖出、白费力气。对于小矿工，挖出区块的概率太小了，以至于连续多年都未必能挖出一个区块，现金流极不稳定。据统计，数字货币节点平均挖出一个区块耗时14个月，有42.4%的节点在一年中挖不到任何区块，有36.4%的节点只能挖到1个区块，有15.6%的节点能挖到2个区块，只有5.6%的节点能挖到3个及以上区块。

为了平滑现金流，出现了“矿池”这种组织形式。矿池类似于一种互助保险，由若干个矿工聚合在一起，实现算力加总、收益平分。矿池中，存在

① https：//ccaf. io/cbeci/index.

② 6.25 BTC×2万美元/BTC≈88万元人民币。

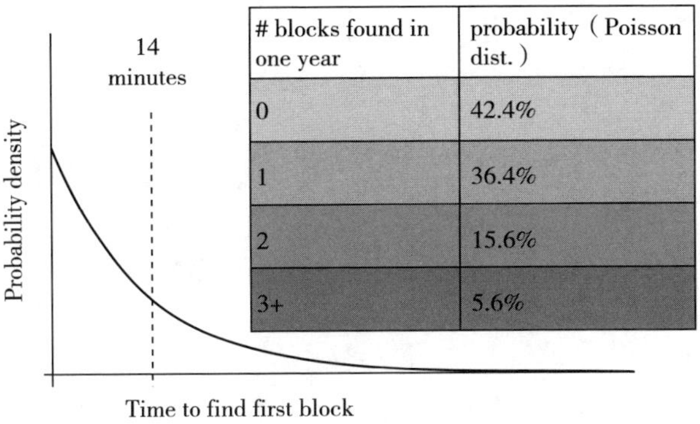

图 14.9　一年内挖出区块概率及其用时概率密度函数

一个中心节点来分配任务（通常为大型矿场），各小矿工贡献算力、按份额分享挖矿收益。这一机制提升了挖矿“出块”的概率，也平滑了所有参与者的收入现金流。

第 15 章　法定数字货币：《中国数字人民币的研发进展白皮书》导读

以数字货币为代表的“去中心化”数字货币却存在高能耗、低效率、难以监管、常用于洗钱等犯罪活动[①]，但技术本身没有善恶，“货币数字化”这一思想有其实用价值。如本书第 1 章所言，货币的载体（币材）并不重要，会始终向更廉价、更易携带的形态演进，在数字时代，以加密币串为载体的数字货币正是法定货币的演进方向。我国最早于 2014 年启动法定数字货币研究工作，目前已取得阶段性进展。

本章依据 2021 年 7 月由中国人民银行数字人民币研发工作组发布的《中国数字人民币的研发进展白皮书》[②]，对数字人民币的发展历程、设计理念与应用现状进行简要介绍。

15.1　数字人民币的研发历程与背景

15.1.1　数字人民币研发历程

2014 年，中国人民银行成立法定数字货币研究小组，开始对发行框架、

---

① 合法活动大可以使用更廉价、更便捷、更可靠的银行汇款，没有理由使用数字货币。

② 参见中国政府网，http：//www. gov. cn/xinwen/2021 - 07/16/content_ 5625569. htm。本章严格遵照中国人民银行《中国数字人民币的研发进展白皮书》的写作框架及重要内容确保真实、完整反映中国人民银行政策本意。为符合教材类著作写作规范、适用于课堂讲授，有适当增删与调整，但不改变原意。

关键技术、发行流通环境及相关国际经验等进行专项研究。2016 年，成立数字货币研究所，完成法定数字货币第一代原型系统搭建。2017 年末，经国务院批准，人民银行开始组织商业机构共同开展法定数字货币（数字人民币，e－CNY）研发试验。目前，研发试验已基本完成顶层设计、功能研发、系统调试等工作，正遵循稳步、安全、可控、创新、实用的原则，选择部分有代表性的地区开展试点测试。

15.1.2 研发背景

（1）数字经济发展需要建设适应时代要求、安全普惠的新型零售支付基础设施

中国电子支付尤其是移动支付快速发展，为社会公众提供了便捷高效的零售支付服务，培育了公众数字支付习惯。同时，经济社会要实现高质量发展，在客观上需要更为安全、通用、普惠的新型零售支付基础设施作为公共产品，进一步满足人民群众多样化的支付需求，并以此提升基础金融服务水平与效率。数字人民币是新时期金融支付的关键金融基础设施，以其安全、普惠的特点为新型零售支付提供底层基础。

（2）现金的功能和使用环境正在发生深刻变化

我国现金使用率呈下降趋势。据央行统计数据，2019 年我国手机支付的交易笔数占比为 66%，现金交易笔数占比仅 23%，手机支付已远超现金、成为最主流的支付方式。但与此同时，流通中现金余额（M0）的绝对规模依然稳步增长，如图 15.1 所示，原因在于，在金融服务覆盖不足的地方，公众对现金的依赖度依然较高。现金设计、印制、调运、存取、鉴别、清分、回笼、销毁以及防伪反假等诸多环节耗费了大量人力、物力、财力，管理成本较高，而采用数字人民币将有助于降低现金使用与管理成本。

（3）加密货币特别是全球性稳定币发展迅速

据不完全统计，有影响力的去中心化数字货币已达 1 万余种，但因为缺

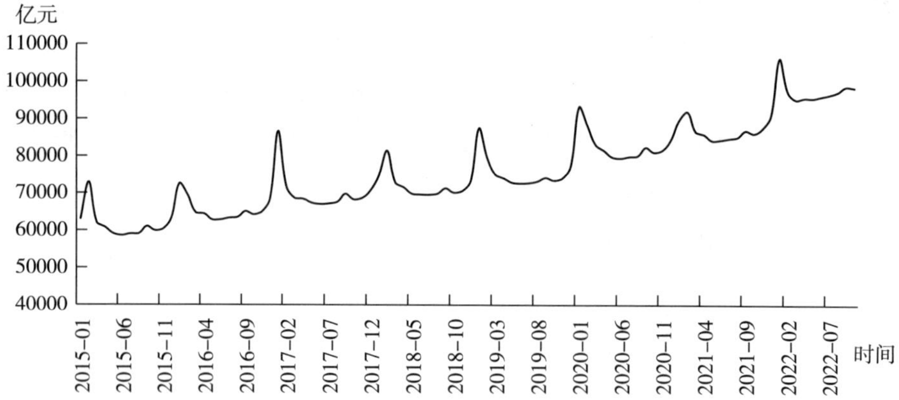

注：数据来源于 Wind 数据库，笔者制图。

图 15.1　M0 余额

乏价值支撑、价格波动剧烈、交易效率低下、能源消耗巨大等限制而难以在日常经济活动中发挥货币职能。同时，加密货币多被用于投机，存在威胁金融安全和社会稳定的潜在风险，并有可能成为洗钱等非法经济活动的支付工具。针对加密货币价格波动较大的缺陷，一些商业机构推出所谓“稳定币”，试图通过与主权货币或相关资产锚定来维持币值稳定，为国际货币体系、支付清算体系、货币政策、跨境资本流动管理等带来诸多风险和挑战。

（4）国际社会高度关注并开展央行数字货币研发

①各国央行数字货币研发进展

各主要经济体均在积极考虑或推进央行数字货币研发。据国际清算银行（BIS）统计，受访的 65 个国家或经济体的中央银行中约 86% 已开展数字货币研究，正在进行实验或概念验证的央行从 2019 年的 42% 增长至 2020 年的 60%。据公开信息，美国、英国、法国、加拿大、瑞典、日本、俄罗斯、韩国、新加坡等国央行及欧央行近年来以各种形式公布了关于央行数字货币的考虑及计划，有的已开始甚至完成了初步测试。

②各国央行数字货币研发目标

2020 年 8 月，国际清算银行发布题为《央行数字货币崛起：动因、方法和技术》的研究报告，分析了各国“央行数字货币”（CBDC）的技术设计和政策立场，认为各国 CBDC 在动机、经济和技术设计上都存在明显差异。各国研发 CBDC 的动机主要有：

a. 银行同业支付。加拿大银行于 2016 年启动了 Jasper 计划，专注于运用分布式账本技术（DLT）来满足银行间大额同业支付需求；新加坡金融管理局于 2016 年 11 月在新加坡金融科技节上推出了 Ubin 项目，同样侧重于银行间支付。

b. 跨境支付。欧洲中央银行（ECB）和日本银行（BoJ）推出合作开展 Stella 项目，专注于跨境支付。沙特阿拉伯、阿拉伯联合酋长国、中国香港、泰国的央行（或金融管理局）也公布了关于批发型 CBDC 的跨境合作项目。

c. 零售支付。由于现金使用量持续下降，瑞典尝试发行电子克朗（e－Krona）用于零售支付领域。瑞典央行于 2020 年 2 月宣布，与埃森哲（一家大型零售商）合作进行电子克朗的商业化测试。加拿大、巴哈马也开启了类似的计划。

截至 2020 年 7 月，至少有 36 家中央银行发布了零售或批发 CBDC 项目计划，至少 3 个国家（厄瓜多尔、乌克兰和乌拉圭）完成了零售型 CBDC 试点。6 个零售型 CBDC 试点项目正在进行之中，包括柬埔寨、中国、东加勒比货币联盟、韩国（包括韩国银行）和瑞典等。同时，有至少 18 家中央银行发布了关于零售型 CBDC 的研究报告，另有 13 家中央银行宣布了有关 BCDC 的研究或正在研发批发型 CBDC。

值得一提的是，BIS 的报告提出，“目前最先进的 CBDC 项目可能是中国人民银行的数字人民币业务”，该项目属于数字货币电子支付（DC/EP）项目，作为中国人民银行的现金类负债，向公众及到访中国的游客开放，其先进设计对其他国家和地区具有借鉴意义。2020 年，中国央行已开始提供基于 Token 的匿名使用模式，向无账户的外国游客提供小额数字人民币支付服务。

③各国银行数字货币的研究课题

各国央行对法定数字货币的讨论主要集中在几个基本方面。第一，中央银行应该如何创造货币，以及在这种情况下 CBDC 是否可取；第二，CBDC 的系统性含义以及如何应对它们；第三，CBDC 条件下货币政策框架的设计工作；第四，BCDC 对经济和金融运行的实际影响，例如对跨境支付、国际货币以及相应法律问题等。

15.2 数字人民币的内涵、特点与目标

需要强调，本节内容完全来源于中国人民银行《数字人民币的研发进展白皮书》，限于篇幅与教材行文表述习惯，略有删节，但不改变原文原意。

15.2.1 数字人民币的内涵与特点

数字人民币是人民银行发行的数字形式的法定货币，由指定运营机构参与运营，以广义账户体系为基础，支持银行账户松耦合功能，与实物人民币等价，具有价值特征和法偿性。数字人民币的主要内涵与特点主要如下：

（1）数字人民币是央行发行的法定货币

第一，数字人民币具备货币的价值尺度、交易媒介、价值贮藏等基本功能，与实物人民币一样是法定货币。第二，数字人民币是法定货币的数字形式。从货币发展和改革历程看，货币形态随着科技进步、经济活动发展不断演变，实物、金属铸币、纸币均是相应历史时期发展进步的产物。数字人民币发行、流通管理机制与实物人民币一致，但以数字形式实现价值转移。第三，数字人民币是央行对公众的负债，以国家信用为支撑，具有法偿性。

（2）数字人民币采取中心化管理、双层运营

数字人民币发行权属于国家，人民银行在数字人民币运营体系中处于中心地位，负责向作为指定运营机构的商业银行发行数字人民币并进行全生命周期管理，指定运营机构及相关商业机构负责向社会公众提供数字人民币兑换和流通服务。

(3) 数字人民币定位于现金类支付凭证（M0），将与实物人民币长期并存

数字人民币与实物人民币都是央行对公众的负债，具有同等法律地位和经济价值。数字人民币将与实物人民币并行发行，人民银行会对二者共同统计、协同分析、统筹管理。中国作为地域广阔、人口众多、多民族融合、区域发展差异大的大国，社会环境以及居民的支付习惯、年龄结构、安全性需求等因素决定了实物人民币具有其他支付手段不可替代的优势。只要存在对实物人民币的需求，人民银行就不会停止实物人民币供应或以行政命令对其进行替换。

(4) 数字人民币定位于零售型央行数字货币，主要用于满足国内零售支付需求

央行数字货币（CBDC）根据用户和用途不同可分为两类：一种是批发型央行数字货币，主要面向商业银行等机构类主体发行、用于大额结算；另一种是零售型央行数字货币，面向公众发行并用于日常交易。数字人民币是一种面向社会公众发行的零售型央行数字货币，其推出将立足国内支付系统的现代化，充分满足公众日常支付需要，进一步提高零售支付系统效能，降低全社会零售支付成本。

(5) 数字人民币和运营机构的电子账户资金具有通用性，共同构成现金类支付工具

商业银行和持牌非银行支付机构在全面持续遵守合规（包括反洗钱、反恐怖融资）及风险监管要求，且获央行认可支持的情况下，可以参与数字人民币支付服务体系，并充分发挥现有支付等基础设施作用，为客户提供数字化零售支付服务。

15.2.2　数字人民币的目标和愿景

中国研发数字人民币体系，旨在创建一种以满足数字经济条件下以公众现金需求为目的、数字形式的新型人民币，配以支持零售支付领域可靠稳

健、快速高效、持续创新、开放竞争的金融基础设施，支撑中国数字经济发展，提升普惠金融发展水平，提高货币及支付体系运行效率。

（1）丰富央行向社会公众提供的现金形态，满足公众对数字形态现金的需求，助力普惠金融

随着数字技术及电子支付的发展，现金在零售支付领域使用日益减少，但央行作为公共部门有义务维持公众直接获取法定货币的渠道，并通过现金的数字化来保障数字经济条件下记账单位的统一性。数字人民币体系将进一步降低公众获得金融服务的门槛，保持对广泛群体和各种场景的法定货币供应。没有银行账户的社会公众可通过数字人民币钱包享受基础金融服务，短期来华的境外居民可在不开立中国境内银行账户情况下开立数字人民币钱包，满足在华日常支付需求。数字人民币“支付即结算”特性也有利于企业及有关方面在享受支付便利的同时，提高资金周转效率。

（2）支持零售支付领域的公平、效率和安全

数字人民币将为公众提供一种新的通用支付方式，可提高支付工具多样性，有助于提升支付体系效率与安全。中国一直支持各种支付方式协调发展，数字人民币与一般电子支付工具处于不同维度，既互补又有差异。数字人民币定位于 M0，主要用于零售支付，以提升金融普惠水平为宗旨，借鉴电子支付技术和经验并对其形成有益补充。虽然支付功能相似，数字人民币和电子支付工具也存在一定差异：一是数字人民币是国家法定货币，是安全等级最高的资产。二是数字人民币具有价值特征，可在不依赖银行账户的前提下进行价值转移，并支持离线交易，具有“支付即结算”特性。三是数字人民币支持可控匿名，有利于保护个人隐私及用户信息安全。

（3）积极响应国际社会倡议，探索改善跨境支付

社会各界对数字人民币在实现跨境使用、促进人民币国际化等方面较为关注。跨境支付涉及货币主权、外汇管理政策、汇兑制度安排和监管合规要求等众多复杂问题，也是国际社会共同致力推动解决的难题。货币国际化是一个自然的市场选择过程，国际货币地位根本上由经济基本面以及货币金融

市场的深度、效率、开放性等因素决定。数字人民币具备跨境使用的技术条件，但当前主要用于满足国内零售支付需要。未来，人民银行将研究央行数字货币在跨境领域的适用性，根据国内试点情况和国际社会需要，在充分尊重双方货币主权、依法合规的前提下探索跨境支付试点，并遵循“无损”“合规”“互通”三项要求与有关货币当局和央行建立法定数字货币汇兑安排及监管合作机制。

15.3　数字人民币的设计特性、运营框架与数字钱包

数字人民币体系设计坚持“安全普惠、创新易用、长期演进”设计理念，综合考虑货币功能、市场需求、供应模式、技术支撑和成本收益确定设计原则，经反复论证、不断优化，形成了适合中国国情、开放包容、稳健可靠的数字人民币体系设计方案。

15.3.1　数字人民币设计原则

（1）依法合规

数字人民币体系制度设计严格遵守人民币管理、反洗钱和反恐怖融资、外汇管理、数据与隐私保护等相关要求，数字人民币运营须纳入监管框架。

（2）安全便捷

数字人民币体系突出以广义账户为基础、与银行账户松耦合、价值体系等特征，适应线上线下各类支付环境，尽量减少因技术素养、通信网络覆盖等因素带来的使用障碍，满足公众对支付工具安全、易用的要求。数字人民币运营系统满足高安全性、高可用性、高可扩展性、高并发性、业务连续性要求。

（3）开放包容

发挥指定运营机构各自优势和专业经验，按照长期演进技术方针，通过开展技术竞争及技术迭代，保持整体技术先进性，避免系统运营风险过度集

中。支持与传统电子支付系统间的交互，充分利用现有金融基础设施，实现不同指定运营机构钱包间、数字人民币钱包与银行账户间的互联互通，提高支付工具交互性。

15.3.2 数字人民币设计特性

（1）设计特性

数字人民币设计兼顾实物人民币和电子支付工具的优势，既具有实物人民币的支付即结算、匿名性等特点，又具有电子支付工具成本低、便携性强、效率高、不易伪造等特点。主要考虑以下特性：

①兼具账户和价值特征。数字人民币兼容基于账户（account - based）、基于准账户（quasi - account - based）和基于价值（value - based）三种方式，采用可变面额设计，以加密币串形式实现价值转移。②不计付利息。数字人民币定位于 M0，与实物人民币一致，不计付利息。③低成本。与实物人民币管理方式一致，人民银行不向指定运营机构收取兑换流通服务费用，指定运营机构也不向个人客户收取数字人民币的兑出、兑回服务费。④支付即结算。从结算最终性的角度看，数字人民币与银行账户松耦合，基于数字人民币钱包进行资金转移，可实现支付即结算。⑤可控匿名。数字人民币遵循“小额匿名、大额依法可溯”的原则，满足公众对小额匿名支付服务需求，同时以相应技术手段确保支付流程可追溯，以防范数字人民币被用于电信诈骗、洗钱、逃税等违法犯罪行为。当然，数字人民币体系收集的交易信息少于传统电子支付模式，且通过专人管理、业务隔离、分级授权等制度安排，严格落实信息安全及隐私保护管理。⑥安全性。数字人民币综合使用数字证书体系、数字签名、安全加密存储等技术，实现了不可重复花费、不可非法复制伪造、交易不可篡改及抗抵赖等特性。⑦可编程性。数字人民币通过加载不影响货币功能的智能合约实现可编程性，在确保安全与合规的前提下，可根据交易双方商定的条件、规则进行自动支付交易，以此促进业务模式创新。

（2）技术选型

人行并不限定技术路线，指定运营机构可根据自身实际需求及技术优势自行选取技术路线。数字人民币的技术路线选择是一个长期演进、持续迭代、动态升级的过程，以市场需求为导向定期开展评估，持续进行优化改进。

数字人民币系统采用分布式、平台化设计，增强系统韧性和可扩展性；综合运用可信计算、软硬件一体化加密等技术，确保系统可靠性和稳健性；设计多点多活数据中心解决方案，保障城市级容灾能力和业务连续性，提供 7×24 小时连续服务。

数字人民币体系综合集中式与分布式架构特点，形成稳态与敏态双模共存、集中式与分布式融合发展的混合技术架构。

15.3.3　数字人民币运营框架

法定数字货币运营模式有两种选择：一是单层运营，即由中央银行直接面对全社会提供法定数字货币的发行、流通、维护服务；二是双层运营，即由中央银行向指定运营机构发行法定数字货币，指定运营机构负责兑换和流通交易。

数字人民币采用双层运营模式。人民银行负责数字人民币发行、注销、跨机构互联互通和钱包生态管理，同时审慎选择在资本和技术等方面具备一定条件的商业银行作为指定运营机构，牵头提供数字人民币兑换服务。指定运营机构名单如表 15.1 所示。在人民银行中心化管理的前提下，充分发挥其他商业银行及机构的创新能力，共同提供数字人民币的流通服务。

（1）指定运营机构在人民银行的额度管理下，根据客户身份识别强度为其开立不同类别的数字人民币钱包，进行数字人民币兑出兑回服务。

（2）指定运营机构与相关商业机构一起，承担数字人民币的流通服务并负责零售环节管理，实现数字人民币安全高效运行，包括支付产品设计创新、系统开发、场景拓展、市场推广、业务处理及运维等服务。

（3）人民银行维护公平的竞争环境，确保由市场发挥资源配置的决定性

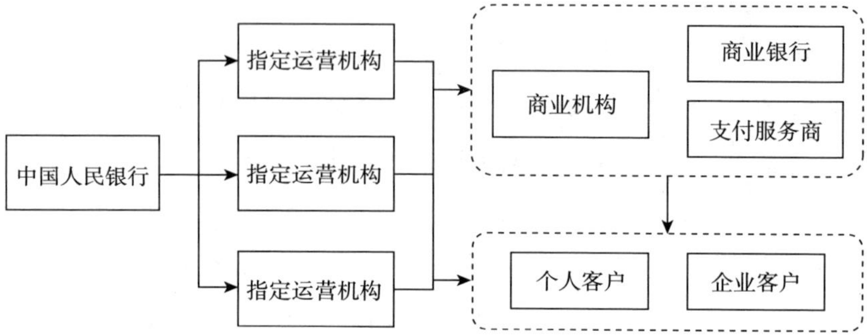

图 15.2　数字人民币双层运营模式

作用，以充分调动参与各方的积极性和创造性，维护金融体系稳定。

双层运营模式可充分利用指定运营机构资源、人才、技术等优势，实现市场驱动、促进创新、竞争选优。同时，由于公众已习惯通过商业银行等机构处理金融业务，双层运营模式也有利于提升社会对数字人民币的接受度。

表 15.1　指定运营机构

大型国有商业银行	股份制商业银行	互联网银行
中国工商银行	招商银行	网商银行
中国农业银行	兴业银行	微众银行
中国银行		
中国建设银行		
交通银行		
中国邮政储蓄银行		

注：统计截至 2022 年 11 月。

15.3.4　数字人民币钱包设计

数字钱包是数字人民币的载体和触达用户的媒介。在数字人民币中心化管理、统一认知、实现防伪的前提下，人民银行制定相关规则，各指定运营机构采用共建、共享方式打造移动终端 APP，对钱包进行管理并对数字人民币进行验真。开发钱包生态平台，实现各自视觉体系和特色功能，实现数字人民币线上线下全场景应用，满足用户多主体、多层次、多类别、多形态的差异化需求，确保数字钱包具有普惠性，避免因“数字鸿沟”带来的使用障碍。

（1）按照客户身份识别强度分为不同等级的钱包

指定运营机构根据客户身份识别强度对数字人民币钱包进行分类管理，根据实名强弱程度赋予各类钱包不同的单笔、单日交易及余额限额。最低权限钱包不要求提供身份信息，以体现匿名设计原则。用户在默认情况下开立的是最低权限的匿名钱包，可根据需要自主升级为高权限的实名钱包。

（2）按照开立主体分为个人钱包和对公钱包

自然人和个体工商户可以开立个人钱包，按照相应客户身份识别强度采用分类交易和余额限额管理；法人和非法人机构可开立对公钱包，并按照临柜开立还是远程开立确定交易、余额限额，钱包功能可依据用户需求定制。

（3）按照载体分为软钱包和硬钱包

软钱包基于移动支付 APP、软件开发工具包（SDK）、应用程序接口（API）等为用户提供服务。硬钱包基于安全芯片（SE）等技术实现数字人民币相关功能，依托 IC 卡、手机终端、可穿戴设备、物联网设备等为用户提供服务。软硬钱包结合可以丰富钱包生态体系，满足不同人群需求。

（4）按照权限归属分为母钱包和子钱包

钱包持有主体可将主要的钱包设为母钱包，并可在母钱包下开设若干子钱包。个人可通过子钱包实现限额支付、条件支付和个人隐私保护等功能；企业和机构可通过子钱包来实现资金归集及分发、财务管理等特定功能。

15.4　数字人民币研发工作进展及在我国的实际运用

2014 年，中国人民银行成立法定数字货币研究小组，开始对数字人民币的发行框架、关键技术、发行流通环境及相关国际经验等进行专项研究；2016 年，人民银行成立数字货币研究所，完成法定数字货币第一代原型系统搭建，提出双层运营体系、M0 定位、银行账户松耦合、可控匿名等数字人民币顶层设计和基本特征。

在此思路框架下，2017 年末，经国务院批准，人民银行开始组织商业机构共同开展数字人民币研发试验。依据资产规模和市场份额居前、技术开发力量较强等标准，选择大型商业银行、互联网银行作为参与研发机构。人民银行和参研机构遵循长期演进理念，经历开发测试、内部封闭验证和外部可控试点三大阶段，完善数字人民币 APP，完成兑换流通管理、互联互通、钱包生态三大主体功能建设，建立较为完备的标准体系。

自 2019 年以来，人民银行在深圳、苏州、雄安新区、成都及 2022 北京冬奥会场景开展数字人民币试点测试，以检验理论可靠性、系统稳定性、功能可用性、流程便捷性、场景适用性和风险可控性。2020 年 11 月开始，增加上海、海南、长沙、西安、青岛、大连 6 个新的试点地区。数字人民币研发试点地区基本涵盖长三角、珠三角、京津冀、东中西、南中北等不同地区，有利于评估数字人民币在我国不同区域的应用前景。

截至 2021 年 6 月 30 日，数字人民币试点场景已超 132 万个，覆盖生活缴费、餐饮服务、交通出行、购物消费、政务服务等领域。开立个人钱包 2087 万余个、对公钱包 351 万余个，累计交易笔数 7075 万余笔、金额约 345 亿元。在地方政府支持下，人行在一些地区开展了数字人民币红包活动，实现了不同场景的真实用户试点测试和分批次大规模集中测试，验证了数字人民币业务技术设计及系统稳定性，增进了社会公众对数字人民币设计理念的理解。与相关手机制造商合作，研究提供包括双离线交易等功能在内的移动支付新体验。基于智能可视卡测试脱离手机的硬钱包支付模式，为弥合“数字鸿沟”提供可能。在北京冬奥组委园区内，立足科技冬奥、智慧冬奥建设，试点部署无人售货车、自助售货机、无人超市等创新应用场景，并推出支付手套、支付徽章、冬奥支付服装等可穿戴设备。

研发及试点期间，人民银行积极参与金融稳定理事会（FSB）、国际清算银行（BIS）、国际货币基金组织（IMF）、世界银行（WB）等国际组织的多边交流，同各司法管辖区货币和财政监管部门、跨国金融机构及世界顶尖院校交流研讨法定数字货币前沿议题，并在国际组织框架下积极参与法定数字货币标准制定，共同构建国际标准体系。人民银行数字货币研究所已与香港金融管理局签署合作备忘录，同时加入国际清算银行创新中心（BISIH）牵头的多币种法定数字货币桥（mCBDC Bridge）项目，与香港特别行政区、新加坡等 BIS 创新分中心以及各国央行共同探索法定数字货币相关实践。